Rovaniemi
Haparanda
Oulu
Finnland
Kuopio
Jyväskylä
Pieksämäki
Tampere
Helsinki
Schweden
Norwegen
Oslo
Stockholm
Hallsberg
Tallinn
Estland
Russland
Moskau
Lettland
Riga
Ostsee
Litauen
Vilnius
Dänemark
Kopenhagen
Malmö Centralstation
zu Russland
Gdańsk Główny
Minsk
Belarus
Kiel
Świnoujście
Hamburg Hbf
Szczecin
Polen
Berlin
Poznań
Warschau
Kyiv
Deutschland
Leipzig Hbf
Wrocław Główny
Katowice
Przemyśl Główny
Lwiw
Ukraine
Praha hlavní nádraží
Kraków
Sanok
Przemyśl
Medzilaborce
Koblenz
Tschechische Rep.
Slowakei
Čierna nad Tisou
Rep. Moldau
Chișinău
München
Wien Hbf
Bratislava
Budapest
Liechtenstein
Österreich
Ungarn
Rumänien
Airolo
Jesenice
Ljubljana
Bukarest
Schwarzes Meer
Trieste Centrale
SVN
Zagreb
Sežana
Belgrad
Genua
Bologna
Faenza
Kroatien
BIH
Serbien
Bulgarien
Pistoia
Florenz
Adria
Sarajevo
MNE
Priština
Sofia
Podgorica
Kosovo
Skopje
Ankara
Korsika
Roma Termini
Tirana
Nordmazedonien
Neapel
Italien
Albanien
Ägäis
Türkei
Sardinien
Griechenland
Palermo Centrale
Athen
Taormina
Sizilien
Nikosia
Zypern
Tunis
Agrigento Centrale
Tunesien
Malta
Mittelmeer
S

Jaroslav Rudiš

Zug um Zug durch Europa

Sein Großvater war Weichensteller, sein Onkel Fahrdienstleiter und sein Cousin Lokführer. Auch aus Jaroslav Rudiš ist ein passionierter Eisenbahnmensch geworden. In »Zug um Zug durch Europa« begibt er sich als Passagier im Takt der Schienen durch Europa: von Berlin bis zum Gotthardtunnel und von Sizilien bis nach Lappland; im Nachtzug durch Polen und die Ukraine sowie im Speisewagen von Hamburg nach Prag. Er beschreibt Bahnhofshallen so groß wie Kathedralen und Eisenbahnstationen so klein wie Kapellen. Er sinniert an Endbahnhöfen mit Prellböcken über die Endgültigkeit des Lebens und lässt sich vom Gewusel der Umsteigebahnhöfe mitreißen. Erklärt, was es mit »singenden« Lokomotiven auf sich hat und wo sich das Herzstück einer Weiche verbirgt. Schwärmt von Bahnhofsuhren, Signalen und Stellwerken. Nimmt uns mit in Bahnhofskneipen in Böhmen und in Cafébars italienischer Stationen; in Speisewagen, Schlafwagen und Großraumwagen. Und er verrät, warum die schnellste Strecke selten die schönste ist. Wer dem Hashtag #bahnzeit folgt, ist bereits Fan von Jaroslav Rudiš' besonderer Eisenbahnkultur-Fotografie. Hier nun lässt er mit über 160 Motiven die Faszination Zugreisen aufleben.

Jaroslav Rudiš, geboren 1972 in der Tschechoslowakei, ist Schriftsteller, Musiker, Drehbuchautor und Dramatiker. Bei Luchterhand erschienen u. a. seine Romane »Grand Hotel« und »Nationalstraße« und bei btb »Der Himmel unter Berlin«. Zudem publizierte er die Graphic Novels »Alois Nebel« (mit Jaromír 99) und »Nachtgestalten« (mit Nicolas Mahler). Er erhielt mehrere Auszeichnungen, darunter 2020 den Chamisso-Preis für seinen Roman »Winterbergs letzte Reise«, 2022 den ITB Buch-Award für die bei Piper erschienene »Gebrauchsanweisung fürs Zugreisen« und 2024 den renommierten Mörike-Preis. Außerdem ehrte man ihn als »einen der engagiertesten Brückenbauer zwischen Deutschland und Tschechien« mit dem Verdienstorden der Bundesrepublik Deutschland. Die Werke des Autors wurden in zahlreiche Sprachen übersetzt und verfilmt. Er lebt in Berlin.

Instagram und X: @jaroslavrudis

JAROSLAV RUDIŠ

ZUG UM ZUG DURCH EUROPA

Von Nachtzügen, Speisewagen und den schönsten Bahnhöfen

Mit 160 farbigen Fotos,
einer Schwarz-Weiß-Abbildung
sowie zwei Karten

MALIK

Mehr über unsere Autorinnen, Autoren und Bücher:
www.malik.de

Wenn Ihnen dieses Buch gefallen hat, schreiben Sie uns unter Nennung des Titels »Zug um Zug durch Europa« an *empfehlungen@piper.de*, und wir empfehlen Ihnen gerne vergleichbare Bücher.

Von Jaroslav Rudiš liegen bei Malik und im Piper Verlag vor:
Zug um Zug durch Europa
Gebrauchsanweisung fürs Zugreisen

Der Text von »Zug um Zug durch Europa« erschien erstmals in der 2021 im Piper Verlag erschienenen »Gebrauchsanweisung fürs Zugreisen« von Jaroslav Rudiš.

Unser Versprechen für mehr Nachhaltigkeit
• Klimaneutrales Produkt
• FSC®-zertifiziertes Papier
• Hergestellt in Deutschland

FSC www.fsc.org MIX Papier | Fördert gute Waldnutzung FSC® C004592

ISBN 978-3-89029-585-5
2. Auflage 2024

Umschlaggestaltung: Birgit Kohlhaas, kohlhaas-buchgestaltung.de
Umschlagabbildungen: vorne: Mit dem Zug über die Karpaten, Ukraine (Oleh_Slobodeniuk / iStock by Getty Images); hinten: Manarola, Cinque Terre (Julia Lavrinenko / AdobeStock)
Fotos: Jaroslav Rudiš, außer: Jaroslav Rudiš senior (S. 16), Pavel Peterka (S. 128 und 134 links), Christine Rahn (S. 138 oben rechts)
Karten: Peter Palm, Berlin
Satz: psb, Berlin
Gesetzt aus der Adobe Caslon Pro und der Brandon Grotesque
Litho: Lorenz & Zeller, Inning am Ammersee
Druck und Bindung: aprinta druck GmbH, Wemding
Printed in Germany

Für Christine

Inhalt

Lomnice nad Popelkou
1906-2006
2
2
OCŮ STŘED
pid

Wunsch, Eisenbahner zu werden

Diese verdammte Brille, die ich tragen muss. Doch es geht nicht anders. Ohne Brille verschwindet die Welt um mich herum in dichtem Nebel. Alles bleibt verschwommen und geheimnisvoll zurück. Die Stadt wird zum Wald. Die Menschen auf der Straße zu Tieren. Eigentlich ist es manchmal ganz angenehm, so die Realität verschwinden zu lassen, etwas Unerwartetes zu erleben und sich in diesem Nebel ein wenig zu verstecken, doch das habe ich erst viel später gelernt.

Für einen Jungen, der Lokführer werden möchte, ist eine Sehschwäche allerdings ganz schlecht. Zumindest war es damals so, Mitte der Achtziger in der ČSSR, wo ich aufwuchs. Die Tschechoslowakischen Staatsbahnen, Československé státní dráhy, kurz ČSD, wollten leider niemanden, der die Signale in der Ferne nicht richtig erkennen kann und die roten Schlusslichter eines Schnellzuges womöglich mit den Sternen am Himmel verwechselt. Niemanden mit vernebelten Augen. Niemanden, der nicht blind ist, aber in gewisser Weise eben doch. Niemanden wie mich.

Dabei sah alles so gut aus! Ich hatte für den Beruf eines Eisenbahners alle Voraussetzungen,

Lomnice nad Popelkou im Böhmischen Paradies. Hier geht die Reise los.

die man sich nur vorstellen kann. Ich liebte die Eisenbahn, und dank meiner Familie hatte ich die perfekte Vorausbildung. Und auch heute bin ich noch fest davon überzeugt, dass aus mir ein guter und treuer Eisenbahner geworden wäre, der das ganze Leben lang stolz die blaue Uniform getragen hätte. Ein Lokführer wie mein Cousin Ivan. Ein Fahrdienstleiter und Bahnhofsvorsteher wie mein Onkel Miroslav. Oder ein Weichensteller wie mein Großvater, der melancholische Alois, der alte Fahrpläne auswendig kannte.
Vor allem mein Onkel Miroslav und mein Großvater Alois waren stolz auf ihren Berufsstand. Sie heirateten in ihrer Eisenbahneruniform und wurden in ihrer Eisenbahneruniform auch begraben. Ja, ganz sicher wäre ich heute auch dabei, wie ein richtiger Bahner. Aber auch das wird mir die Brille verwehren, eine schöne Eisenbahnerhochzeit und ein schönes Eisenbahnerbegräbnis, auf dem manchmal zum Trost die Zugabläufe aus den Kursbüchern rezitiert werden, wie mir mein Onkel erzählte.

Doch diese verdammte Brille. Für die ČSD war man blind und muss sich deshalb auch noch Gedanken darüber machen, was für einen Anzug man mal auf seiner Beerdigung tragen soll, denn man hat im Schrank nicht diese Uniform hängen: die Hose, das Jackett, den Mantel und die flache Mütze. Alles in einem satten Dunkelblau. Mein Onkel sah darin wie ein Matrose aus. Mit der Mütze und den Schulterstücken sogar fast wie ein Kapitän. Oder ein Major. Der Schnitt der Uniform wirkt bis heute ein wenig militärisch. Deshalb nennt man die Eisenbahner auch manchmal die »Blaue Armee«. Doch es wird noch besser: Im Christentum ist Blau die Farbe des Himmels und der Gottesmutter Maria. Von wegen Kapitän oder Major. Eisenbahner sind Geistliche, Heilige und Märtyrer, deren Heilige Schrift das Kursbuch ist. Und das Flügelrad, das viele Bahner stolz auf ihren Mützen tragen, sieht wie ein kleiner Engel mit Flügeln aus. Dieses internationale Ursymbol der Eisenbahn hat ebenfalls etwas Göttliches. Nicht umsonst bezeichnet man die großen Bahnhofsgebäude auch als »Kathedralen des Verkehrs«. Die kleineren Bauten, so wie in Lomnice nad Popelkou, wo ich aufwuchs, sind dann Kirchen. Und die Haltepunkte Kapellen.
Ich wäre ein guter Eisenbahner geworden. Entweder ein guter Matrose oder Heiliger oder Soldat der Blauen Armee, dessen Schlachtpläne zum Glück die Fahrpläne wären. Und dessen Waffen keine Panzer wären, sondern Lokomotiven, die jedoch genauso schwer und gewaltig sein können und die man auch zu fahren und zu bedienen lernen muss. Vier Jahre hätte ich dafür in die Eisenbahnerschule nach Česká Třebová gehen müssen. Und das hätte ich natürlich gemacht, ganz klar. Ich war für

alles bereit. Doch diese verdammte Brille, die ich bis heute tragen muss, machte mir einen Strich durch die Rechnung.

Ich weiß nicht mehr genau, wie meine Liebe zur Eisenbahn entflammte. Aber ziemlich sicher hängt es mit meiner Familiengeschichte zusammen. Ich kenne mittlerweile viele echte Bahner und Bahnerinnen, aber natürlich auch viele Hobbybahner und Hobbybahnerinnen, bei denen es ähnlich verlief, die sich schon während ihrer Kindheit in die Eisenbahn verliebten. Der Vater war bei der Eisenbahn, die Mutter war bei der Eisenbahn, und so später der Sohn, die Tochter. Es lohnt sich ja auch, bei der Eisenbahn zu arbeiten. Man bekommt neben der Uniform den wunderbaren schwarzen Lokführerrucksack, in den alles passt, was man für eine Reise braucht, oder sogar einen Rollkoffer, in den noch mehr passt, wenn man länger unterwegs ist. Und dazu noch eine Netzkarte für Freifahrten, manchmal sogar für die ganze Familie. Und früher gab es bei der ČSD für wenig Geld auch eine Wohnung am Bahnhof und einen Haufen Kohle für den langen böhmischen Winter. Und eine gute Pension. Das war sicher bei den Österreichischen Bundesbahnen (ÖBB), der Deutschen Bundesbahn (DB), der Deutschen Reichsbahn (DR) oder den Schweizer Bundesbahnen (SBB) ähnlich. Doch allein deswegen macht man diesen anstrengenden Job mit den vielen Nachtschichten und nicht freien Feiertagen natürlich nicht. Man muss ihn vor allem lieben.

Meine Eltern waren zwar nicht bei der Eisenbahn angestellt. Doch bestimmt hängt die Liebe zur Eisenbahn mit meinem Onkel Miroslav zusammen, der in Lomnice als Fahrdienstleiter ein paar Jahre auf die Züge aufpasste und den ich oft am Bahnhof besuchte. Oder vielleicht auch damit, dass sich meine Eltern im Zug kennenlernten? Mein Vater war damals Soldat, meine Mutter kurz davor, ihre Ausbildung zur Kindergärtnerin abzuschließen. Im Zug zwischen Stará Paka und Jaroměř bekam sie Bauchschmerzen, mein Vater machte sich Sorgen und brachte sie vom Bahnhof sofort ins Militärkrankenhaus in der alten Festungsstadt Josefov, einem Vorort von Jaroměř, wo er bei der Luftabwehr stationiert war. Eine böse Blinddarmentzündung. Eine lebensrettende Operation. Eine große Liebe, die bis heute anhält. Und auch eine Brille, die beide tragen und mir vererbten. Doch kann man da böse sein? Nein, kann man nicht.

Lomnice nad Popelkou ist ein Industriestädtchen mit fünftausend Einwohnern. Unmittelbar in der Mitte Europas gelegen, wenn ich auf meine Eisenbahnkarte von Europa aus dem Jahr 1913 schaue, die über meinem Schreibtisch in Berlin hängt. Die hügelige Gegend, aus der ich komme, heißt Český ráj – Böhmisches Paradies. Male-

risch ist es dort: ein paar Burgen, Barockschlösser, Felsen, Seen und auch gute kleine Brauereien. Und natürlich gleich mehrere Eisenbahnstrecken.

Zum Paradies wurde für mich schon früh unser kleiner Bahnhof mit den kurzen Gleisen und den Weichen, die man heute noch von Hand und mit viel Muskelkraft umstellen muss, wenn ein Gegenzug kommt oder wenn rangiert wird. Die Schlüssel zu den Weichen und damit zum ganzen Bahnhof hängen weiterhin in einem kleinen Glasschrank im Zimmer des Fahrdienstleiters.

Alles genau so wie 1906, als Lomnice an das endlose Eisenbahnnetz von Österreich, dessen Teil Böhmen vierhundert Jahre lang bis 1918 war, angeschlossen wurde und somit auch an die ganze Welt. Bis 1918 wurden die meisten Strecken auf dem Gebiet des heutigen Tschechien gebaut. Aber nicht nur dort. Auch in der Slowakei, in Ungarn, Kroatien, Polen und Deutschland. Oder in der Schweiz.

Als am 1. Juni 1906 der erste Zug von Stará Paka nach Lomnice kam, war es eine wahre Revolution, die man vielleicht nur mit der Eröffnung der lokalen Brauerei

ein paar Jahrhunderte vorher vergleichen kann. Man sagt, dass Wallenstein auf den Schlachtfeldern des Dreißigjährigen Krieges gern unser Bier trank. Vielleicht ist der Anschluss unserer Stadt an das Streckennetz auch noch mit dem Anschluss an das Internet etwa hundert Jahre später vergleichbar. Plötzlich wurde alles greifbar nah, und die Stadt profitiert bis heute davon. Nicht nur die lokale Textil- und Keksindustrie, sondern auch die Menschen wurden dadurch mit der Welt verbunden. Von da an war es nicht nur möglich, nach Hradec Králové oder Liberec zu fahren, beides Städte, die schon 1859 mit der Eisenbahn erreichbar waren, sondern auch nach Prag, in die Hauptstadt von Böhmen und heute von ganz Tschechien. Oder nach Wien, in unsere Hauptstadt während der K.-u.-k.-Monarchie.

Auf der Strecke zwischen Lomnice nad Popelkou und Stará Paka ist die *Brotbüchse* zu Hause. So nennen die Eisenbahner diesen kleinen alten Triebwagen.

Doch wenn man Lust gehabt hätte, hätte man auch bis nach Hamburg reisen können. 1906, in diesem für Lomnice schicksalhaften Jahr, strömten hier zum ersten Mal Massen von Reisenden durch den neuen Hauptbahnhof, so wie sie es heute noch tun. Man konnte auch nach Villach und weiter nach Aßling, ins heutige Jesenice in Slowenien, fahren, das damals ebenfalls ein Teil von Österreich war. 1906 ratterte hier der erste Zug durch den Karawankentunnel der Rosentalbahn Richtung Süden, auf einer wichtigen Strecke der sogenannten Neuen Alpenbahnen. Es war möglich, von hier aus mit der Wocheinerbahn, die auch 1906 eröffnet wurde, nach Triest, heute Italien und damals ebenso Österreich, weiterzureisen.
Hamburg, Wien, Triest, wie schön sich das schon anhört, wenn man sich nur die einzelnen Stationen vor Augen führt. Man hat sofort Lust, in den Zug zu steigen und loszufahren. Doch als Kind und Teenager hinter dem Eisernen Vorhang konnte ich davon nur träumen. Alles schien mir so fern und unerreichbar zu sein. Ich hätte nie gedacht, dass ich irgendwann wirklich mal in Hamburg oder Triest aus dem Zug steigen würde. Denn wie so viele war ich eingesperrt in einem Land, dessen Bürgern es gerade mal erlaubt war, in die DDR oder mit dem Nachtzug über Ungarn nach Bulgarien oder manchmal bis nach Jugoslawien zu reisen. Viel mehr ging nicht. Sogar die Sowjetunion war nicht so einfach erreichbar, wie man denken würde, obwohl jede Nacht ein Zug zwischen Prag und Moskau fuhr. Kompliziert war es auch mit Polen, vor allem nach 1981, als dort das Kriegsrecht ausgerufen wurde.
Dennoch war ich viel unterwegs. Ich bereiste all die Strecken mit dem Finger auf der Landkarte. Und in den Büchern. Und auch entlang der alten und neuen Fahrpläne. In Gedanken. In meinen Träumen.
Erst mit der Wende veränderte sich alles, und meine Züge setzten sich nun tatsächlich in alle Himmelsrichtungen in Bewegung. Und das tun sie bis heute. Wien, Triest oder Hamburg sind Orte, in die ich sehr gern mit dem Zug reise. Aber genauso gern auch nach Gdańsk, Budapest, Lwiw, Zürich oder Antwerpen.
1906 kam also in Lomnice der erste Zug an. Mein Großvater Alois war da gerade drei, meine Großmutter Růžena ein Jahr alt. Beide waren Tschechen, aber damals natürlich auch Österreicher. Das Bahnhofsgebäude mit der Fassade in »Schönbrunner Gelb«, typisch für die Repräsentationsbauten in der Monarchie, hatte Wohnungen für Eisenbahnerfamilien, einen kleinen überdachten Bahnsteig mit einer großen Uhr und einem Wartesaal. Heute noch schmücken den Bahnhof die Blumentöpfe aus jener Zeit, so wie sie übrigens viele Stationen in Böhmen, in der Slowakei, aber auch in Österreich regelrecht in botanische Gärten verwandeln. Selbst der Güterschuppen aus Stein und Holz steht noch. Ein alter Freund von mir, der Fahrdienstleiter Kamil,

der die Eisenbahn so liebt, dass er fast mit ihr verheiratet ist, deponiert dort mehrere alte Signale, Tafeln, Lampen, Bänke, Fahrpläne und sogar eine ganze Weiche für sein geplantes Museum zur Bahnstrecke.
Nur der Wasserkran für die Dampfloks verschwand. Man musste damals noch die Dampfloks vor der steilen Steigung Richtung Mladá Boleslav und Libuň mit Wasser versorgen. »Die Dampflokomotiven sind genauso durstig wie wir Böhmen«, sagte mein Onkel Miroslav. »Nur, die Loks trinken Wasser, wir Bier.«
Ohne Wasser gäbe es auf unserem Planeten kein Leben, und ohne Wasser hätte es bei der Eisenbahn früher keine einzige Fahrt gegeben. Je nach Geschmack und Bedürfnissen musste man die Dampflokomotiven nicht nur mit genügend Kohle, Holz oder Schweröl, sondern auch mit ganzen Flüssen befüllen.
Das Wasser war das Blut, das durch die Adern der Lokomotiven floss. Es wurde im Kessel in den Röhren zum Kochen gebracht und in Dampf umgewandelt, welcher unter Druck in die Zylinder der Dampfmaschine geleitet wurde. Dann erst konnte sich der Koloss in Bewegung setzen und die Reise beginnen.
Die ersten Fotos von mir wurden auf dem Bahnhof in Lomnice gemacht. Ich bin da etwa so alt wie mein Großvater Alois 1906. Der kleine Jaroslav im Kinderwagen. Ein Jahr später am Bahnsteig. Ein Jahr später schon aus dem Führerstand einer Dampflok herauslächelnd. Als Kind kannte man mich hier wegen der Besuche bei meinem Onkel Miroslav bald sehr gut. »Einmal Eisenbahner, immer Eisenbahner. Einmal Rudiš, immer Rudiš«, sagte er dazu.
Mein Onkel wohnte mit seiner Frau und den Kindern am Bahnhof, und 1966 hielt er auf der Laderampe am Gütergleis vor Hunderten Menschen eine Festrede zum sechzigsten Geburtstag der Bahn, wie man auf alten Familienfotos sieht. 2006 war der Onkel auch dabei, als die Strecke ihr hundertstes Jubiläum feierte. Auch davon gibt es eine Aufnahme, die bezeugt, wie sehr die Eisenbahngeschichte mit unserer Familiengeschichte verwoben ist. Auf dem Bild sieht man meinen Onkel neben meinem Vater auf dem Bahnsteig stehen, hinter ihnen ein Museumszug mit der kleinen Lok der Baureihe 310, die hier vor hundert Jahren tatsächlich unterwegs war. Heute wird davon ein Exemplar im Bahnbetriebswerk im nahen Turnov gehegt und gepflegt. Noch immer durchquert diese Lokomotive das Böhmische Paradies. Die kleine Lok nennt man auch *Kafemlejnek*, denn mit ihrem bauchigen Schornstein ähnelt sie einer solchen kleinen Kaffeemühle, wie man sie aus Omas Küche kennt. Und genauso praktisch, unzerstörbar und handlich ist sie auch.
Auf einem der letzten Fotos von meinem Onkel stützt er sich auf Krücken, er konnte da schon nicht mehr so gut gehen, aber auf dem Bild lacht er und sieht glücklich aus.

Hier bin ich. Neben mir im Fenster der Dampflok Herr Reim, der Heizer.

Er wollte unbedingt zum Bahnhof, denn die Eisenbahn, das war seine Liebe. Sein Leben. Und sein Glück.

Viele alte Bilder von mir zeigen mich mit einer Dampflok. Mein Vater war befreundet mit Herrn Reim. Er war Heizer und mit der damals schon sehr alten, aber beim Personal beliebten, weil nicht kaputt zu kriegenden Dampflok der Baureihe 434.2 unterwegs, die jahrzehntelang im Einsatz war. Wegen der vier Räder nannte man sie schlicht und einfach *Čtyřkolák*, Vierrad. Ein Foto von mir und Herrn Reim auf der Lok ist nicht datiert, aber es muss von 1976 stammen, spätestens 1977, denn danach tauchten kaum noch Dampfloks auf dem Bahnhof in Lomnice auf. Die neuen flinken *Kocouři*, Kater, der Baureihe T466.2 (später 742) übernahmen den Güterverkehr. Die Loks sehen tatsächlich ein wenig wie Katzen aus und schnurren auch so ähnlich. Und sind wie echte Katzen auf Bahnhöfen weitverbreitet. Auch heute noch holen die Loks in Lomnice mit Holz beladene Wagen ab. Die *Kater* kommen aber nur noch ein-, zweimal die Woche, denn auch hier hat der Güterverkehr leider nachgelassen.

Herr Reim rauchte viel, und wenn er rauchte und hustete, verwandelte er sich selbst in eine schnaufende Dampflokomotive. In eine Lok auf einer Lok sozusagen. Den Zigarettenrauch mag ich nicht besonders, doch was ich liebe, ist der Geruch dieser Dampfrösser, in dem sich die verbrannte Steinkohle mit Schmieröl und Wasserdampf zu einem wahren Eisenbahnparfüm vermischt. Diesen schweren, kräftigen Duft gab es damals am Bahnhof und entlang der Strecke. Heute muss man dafür eine Museumsfahrt machen. Wie viele Menschen kenne ich, die süchtig nach diesem Duft sind, die bei einem Streckenjubiläum ganz nah an einer Dampflok stehen, nur um an ihr riechen und schnüffeln zu können. Wie verrückte Liebhaber erzählen sie dann, dass jede Dampflok anders duftet. Was stimmt. Ich weiß es. Ich bin einer von ihnen. Auch ich bin ein Eisenbahnmensch.

So wie sie bewundere ich an den Lokomotiven natürlich noch mehr: die ganzen Geräusche, die diese Riesentiere von sich geben. Das laute Zusammenspiel der Räder, der Treibstangen, Kuppelstangen, Kolbenstangen, der Röhren, Pfeifen, Zylinder und des Blasrohrs, also der Saugzuganlage, die als Herzstück der Lokomotive schon vor mehr als zweihundert Jahren von dem englischen Eisenbahnpionier Richard Trevithick erfunden wurde. Und die für die richtige Luftzufuhr im Kessel sorgt und so für die enorme Leistung, wie mir Herr Reim einmal erzählte. Auch wenn die Lokomotive steht, leise vor sich hin atmet und auf ihren Einsatz wartet, spürt man die unglaubliche Kraft, die sich in dieser Maschine verbirgt.

Ich mochte schon immer den Blick in das heiße Flammenmeer im Inneren der breiten Feuerbüchse und auch, wie Herr Reim sich dort seine Bratwürste zum Mittag zubereitete. Er schnitt die dicken, speckigen Würste auf, pickte sie auf einen langen, dünnen Metallspieß, grillte sie über den Flammen, und gefühlt nach einer Minute war die kleine Mahlzeit fertig. So richtig gesund war das wahrscheinlich nicht, doch seitdem weiß ich, die besten Bratwürste gibt es auf einer Dampflok.

Mein Vater baute für mich bald eine erste Modelleisenbahnanlage der Spur TT, die er in der DDR ergattert hatte. Als gelernter Elektrotechniker kümmerte er sich um die ganzen Gleise und Loks und die Elektronik, und meine Mutter, die künstlerisch begabt ist, gestaltete die Landschaft: Sie zauberte Hügel mit einem Tunnel, einem Teich und Wald. Und auch eine Gastwirtschaft und eine Brauerei durften nicht fehlen. Böhmisches Paradies im Maßstab 1:120.

Mit fünf brachte ich außerdem meine erste Zeitung heraus – mit Zugbildern und ersten Gleisplänen. In der Schule gewann ich dann sogar einen Wettbewerb mit der Zeichnung eines Schnellzugs im Slowakischen Paradies irgendwo auf der Strecke zwischen Banská Bystrica und Margecany, wo wir mal im Urlaub waren.

Später schrieb ich meinen ersten literarischen Text. Wir sollten in einem Aufsatz schildern, was wir im Sommer erlebt hatten. Einer war in der Hohen Tatra, ein anderer an der Moldau und wieder ein anderer an der Ostsee auf der Insel Usedom, so wie wir eigentlich auch, doch ich schilderte einen ruhigen Nachmittag auf unserem Bahnhof in Lomnice, wo die Stille plötzlich von der Durchfahrt eines schweren, lärmenden Güterzuges unterbrochen wird.

Ja, ich muss zugeben, dass ich in der Zeit auch ein wenig zu nerven anfing, wenn es um Eisenbahnen ging. Ich reichte beim Verkehrsministerium in Prag zum Beispiel ein paar Verbesserungsvorschläge und Ideen zur Modernisierung für unseren Bahnhof und unsere Lokalbahn ein, darunter war auch ein Plan für den langen Basistunnel unter dem Berg Tábor, denn die Steigung um den Hügel herum machte den Zügen oft zu schaffen. Doch das Verkehrsministerium meldete sich leider nicht bei mir zurück. Eigentlich ist es gut so. Denn so sieht der Bahnhof von Lomnice heute fast genauso aus wie 1906. Und die Züge fahren hier fast genauso schnell oder langsam wie damals. Und deshalb ist die Fahrt bis heute sehr beruhigend. Der Triebwagen schaukelt etwas, sodass man sich wie in einem Kinderwagen geborgen fühlt und sofort einschlafen möchte.

Wer weiß, vielleicht liegt mein Brief mitsamt den Zeichnungen und kühnen Plänen noch irgendwo im Archiv inmitten Tausender anderer Briefe mit Verbesserungsvorschlägen, aber auch mit vielen Beschwerden von Menschen, die glauben, die Eisenbahnwelt besser zu verstehen. Und doch verstehen sie oft nur Bahnhof, wie man so schön sagt.

Auch ich wollte immer alles verstehen, und bis ich dreizehn wurde, war alles klar. »Der Junge geht zur Eisenbahn, wenn er die Eisenbahn so liebt«, wie mein Vater sagte, zumal er schon »die Signalbilder lesen kann«, wie mein Onkel sagte. Ich lernte die ganzen Vorschriften und las natürlich auch die Fachpresse: die tschechische Zeitung *Železničář*, der *Eisenbahner*. Und aus der DDR ließ ich mir von meinem Brieffreund Mario den *Modelleisenbahner* zuschicken. Die beiden Zeitungen lese ich bis heute gern, genau wie *LOK Report*, *DB Mobil*, *Drehscheibe* und viele andere.

Ich hatte fest vor, auf die Lokführerschule in Česká Třebová zu gehen. Vermutlich hat jeder, der sich für die Eisenbahn interessiert, schon mal von diesem Ort gehört, der

Diesen Bahnhof kennt in Tschechien jeder: Česká Třebová.

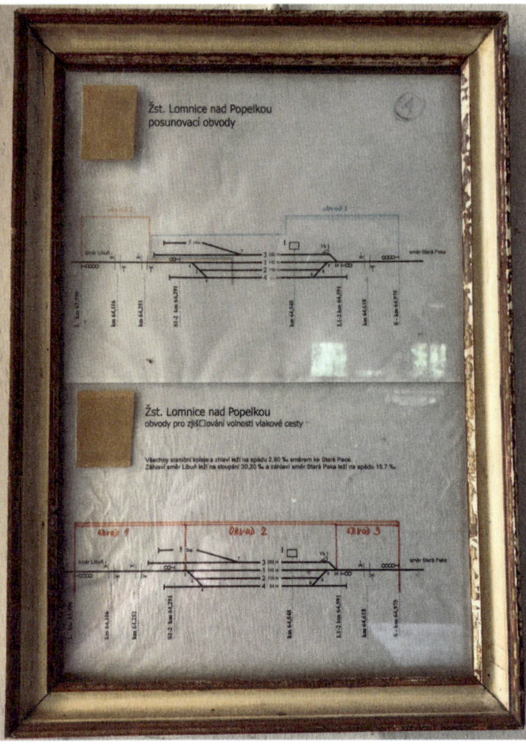

in etwa auf halber Strecke zwischen Prag und Ostrava liegt. Česká Třebová ist nicht groß, die Stadt hat etwa fünfzehntausend Einwohner, doch an den langen überdachten Bahnsteigen halten fast alle Züge. Ein wichtiger Knotenpunkt – und das schon seit 1845. Kurz danach baute man hier Werkstätten, und der Bahnhof wurde kontinuierlich verlängert und verbreitert. Bis heute arbeiten in Česká Třebová die meisten Menschen bei der Bahn. Denn hier befinden sich nicht nur die Eisenbahnerschule und eine Lokomotivfabrik, sondern auch der größte Rangierbahnhof von Tschechien, der zu den wichtigsten in ganz Mitteleuropa zählt. Ebenso wie der Rangierbahnhof Limmattal bei Zürich oder der Zentralverschiebebahnhof in Wien-Kledering. Der größte Rangierbahnhof in Europa liegt allerdings in Maschen in der Nähe von Hamburg.

Und Česká Třebová ist noch für etwas anderes bekannt: seinen Eisenbahnfriedhof. Auf zugewachsenen Abstellgleisen werden die ausgemusterten Lokomotiven und Wagen zerlegt und verschrottet. Nur wenige werden auf manchmal schräge Art und Weise gerettet. Zum Beispiel kaufte hier einmal ein Imker einen ausrangierten Personenwagen und machte daraus ein

Das Gleisbild von Lomnice nad Popelkou. Die Gleise, die Weichen, die Signale. So sehen die Fahrdienstleiter und Fahrdienstleiterinnen den Bahnhof auf dem Arbeitstisch.

Bienenhaus. Und einen anderen Wagen baute neulich jemand in eine Sauna um. In eine Sauna auf Schienen.
Es ist ein trauriger Anblick, wenn man den Friedhof aus dem Speisewagen eines der Züge in Richtung Prag, Berlin, Wien, Budapest, Warschau oder Krakau betrachtet, die regelmäßig durch Česká Třebová kommen. Hunderte leblose Lokomotiven jedweder Bautypen mit ausgeschlagenen Fenstern, fehlenden Schildern und Türen und aufgeschlitzten Leibern, aus denen die Organe herausgerissen wurden. Ihre Herzen, die Motoren, schlagen nicht mehr. In Česká Třebová schließt sich so irgendwie der Kreis. Hier geht man als junger Mann oder junge Frau in die Eisenbahnerschule. Und hier sieht man das Ende.
Doch wenn man dreizehn ist, denkt man nicht unbedingt über den Tod und Friedhöfe nach. Man steht am Anfang. Man hat einen Traum. Man möchte was schaffen. Und doch kann sich alles schnell ändern. Dass ich mich nach dem ärztlichen Befund meiner Sehschwäche nicht mehr für ein Eisenbahnerstudium bewerben konnte, kam einer Beerdigung gleich. Die ganze Welt stürzte wie ein Kartenhaus zusammen, und ich fühlte mich genauso wie die ausrangierten Lokomotiven auf dem Eisenbahnfriedhof von Česká Třebová. Mittlerweile kann ich darüber lachen, doch damals habe ich wirklich weinen müssen. Diese Brille, diese verdammte Brille.
Und so musste ich ins Gymnasium nach Turnov. Nur unter uns, ein, zwei Jahre später war ich doch sehr froh darüber. Zunächst blieb ich aber auch hier der verrückte Eisenbahner und überforderte meine Schulkameraden im Russischunterricht mit einem Vortrag über die Transsibirische Eisenbahn und meine wunderbare Deutschlehrerin Frau Dudková mit einem Vortrag über die Dampflokomotiven der Deutschen Reichsbahn. Ja, über diejenigen, die ich bei meinen Ausflügen in die DDR fotografiert und bewundert hatte. In Zittau. Görlitz. Bautzen. Löbau. Hoyerswerda. Zu den Fotos spielte ich auch die passenden Geräusche vor, die klangvolle Eisenbahnmusik der Dampflokomotiven.
Meine Freunde hatten zu Hause Platten von The Cure, Depeche Mode oder The Smiths, teuer erstanden und aus dem Westen eingeschmuggelt, und ich besaß eine LP mit Dampflokgeräuschen, *Von 01 bis 99: Dampflokomotiven der Deutschen Reichsbahn*, die ich mir ganz legal in Zittau in einem Plattenladen für ein paar Mark gekauft hatte. Heute kann man sich die Platte sogar bei YouTube anhören.
Dank meiner Freunde entdeckte ich bald eine andere Welt und auch andere Musik als die der Eisenbahn. Und Literatur, Kino, Geschichte, die deutsche Sprache. Wir lasen Milan Kundera, Pavel Kohout, Bohumil Hrabal und Jack Kerouac, vor allem sein Meisterwerk *Unterwegs* verschlangen wir alle in nur einer langen Nacht. Bis heute

liebe ich die Szenen, in denen die Beatniks als blinde Passagiere auf den Güterzügen quer durch Amerika unterwegs sind, ich bewundere diese absolute Freiheit.
Damals lernte ich in der Bahnhofskneipe in Turnov, in der sich heute die Stadtbibliothek befindet, einen Tramper kennen, der mir erzählte, genau so habe er es mal bis nach Bulgarien geschafft. Von Güterzug zu Güterzug durch die Tschechoslowakei und dann weiter über Ungarn und Rumänien. In Burgas hatte man ihn zwar verhaftet und verprügelt, aber egal, er schaffte es bis ans Schwarze Meer. Er war ein freier Mann im damals unfreien Teil Europas.
Nach der Wende entdeckten wir auch die vergessene deutschsprachige Literatur meines Landes wieder, vor allem Franz Kafka. Wir lasen alle *Die Verwandlung*, worin der arme Gregor Samsa am Abend Fahrpläne studiert, so wie ich es auch mache. Und in meiner Vorstellung verwandelte er sich dann in eine lärmende Dampflokomotive und nicht in einen Käfer. Aber ich las auch Kafkas Kurzgeschichten, darunter die Skizze *Wunsch, Indianer zu werden*, die genauso traurig endet wie mein Traum, Eisenbahner zu werden. Doch unglücklich darüber war ich längst nicht mehr. Wir gründeten eine Band und eine kleine Theatergruppe. Ich verliebte mich und trennte mich wieder. Ich lernte Bier

zu schätzen und verstand, wie mein Onkel das mit dem Durst der Dampflokomotiven und der Böhmen meinte. Zum Glück war es mit dem Rauchen anders, das lernte ich nie. Stattdessen schrieb ich mein erstes Theaterstück. Ganz ohne Eisenbahn. Doch sie kehrte ziemlich bald in mein Schreiben und in mein Leben zurück. Eigentlich war sie auch nie weg gewesen. Dafür war und ist die Liebe einfach zu groß.
Und so bin ich heute viel mit der Eisenbahn unterwegs, gehe auf kurze und lange Reisen durch Mitteleuropa, dessen Geschichte man ohne die Eisenbahn nicht erzählen kann. Manchmal verreise ich nur für einen Nachmittag, manchmal für eine ganze Woche, manchmal für einen ganzen Monat. Über meine Fahrten schreibe ich in diesem Buch. Und über die Geschichte und die Geschichten, die mir die Schienen, Bahnhöfe, Züge und Menschen erzählen. Denn das ist für mich die Eisenbahn.

Das heilige Flügelrad gilt als Ursymbol der Eisenbahn. Nicht nur in Belgien und in Tschechien, in Antwerpen Centraal und in Česká Třebová. Sondern überall, wo Züge fahren und Eisenbahner leben.

Der schönste und größte Bahnhof in Tschechien:
Praha hlavní nádraží – Prag Hbf.

Fenster mit Bahnblick

Meine erste Wohnung in Prag war klein. Nicht mal vierzig Quadratmeter. Nur ein Zimmer, Küche, Bad und zwei Fenster. Aber Fenster mit Bahnblick. Genau deswegen hatte ich mich in diese Wohnung sofort verliebt. Ich dachte mir, das kann kein Zufall sein. Und es war ganz sicher kein Zufall, dass ausgerechnet diese Wohnung noch frei war und auf mich wartete. Im ehemaligen Arbeiterviertel Žižkov, direkt an der Einfahrtschneise zum Prager Hauptbahnhof, dem größten und wichtigsten Bahnhof des Landes. 1909 wurde das prächtige Jugendstilgebäude des Architekten Josef Fanta eröffnet. Wenn ich mich aus dem Fenster lehnte, sah ich gleich die ersten Weichen und das für den großen Bahnhof ungewöhnlich kleine Stellwerk.

Natürlich war die Wohnung wegen des Eisenbahnverkehrs auch sehr laut. Doch ich mochte den Lärm, so wie ich den Ausblick mochte. Die Züge fuhren nicht am Haus entlang, sondern durchs Haus hindurch. Durch meine Wohnung. Meine Küche, mein Bad und mein Wohnzimmer mit dem Hochbett. So fühlte es sich zumindest immer an. Die Wände zitterten, und im Küchenschrank klirrten die Gläser und schepperte das Geschirr. Außerdem stank es nach Bahn. Doch das störte mich alles überhaupt nicht. Ich saß an meinem Arbeitstisch, schaute von oben auf die langsam vorbeifahrenden Züge und fühlte mich wie in einem Stellwerk. Oder einer Blockstelle. So nannte der tschechische Schriftsteller Bohumil Hrabal auch seine Datscha in der Waldsiedlung Kersko, etwa fünfzig Kilometer östlich von Prag. Ich liebe Hrabal, so wie ich Jaroslav Hašek oder Franz Kafka liebe, die ebenfalls mit Prag verbunden sind. Und auch die Eisenbahn und die endlosen Schienenstränge spielen in ihren Geschichten eine Rolle. Diese drei Autoren haben mich zum Schreiben gebracht. Doch allen voran vermutlich Bohumil Hrabal.

Er wusste genau, wovon er redete, wenn er seine Schreibwerkstatt mit einer Blockstelle verglich. Im Zweiten Weltkrieg arbeitete er als Fahrdienstleiter in Kostomlaty an der Strecke der alten Österreichischen Nordwestbahn, die Wien und Nymburk und Prag und Děčín verband.

Zwar hielten die Schnellzüge nach Hradec Králové und ins Riesengebirge, die ich von meinem Fenster in Prag aus sehen konnte, nicht in Kostomlaty, dafür aber alle Regionalbahnen. Oft stellte ich mir vor, wie ich in Kostomlaty bin und der junge Hrabal neben mir steht und mit mir den Zügen nachschaut, so wie der junge Fahrdienstleiter Miloš Hrma aus seiner vielleicht bekanntesten Novelle *Reise nach Sondervorschrift, Zuglauf überwacht*, die kurz vor Kriegsende spielt. Miloš Hrma ist verzweifelt und unbeholfen, besonders, was die Frauen angeht. Und doch wird er zum großen Helden. Er schafft es, einen SS-Munitionszug in die Luft zu jagen. Diese Heldentat bezahlt er mit seinem Leben. Doch Leben und Tod sitzen bei allen großen Schriftstellern, und das war Bohumil Hrabal, im gleichen Zugabteil dicht nebeneinander, so wie der Humor und die Ernsthaftigkeit, das Absurde und das Existenzielle.
Diese Erzählung Hrabals kennt in Tschechien nicht nur jeder Eisenbahner, sondern tatsächlich jeder Tscheche. Und nicht nur in Tschechien. Jiří Menzel verfilmte den Stoff unter dem Titel *Liebe nach Fahrplan* und gewann mit dem Eisenbahnerstreifen 1968 sogar den Oscar für den besten fremdsprachigen Film.
Auch heute dient in Kostomlaty noch ein Fahrdienstleiter, der mit roter Mütze immer auf dem Bahnsteig steht und die Züge beobachtet, die vorbeifahren. Er stellt die Signale, grüßt die Lokführer und schaut nach dem Zugschluss, nach den rot-weißen Tafeln oder rot leuchtenden Lichtern. So weiß er, dass der Zug nicht irgendwo auf der Strecke einen Hänger verloren hat. Ein Bild, das typisch ist für das Eisenbahnleben im Mitteleuropa, vor allem für die Länder der ehemaligen Donaumonarchie. Egal, auf welchem Bahnhof man aussteigt, egal, durch welche Station man fährt. Die Fahrdienstleiter stehen einfach da. In Kostomlaty in Böhmen, Bad Ischl in Österreich, Humenné in der Slowakei, Nova Gorica in Slowenien, Villa Opicina oberhalb von Triest in Italien, Sátoraljaújhely in Ungarn, Rijeka in Kroatien, Lwiw in der Ukraine und auch in Łupków, dem verlassenen polnischen Bahnhof in den Karpaten an der Grenze zur Slowakei, wohin sich heute nur noch sehr wenige Züge verirren. Da überall stehen sie noch, diese Priester und Priesterinnen des Eisenbahngottes, die Männer und Frauen in Uniform und mit roter Mütze, und wachen über die Züge und Fahrgäste. Es beruhigt mich immer sehr, wenn ich sie auf dem Bahnsteig sehe. Man fühlt sich sicherer. Man weiß, jemand passt auf die Züge auf, aber auch auf uns. Die Welt ist in Ordnung.

Prag Hauptbahnhof: in der ehemaligen Schalterhalle fühlt man sich wie in einer Kunstgalerie.

28. října
r. 1918.
PRAGA
mater
urbium

Und wenn die Fahrdienstleiter die Züge in Tschechien, Ungarn und der Slowakei noch so wie früher mit dem Befehlsstab abfertigen, mit ihrem Segen in die Welt schicken und die Schaffner ihnen mit einem ähnlichen Segen antworten, indem sie mit der Hand ein Kreuz in die Luft zeichnen, dass der Zug abfahren kann, nehmen die Reisenden teil an einer heiligen Messe. So wie vor schon hundert Jahren. In Deutschland sieht man dieses Schauspiel nicht mehr. Da verschanzen sich die Fahrdienstleiter in ihrem Stellwerk wie in einer kleinen Festung. Die Zugabfertigung übernimmt das Zugpersonal.

In Kostomlaty, Humenné oder Nova Gorica kann man mit den Priestern der Eisenbahn immer noch zwischen den Abfahrten über das Leben auf den Schienen plaudern. Und ich bin mir sicher, dass man den Fahrdienstleiter von Bad Ischl auch ohne Weiteres nach Łupków, Villa Opicina oder Sátoraljaújhely versetzen könnte. Er würde sofort wissen, was zu tun ist, wie man die alten elektromechanischen Stellwerke der Firma Siemens & Halske mit Tasten, Hebeln und Drahtzügen bedient.

Auch Hrabal würde mit Sicherheit Bescheid wissen. Oder ein anderer Autor, Adolf Branald. Er diente als Fahrdienstleiter im Bahnhof Moldava im Erzgebirge, direkt an der Grenze zwischen Böhmen und Sachsen. Bekannt ist er auch für seine Literatur über die dramatische Zeit von Frühjahr bis Herbst 1938, als die Tschechoslowakei das sogenannte Sudetenland an das sogenannte Dritte Reich abtreten musste. Es war eine traurige, brutale und laute Zeit.

Heute ist es in Moldava still. Fast zu still. Die Züge nach dort fahren auch nur noch innerhalb von Tschechien zurück, denn auf der deutschen Seite wurden die Gleise nach dem Krieg entfernt. Doch wer weiß, vielleicht wird diese Lücke irgendwann verschwinden, an manchen Orten ist es schon passiert. Und vielleicht sieht man dann auch hier wieder einen Fahrdienstleiter auf dem Bahnsteig. Einen heiligen Gesandten des Eisenbahngottes.

Aus dem Fenster meines Stellwerks sah ich nicht nur die eingleisige Bahnstrecke und das hohe Viadukt, das die Züge hoch oben über eine pulsierende Straße führte, sondern auch noch ein wenig vom Masarykovo nádraží, dem ehemaligen Staatsbahnhof, benannt nach dem Mitbegründer und ersten Präsidenten der Tschechoslowakei, Tomáš Garrigue Masaryk. Heute dient der älteste Bahnhof und einzige Kopfbahnhof der Stadt vor allem dem Regionalverkehr. Doch früher war es der wichtigste Bahnhof in Prag. Hier kam im Sommer 1845 nach Eröffnung dieser Strecke der erste Zug aus Richtung Olomouc und Wien an. Von hier aus fuhren von 1851 an auch die Züge nach Dresden ab. Die Moldau wurde über das jüngst sanierte Negrelli-Viadukt überquert. Bis 1910 war es die längste Eisenbahnbrücke Europas.

Die ruhige, langsame Fahrt dort oben lohnt sich auch heute noch. Man schaut auf den Fluss, blickt auf den Hradschin mit der Prager Burg und die zahlreichen Türme der Stadt. Man kann versuchen, die vielen Bögen des Viadukts zu zählen und die Millionen Ziegel und Steine, die es zusammenhalten. Neben der Karlsbrücke ist das die schönste Brücke von Prag. Auch das Originalstellwerk steht hier bis heute. Als ich nach Prag zog, war es noch mit einem alten Weichenwächter besetzt. Oft saß er am Fenster, rauchte und schaute auf die Züge. Heute muss er längst in Rente sein. Das kleine Häuschen aus Holz und Stein wird mittlerweile nicht mehr genutzt, doch erstrahlt es prächtig saniert als Eisenbahndenkmal.

Wie der alte Weichenwächter konnte auch ich stundenlang am Fenster sitzen, nur las ich in den Büchern von Hrabal, Kafka, Hašek oder Branald, statt zu rauchen. Aber auf die Züge schaute natürlich auch ich. Die Regionalzüge nach Turnov. Die Schnellzüge nach Mähren. Die Eurocitys nach Budapest, Berlin und Hamburg mit ihren vorzüglichen Speisewagen. Schnell kannte ich auch alle Lokomotiven und freundete mich mit ein paar Lokführern an. Abends stieß ich mit ihnen mit einem Bierchen aus der Ferne, aus dem Fenster an.

»Angenehmen Feierabend«, rief ich einem Lokführer zu, der mit seinem Zug vor dem Einfahrsignal kurz warten musste.

»Dir auch. Ich freu mich auch schon auf mein Bier«, rief er zurück und pfiff mir kurz zu.

So war es oft. Kurze Szenen. Kurze Begegnungen. Mit den Lokführern. Den Schaffnerinnen. Den Reisenden. Den Kellnern und Köchen im Speisewagen. Ziemlich sicher habe ich damals aus meinem Stellwerk bereits Herrn Peterka, einen Oberkellner, gesehen. Und den Lokführer Pavel Židlík. Die zwei sind vor allem zwischen Prag und Dresden unterwegs. Mit beiden bin ich heute befreundet.

Im Sommer war es manchmal sehr warm in meiner Wohnung. Die beiden Fenster waren weit aufgerissen, und so erschienen mir die Züge noch näher, während ich dort mit Freunden saß. Wir tranken Bier oder Wein und hörten die Musik der Züge und auch die Musik, die wir liebten.

Etwa *Downtown Train* von Tom Waits, und jemand träumte von der endlosen Reise mit einem Amtrak-Zug durch Amerika. Ein anderer erzählte von der Grand Central Station in New York und noch jemand anderes vom Bahnhof in Cincinnati, wo sein Onkel lebte. Die drei stritten sich dann, welches der beste Bahnhof von ganz Amerika sei, obwohl niemand von ihnen jemals in Amerika war. Und da sagte noch ein anderer, der beste Bahnhof von Amerika sei in Amerika in Sachsen auf der Strecke

Fenster auf. Unterwegs mit der Mühlkreisbahn von Linz-Urfahr nach Aigen-Schlägel.

zwischen Glauchau und Wurzen. Er hatte dort eine Freundin aus der gemeinsamen Zeit im Pionierlager Artek auf der Krim, die er schon im Nachtzug dorthin kennengelernt hatte und die wahrscheinlich noch immer auf dem Bahnsteig in Amerika auf ihn wartete. So hatte er es ihr fünfzehn Jahre zuvor in Artek versprochen. Dass er mit dem Zug aus Pilsen in Böhmen nach Amerika in Sachsen kommt und sie heiratet.

Wir hörten auch *Midnight Bahnhof Café* von Wire, *Smalltown Boy* von Bronski Beat, *Zoo Station* von U2 und *Following The Disappeared Railroads* von der lokalen Band Toyen, eine nostalgische Hymne voller Sehnsucht nach der Zeit des Prager Frühlings und alten Eisenbahnen, die sich im Gras und Gebüsch verirrt haben. Wir hörten *Jumping Someone Else's Train* von The Cure und *Ghost Train* von The Stranglers und *Runaway Train* von Soul Asylum und *Mystery Train*, einen Blues, den die Version von Elvis bekannt machte, wir allerdings spielten Neil Youngs Cover des King-Covers. Aber auch Neil Young im Original, seinen *Train of Love*, der zwar von Herz zu Herz fährt, aber immer verspätet ankommt, wie es so oft im Leben ist.

Neben *On Track* von Yello hörten wir *Europa Endlos* und *Trans Europa Express* von Kraftwerk, und jemand erzählte von seinem Onkel, der vor dreißig Jahren Weichensteller in Banská Bystrica in der Slowakei gewesen war und sein ganzes Leben davon geträumt hatte, einmal mit dem Trans-Europ-Express fahren zu können, keinen Schnaps getrunken und das ganze Geld, das die anderen Weichensteller für Bier und den Schnaps Borovička ausgaben, nur für die Reise mit dem Trans-Europ-Express gespart hatte. Doch dann war er von einem Güterzug erfasst worden. Für das ersparte Geld hatte er in Banská Bystrica ein sehr schönes Eisenbahnergrab bekommen.

Oft hörten wir auch *Kam se poděјem, Wo kommen wir hin,* von der tschechischen Band Priessnitz. Ihr Frontmann Jaromír 99 singt darin über die Züge, die jede Nacht dicht an seinem Haus vorbeiziehen, und die Bewohner, die von dem Gedanken gebannt sind, irgendwann alles hinter sich zu lassen, aufzubrechen und mitzufahren. Doch eine Zugfahrt durch die Nacht führt auch ins Ungewisse. Jeder stellt sich dann die Frage, was mit uns allen auf dieser Bahnstrecke passiert, die wir das Leben nennen. Wohin wir gebracht werden. In welchem Bahnhof wir am Ende ankommen werden. Auch in meinem Stellwerk haben uns die Züge nicht losgelassen. Sie sind immer da. Für die Eisenbahn und die Züge gibt es keinen Feierabend. Sie sind nicht zu stoppen. Sie fahren den ganzen Tag und die ganze Nacht. Und so haben sie uns immer wieder in Traumlandschaften geführt, wenn wir irgendwann, allein oder zusammen, schlafen gingen. Weit, weit weg. In neue, unbekannte Welten.

Es waren Nachtzüge nach Budapest. Warschau. Kyiv. Moskau. Bukarest. Belgrad. Berlin. Ihre gelben Lichter brannten wie kleine Feuer an den Wänden meines Zimmers und tanzten wild an der Decke entlang. Und ich musste an ein Gemälde von Egon Schiele denken, *Durch Europa bei Nacht*, wo ein Nachtzug durch die schwarzen, kantigen Berge und über eine hohe Brücke rast. Die Lichter der Dampflokomotive beleuchten die Strecke, und nichts kann den Zug auf dieser Reise aufhalten. Einfach Europa endlos.

Als Kind sah Schiele sicher viele Nachtzüge aus seinem Zimmer mit Bahnblick in Tulln an der Donau. Sein Vater arbeitete dort als Bahnhofsvorstand. Heute ist in der Wohnung, direkt im Bahnhofsgebäude, ein kleines Museum über den Maler eingerichtet. Der kleine Egon sah aus seinem Fenster die Nachtzüge von Prag nach Wien oder von Wien nach Prag und vielleicht sogar bis nach Berlin vorbeirollen.

Das Aquarell von Schiele mag ich sehr. Eine Kopie von *Durch Europa bei Nacht* habe ich kürzlich von einer Freundin in Dresden bekommen, die auch gerne mit dem Zug reist und sich für Kunst und Kultur interessiert. Und für Eisenbahngeschichte. So hängt das kleine Bild nun an der Wand über meinem Schreibtisch, gleich neben der Eisenbahnkarte von Europa aus dem Jahr 1913 und der Eisenbahnkarte von Österreich-Ungarn aus dem Jahr 1911, die auch zu meiner persönlichen Eisenbahnkarte geworden ist. Viele dieser alten Strecken gehen einfach mitten durch mein Herz.

In meiner Wohnung mit Bahnblick war es nachts nur kurz zwischen eins und vier ruhig, fast gespenstisch still. In dieser Zeit fuhren nur die leisen Rangierloks. Manchmal ganz allein. Manchmal mit einem oder zwei Wagen.

Der letzte Zug des Tages war immer der legendäre Nachtexpress *Excelsior* von Cheb nach Košice. Der Zug der Nachtgestalten und Geister, Verlierer und Trinker, Träumer und Kleinkriminellen, aber auch der Kurgäste, Urlauber und Arbeiter. Ein Direktzug, einer der wichtigsten Schnellzüge sogar, der seit den 1990ern vom Westen Tschechiens in den Osten der Slowakei verkehrte, im Dezember 2014 leider zum letzten Mal. Der erste Zug des Tages war dann der gleiche Schlafwandler, nur aus der Gegenrichtung, der *Excelsior* von Košice nach Cheb, Eger in Westböhmen, die altehrwürdige, geschichtsträchtige Stadt an der Grenze zu Deutschland, unweit von Franzensbad, Karlsbad und Marienbad, bis heute ein wichtiger Bahnhof im Herzen der westböhmischen Kurlandschaft.

Keine Ahnung, wie es passiert ist, doch plötzlich fand ich mich im Schlafwagen des *Excelsior* wieder. Wahrscheinlich hatte ich mich selbst in einen Schlafwandler verwandelt. Wie von einer unsichtbaren Kraft geführt, vielleicht vom Eisenbahngott höchstpersönlich, hatte ich meine Wohnung verlassen und ging zum Hauptbahnhof. Im Halbschlaf. Im Halbtraum. Im Halbkoma.

Ich weiß noch, dass ich mir einen Fahrschein kaufte und es im Abteil sehr heiß war, wie ich es auch später oft in den Nachtzügen erlebte. Doch das Fenster ließ sich zum Glück öffnen.
Ich weiß noch, dass ich aus dem Fenster des Schlafwagens die glühenden Stahlhütten in Ostrava sah. Die ganze Stadt strahlte und brannte. Die ganze Nacht. Und die Luft stank nach Schwefel, wie es auch heute noch nach Schwefel stinkt, wenn man in Ostrava aus dem Zug steigt.
Ich weiß noch, wie ich aus dem Schlafabteil mit Bahnblick die Rangierer sah und den Fahrdienstleiter mit einem so blassen und eingefallenen Gesicht, dass ich an den Tod denken musste.
Ich weiß noch, wie ich später auch die Milchstraße sah, die sich wie eine unendliche Eisenbahnkarte über uns erstreckte, mit vielen Bahnhöfen und Haltepunkten und endlos ausgebreiteten Engelsflügeln. Das riesige kosmische Flügelrad.
Ich weiß noch, wie ich die scharfen Schatten der slowakischen Berge sah, der Kleinen und Großen Fatra und Niederen und Hohen Tatra. Ich fühlte mich wie in dem Nachtzug Schieles durch Mitteleuropa getrieben. Irgendwann kam Poprad und dann auch Kysak. Dort hat man auf dem Bahnsteig eine kleine Figur der heiligen Katharina von Alexandrien, der Schutzpatronin der slowakischen Eisenbahner, angebracht. Und genau davor kniete eine alte Frau und betete.
Schließlich stieg ich in Košice aus dem Zug. Ich schaute zwei Rangierern zu, wie sie die Lokomotive abkoppelten, und verstand kein Wort, obwohl ich Slowakisch eigentlich sehr gut verstehe, wie jeder, der in der Tschechoslowakei aufgewachsen ist. Doch die beiden sprachen Ungarisch miteinander. Und schimpften auf Ungarisch, das wiederum habe ich ganz gut verstanden. Denn es gefiel ihnen überhaupt nicht, wie ich sie bei der Arbeit anstarrte, mit meinem schlafreisenden Blick.
Todmüde fuhr ich von Košice mit dem Regionalzug nach Prešov. Auch über Kysak. Und wieder sah ich die alte Frau, wie sie vor der heiligen Katharina von Alexandrien kniete und betete. Für sie, für ihre Familie, für alle Eisenbahner dieser Welt.
Am Abend fuhr ich dann zurück nach Prag und schlief fast die ganze Nacht durch. Doch immer wieder wurde ich im Abteil von zwei Engländern geweckt, die auf der Suche nach dem Mittelpunkt Osteuropas waren, doch bis jetzt einfach nicht fündig geworden waren. In Wrocław, Budapest, Prag und auch in Košice und sogar in Lwiw wurde ihnen erklärt, dass es Osteuropa nicht gibt. Die Westeuropäer haben aus uns Osteuropäer gemacht, die bis heute immer noch im Kalten Krieg leben, versuchte ich ihnen klarzumachen. Von Wien nach Lwiw ist es viel näher als nach Paris. Von Berlin nach Warschau genauso, obwohl es in Berlin nicht alle glauben. Man

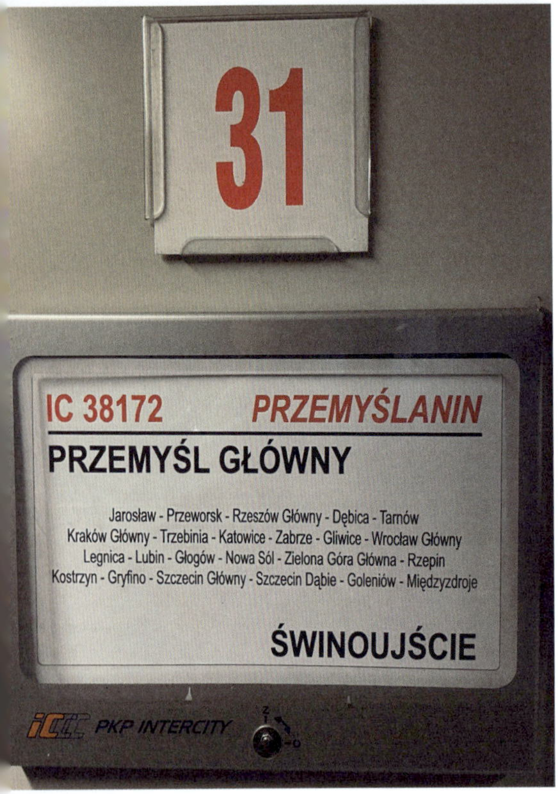

muss sich nur die Eisenbahnkarte Europas anschauen. Wir haben uns hier immer als Mitteleuropäer verstanden. Auch vor der Wende. Oder wir haben uns darüber zumindest keine Gedanken gemacht. Ich weiß nicht, ob die Engländer mich verstanden. Ich war müde von dieser verrückten Reise, so wie sie müde waren von ihrer Suche nach dem Mittelpunkt Osteuropas. Vielleicht suchen sie bis heute.

Diese Reise mit dem Nachtzug sollte nicht meine letzte bleiben. Auch heute lasse ich mich gern auf Schienen durch die Nacht tragen. Seitdem weiß ich auch, wie wunderbar es ist, in Berlin, wo ich heute vor allem lebe, einzusteigen und im Rhythmus der Eisenbahn einzuschlafen und sich treiben zu lassen. Oder aus dem Fenster in die Dunkelheit der Nacht zu schauen, wo sich viel mehr Leben versteckt, als man denkt.
Es ist ein besonderes Erlebnis, nach einer Nachtzugreise am nächsten Morgen beispielsweise in der alten, bis heute sehr österreichisch geprägten Festungsstadt Przemyśl in Polen an der Grenze zur Ukraine aufzuwachen. Und gleich in dem eleganten Bahnhofsrestaurant direkt am Bahnsteig ein Omelette zu frühstücken, das nicht auf den Teller passt, weil es so groß ist wie meine Eisenbahnkarte der Donaumonarchie, auf der man selbst-

Bitte einsteigen! Richtung Italien, Polen oder Portugal.

verständlich auch Przemyśl findet. Dort kann man speisen mit Bahnblick, den man auch aus vielen anderen Bahnhofskneipen und Cafés und Bars und auch Bahnhofshotels hat. Man sieht das Stellwerk, beobachtet die Rangierer. Die Reisenden, die auf den Zug oder Bus zur Weiterfahrt in die Ukraine warten und genauso müde sind wie die Bahnarbeiter.
Man kann aber auch in Świnoujście, auf der anderen Seite Polens, aufwachen und direkt an der Ostsee aussteigen. Przemyśl verbindet mit Świnoujście der polnische Zug, der am längsten unterwegs ist. Rund siebzehn Stunden braucht der *Przemyślanin* für die Strecke von Ostsüd nach Westnord, er führt auch einen Speisewagen, was bei den Nachtzügen nicht immer der Fall ist. Dabei sollte man sich den Wecker stellen, um den Hauptbahnhof von Wrocław nicht zu verschlafen. Mittlerweile sehr aufwendig saniert, blüht er in der Nacht richtig auf. Ähnlich wie die Bahnhöfe in Villach, Salzburg oder Břeclav, wo sich nachts die europäischen Nachtzüge treffen, um sich entweder wieder zu trennen oder neu zu verbinden. Um die schlafenden Fahrgäste auszutauschen, mit deren Träumen, Sorgen, Sehnsüchten.
Wie jeden Eisenbahnmenschen freut es auch mich sehr, dass die Lichter der Nachtzüge gerade wieder mehr in den Fahrplänen Mitteleuropas aufleuchten. Dafür muss man sich in Wien bei der ÖBB bedanken. Die Österreicher haben die Nachtzüge gerettet, die von vielen anderen Staatsbahnen ausgemustert wurden, und bescheren diesen Hotels auf Schienen ein Comeback, wodurch Wien nicht nur mit Lwiw und Kyiv, sondern auch mit Berlin, Zürich, Amsterdam, Brüssel, Bukarest, Venedig und Rom verbunden ist. Bald werden in Europa auch noch andere Reiseziele wie Paris oder Barcelona folgen.
Doch es ist auch möglich, von Wien über Triest nach Rom zu reisen. Zuerst tagsüber mit der neuen Direktverbindung des EC *Emona*, der die österreichische Hauptstadt mit dem einst wichtigsten Handelshafen der Donaumonarchie nach vielen Jahrzehnten wieder verbindet. Eine unglaublich malerische Bahnfahrt über den Semmering, Graz, Ljubljana und den Karst. Beim Halt in Triest kann man noch kurz speisen und am gleichen Abend mit dem Nachtzug nach Rom weiterfahren. Von Roma Termini besteht dann die Möglichkeit, am nächsten Tag früh am Morgen in einen wunderbar langsamen Tageszug nach Palermo auf Sizilien zu steigen. Diese Verbindung ist die letzte in Europa, deren Wagen mit einem Schiff weitergetragen werden. Vom Festland auf die Insel. Man kann kurz aussteigen, einen Espresso trinken, aufs Meer schauen. Die Überfahrt selbst dauert zwar nicht lange, doch die Reise bis zur Endstation ist dann noch ein längerer Weg. Der Zug kommt erst um halb acht am Abend in Palermo an.

Europa bei Nacht. Ein Nightjet in Wien Hbf.

Mit den beiden Nachtzügen aus Rom dauert es ebenfalls ziemlich lang, doch auch dies ist eine wunderbare Reise. Der spätere Nachtzug kommt sogar erst kurz vor zwölf an. Ich habe Freunde, die genau das mögen. Lange im Bett eines Nachtzuges bleiben zu können. So lange, wie es nur geht. Bloß nicht zu früh ankommen, sagen sie immer. Sie verbrachten ganze Tage und Nächte in den Zugabteilen und genießen es, sich's dort gemütlich zu machen. So braucht es zwei, drei Tage, bis man sich in der Transsibirischen Eisenbahn richtig einnistet, erzählen sie. Bis man den Zug versteht. Das Reisen mit der Transsibirischen versteht. Die Reise richtig genießen kann, als besonderen seelischen Zustand, als eine Form der Meditation. Danach möchte man oft nicht mehr aussteigen, sagen sie.

Ich habe einen Freund in Wien, der zehn Tage lang von Moskau bis fast nach Wladiwostok unterwegs war. Kurz vorher, in Ussurijsk, wurde sein Schlafwagen abgehängt, und er reiste darin zwei weitere Tage nach Pjöngjang in Nordkorea. Auch heute noch erzählt er von dieser außergewöhnlichen Reise im nordkoreanischen Schlafwagen, der zweimal im Monat zwischen Pjöngjang und Moskau pendelt. Eigentlich dürfen Touristen aus dem Westen nur über China nach Nordkorea einreisen. Doch mein Freund hatte einen gültigen Fahrschein, und deshalb wies der russische Schaffner die nordkoreanischen Kollegen an, ihn mitzunehmen.

So erlebte mein Freund nicht nur die nordkoreanische Eisenbahn und konnte das strenge Leben in diesem armen, weitgehend abgeschotteten Land ein wenig beobachten, sondern war auch bei der doppelten Umspurung dabei. Die Umspurung zu erleben ist für alle Eisenbahnmenschen ein unvergleichliches Ritual. Und eine doppelte Umspurung kann wahrscheinlich nichts mehr übertreffen. An der Grenze zwischen der Slowakei oder Ungarn mit der Ukraine wird der Schlafwagen zuerst von unserer europäischen Normalspur von 1435 Millimetern auf die russische Breitspur von 1520 Millimetern umgespurt. Und an der Grenze zu Nordkorea wurde der nordkoreanische Wagen wieder auf die Normalspur umgespurt. Europa und Nordkorea liegen weit auseinander, doch ist es die gleiche Spurweite, die uns verbindet.
Hier noch eine Empfehlung von meinem Freund für alle, die über eine Fahrt nach Wladiwostok oder Pjöngjang nachdenken: Eigentlich ist es besser, von Ost nach West zu fahren und nicht umgekehrt, wie es die meisten Reisenden machen. Also von Wladiwostok oder Pjöngjang nach Moskau und weiter nach Wien oder Berlin. Denn wegen der Zeitverschiebung ist auf diese Weise jeder Tag um eine Stunde länger und nicht kürzer. So hat man viel mehr von der Reise.

Das schönste Fenster mit Bahnblick findet man natürlich direkt im Zug. Nicht nur im Schlafzimmer, wie ein anderer Freund aus Wien zum Schlafwagen sagt. Auch im Esszimmer, wie er zum Speisewagen sagt. Oder im Wohnzimmer, wie er zum Großraumwagen sagt. Oder im Atelier, wie er zum SBB-Panoramawagen sagt. Oder im Arbeitszimmer, wie er zum Businessabteil der Railjets sagt, jener von der österreichischen und der tschechischen Bahn eingesetzten Züge, die unter den lokbespannten die schnellsten sind. Dieser Freund von mir kennt sich da sehr gut aus. Er liebt die Eisenbahn so sehr, dass er mit dem Zug so viel fährt wie kein anderer Mensch, den ich kenne. Auf an die 160 000 Kilometer kommt es bei ihm, das ist viermal um die Erde herum. In einem einzigen Jahr! Er führt ein Tagebuch, in dem er sich alle Zugnummern und Loknummern notiert. So weiß er auch nach Jahren, wo und wann und mit welchem Zug er unterwegs war. Was er war.
Mein Freund weiß auch, was alle Eisenbahnmenschen wissen. Mit am besten ist es, wenn man die Fenster öffnen und nicht nur die frische Luft, sondern auch die Landschaft richtig einströmen lassen kann, mit all den Farben, Düften und Lichtern und auch dem ganzen Lärm. Dann wird das Zugabteil zum Teil der Landschaft und die Landschaft zum Teil des Zuges. Alles fließt zusammen.
Die meisten der neuen Zuggarnituren ähneln ein wenig den kosmischen Kapseln, weil sie klimatisiert und von der Außenwelt isoliert auf den Schienen zwischen den

Städten und Dörfern dahinfliegen. Doch haben sie wiederum oftmals sehr große Fenster. Und fahren viel ruhiger und sanfter.
Trotzdem mag ich die alten ratternden Wagen mehr, wo man sich aus dem Fenster hinauslehnen kann, obwohl es eigentlich verboten ist. Es gibt sie immer seltener. Doch es gibt sie noch, in der böhmischen, slowenischen und ungarischen, in der italienischen, österreichischen und deutschen Provinz.

In meinem Stellwerk lernte ich wie gesagt die Musik der Eisenbahn kennen. Und auch, warum die Eisenbahn und die Lokomotiven so viele Musiker und Komponisten inspiriert haben. Zum Beispiel Antonín Dvořák.
Er wuchs in Nelahozeves auf, einem kleinen Dorf an der Moldau, unweit von Prag. Heute ist es nicht nur als sein Geburtsort bekannt, sondern auch wegen der drei Tunnel mit Fenstern, wie die Lokführer sagen. Sie meinen damit ein paar herausgeschlagene Löcher in der Felswand, durch die das Licht in die Tunnel flutet.
Dvořák, Jahrgang 1841, erlebte als Kind den Bau der Bahn zwischen Prag und Dresden mit. Schon da schien ihn die neue Technik zu faszinieren. Und später in Prag war er oft auf dem heutigen Hauptbahnhof zu sehen, wie er auf dem Bahnsteig stand, sich die Lokomotiven anschaute und mit den Lokführern plauderte. Mit vielen war er auch befreundet. Vor hundertzwanzig Jahren wäre sicher auch mein eigener Freund Pavel Židlík, der heute die Strecke Prag–Dresden befährt, darunter gewesen.
Pavel weiß auch, dass Dvořák ein echter Trainspotter war, der sogar seine Schüler zum Bahnhof schickte, um für ihn die Nummern der Lokomotiven aufzuschreiben, wenn er keine Zeit hatte. Und er polterte immer wieder, wenn die notierten Nummern nicht stimmten. Dvořák war ein früher Eisenbahnmensch. Kein Zufall, dass der erste Eurocity, der nach der Wende Prag mit Wien verband, den Namen *Antonín Dvořák* trug. Arthur Meyer, noch ein anderer alter Freund von mir aus Wien, war bei der ersten Fahrt nach Prag als Journalist dabei. Und erinnert sich, dass der österreichische Schaffner sogar auch Dvorak hieß. Natürlich war es ein Zufall. Oder nicht? Bei der Eisenbahn gibt es doch keine Zufälle, hier läuft alles nach Fahrplan. Auch später in New York ging Dvořák oft zum Bahnhof. Oder zum Hafen, wo er das Ankommen der Dampfer aus Europa beobachtete, das Anlegen und Ausschiffen. Hier komponierte er seine Symphonie Nr. 9 *Aus der Neuen Welt*, bei der man seine Begeisterung für die neue Technik und damit auch die Eisenbahn deutlich heraushören kann.

Pavel ist Lokführer bei České dráhy, den Tschechischen Bahnen. Über vierzig Jahre sitzt er schon auf der Lok. Er ist mit dem *Excelsior* in die Slowakei gefahren, aber

Er fährt gerne im Stehen: Lokführer Pavel Židlík. Wir sagen Siegfried zu ihm.

auch mit den anderen legendären Expresszügen. Und auch heute ist es so. Auf seinem Abschnitt fährt er mit dem *Hungaria*, der von Hamburg bis nach Budapest unterwegs ist. Er fährt mit dem *Vindobona*, der Graz mit Wien, Prag und Berlin verbindet. Seit mehr als zwanzig Jahren lenkt er die Züge zwischen Prag und Dresden und Dresden und Prag.

Doch auch die Strecke von Dresden nach Leipzig kennt er gut, die 1839 als erste deutsche Ferneisenbahn fertiggestellt wurde. Pavel kennt auch den alten, zerfallenen und etwas verwahrlosten Endbahnhof, direkt neben dem später errichteten imposanten Bahnhof Dresden-Neustadt, und die *Saxonia*, die erste in Deutschland gebaute Lok, die heute als Nachbau des mittlerweile verschrotteten Originals im Dresdner Verkehrsmuseum zu bewundern ist.

Nach Leipzig fuhr Pavel vor allem mit Nachtzügen aus Prag, die dann weiter nach Amsterdam oder Zürich rollten. Auch heute spricht er mit viel Liebe und Respekt vom Leipziger Hauptbahnhof, dem größten Kopfbahnhof Europas. Die vielen Einfahrts- und Ausfahrtssignale und Weichenlaternen dort vergleicht er gern mit einem dichten Wald: »Du musst immer aufpassen, dass du dich darin nicht verlierst.« Und die grellen weißen Stirnlichter der Lokomotiven, die roten Schlusslichter der Züge vergleicht er mit den Augen von Tieren, die im nächtlichen Wald aufleuchten.

Seine Stammstrecke ist aber Prag–Dresden, die auch meine Stammstrecke ist, denn von Berlin pendle ich oft nach Prag. Manchmal einmal im Monat. Manchmal jede Woche. Auf dieser Strecke kennt Pavel jedes Signal, jede Weiche und jede Kurve. Einmal durfte ich mit ihm mitfahren, auf seiner neuen Lokomotive, einer Vectron von Siemens, die man heute überall im Eisenbahneuropa sieht. Und so weiß ich auch ein wenig von dem, was er weiß. Den besten Bahnblick von allen hat man aus dem Führerstand einer Lokomotive. Die Fenster einer Lok sind die Fenster zur Welt.

Auch Pavel liebt Musik. Er sieht sogar wie ein Rockstar aus, blond, schlank, groß und mit langen, hellen Haaren. Einfach eine Erscheinung. Mit meinen Freunden sage ich Siegfried zu ihm, denn so stellen wir uns den Helden aus der Nibelungensage vor. Und auch *Nibelungen*-Komponist Richard Wagner ist mit Pavels Strecke verbunden, denn für eine andere seiner Opern, den *Tannhäuser*, wurde er von der Burgruine Schreckenstein bei der Elbstadt Ústi nad Labem inspiriert. Und so verbinden sich schließlich auch zwei der großen alten Flüsse Mitteleuropas mit dieser Strecke, die Moldau und eben die Elbe.

»Zuerst geht's aber die Moldau entlang«, erklärte Pavel, nachdem wir den Prager Hauptbahnhof verlassen hatten. Das Moldautal ist eng und felsig und die Strecke kurvig. Sie passt sich Fluss und Tal an. Mit viel Respekt und Liebe zur Landschaft. Aus genau diesem Grund liebe ich die Flussstrecken.

Der Zug fährt im Tal der Moldau nicht schnell, und Pavel fing auch gleich mit dem Erzählen an. Von der Fahrt durch die Porta Bohemica und den Elbdurchbruch. Von der malerischen und dramatischen Landschaft der Böhmischen und Sächsischen Schweiz. Von den unterschiedlichen Farbtönen des Elbsandsteins, den man hier von vielen Eisenbahnbauten kennt. Vom Berg Hasenburg und der auf ihm thronenden gleichnamigen Burg. Von den steil emporsteigenden Hügeln im Böhmischen Mittelgebirge, einer ehemaligen Vulkanlandschaft, die schon Alexander von Humboldt und Caspar David Friedrich bewunderten. Von der Festung Königstein, vom Lilienstein und von den anderen Tafelbergen. Von einer Felsformation, die man Lokomotive nennt, weil sie wie eine Dampflokomotive aussieht.

Er erzählte auch von der Statue des heiligen Adalberts von Prag, eines böhmischen Missionars und Märtyrers aus dem 10. Jahrhundert, die unmittelbar an der Grenze zwischen der Elbe und der Eisenbahnstrecke auf einem Felssprung thront, als Erinnerung an die toten Matrosen. Die Kapitäne der Schifffahrt grüßen den Heiligen immer mit dem Schiffshorn, und auch die Lokführer schicken ihm einen Gruß – einen kurzen Pfiff.

Doch Pavel grüßt Adalbert nicht. Er hat seinen eigenen Heiligen, der in Úvaly steht, auf der Strecke von Prag nach Pardubice: Den Ernst von Pardubitz grüßt er immer mit einem Pfiff, wenn er hier unterwegs ist, obwohl man die Statue dieses Böhmen, der im 14. Jahrhundert unter anderem als erster Erzbischof von Prag und kaiserlicher Ratgeber einer der bedeutendsten Männer seiner Zeit war, neulich auf den Marktplatz verlegte. Doch für Pavel steht sie immer noch gleich neben den Gleisen. Vielleicht hat jeder Lokführer irgendwo seinen Heiligen, seinen Beschützer, den er aus dem Fenster seiner Lok sieht. Vielleicht muss es so sein.

Denn himmlischen Beistand braucht man manchmal. Pavel erzählte mir auch von den Unfällen und Selbstmördern auf seinen Strecken. Es sind sehr traurige Geschichten, mit denen die Lokführer danach klarkommen müssen. Wie? Da hatte Pavel keine Antwort. Und dann sagte er doch: »Was zwischen dir und der

Oben: Wrocław Główny: die heilige Katharina von Alexandrien, Schutzpatronin der Eisenbahner. Unten: Den schönsten Blick auf jede Strecke hat man von hier: aus dem Führerstand einer Lokomotive.

Maschine ist, das kannst du als Lokführer beeinflussen. Aber das, was zwischen der Maschine und den Gleisen ist, das kannst du nicht beeinflussen. Du kannst nur die Schnellbremse ziehen und pfeifen und warten.«

Und auch von dem dichten Nebel erzählte er mir da, der sich im Herbst über die Moldau und die Elbe legt. Manchmal ist er so dicht, dass man von dem Tal und auch der Strecke nicht mehr viel sieht. Der Lokführer darf aber keine Angst haben. Man muss einfach durch. Die moderne Technik hilft einem dabei.

Heute ist Pavel meistens mit einer Vectron unterwegs, die mehr und mehr die unterschiedlichen alten Loks aus Mitteleuropa verdrängt. Doch er erinnert sich noch immer gern an die kantige *Knödelpresse*, wie die deutschen Lokführer liebevoll zu den Škoda-Lokomotiven sagen, die zwischen Prag und Dresden fuhren, nachdem die Strecke kurz vor der Wende endlich durchgehend elektrifiziert worden war. Als Erinnerung an seine Knödelpresse hat Pavel das einstige Nummernschild der Lok über der Tür seiner Sauna aufgehängt. Mit den Knödelpressen gab es immer wieder Probleme, wie mir Pavels Kollege aus Dresden erzählte, der die Züge nach Prag bringt. Die Lokführer beteten immer mit einem kurzen Pfiff zum heiligen Adalbert, dass es mit dem Stromwechsel an der Grenze klappte und die Knödelpresse nicht platt liegen blieb.

Die Knödelpresse, die man auch *Bastard* oder *Elbtalheizung* nennt, rattert mittlerweile nur noch selten durch das Elbtal, manchmal mit einem Schnellzug, vor allem aber im Güterverkehr. Dafür gibt es heute im Eurocity hausgemachte Knödel im tschechischen Speisewagen, serviert von einem anderen Pavel, Pavel Peterka. Herr Peterka ist ähnlich wie Pavel Židlík auch eine Schienenlegende. Die beiden kennen sich natürlich und treffen sich manchmal im Speisewagen und trinken Bier.

Wenn man Pavel, den Lokführer, fragt, ob es eine Stelle gibt, die er auf seiner Strecke wirklich liebt, lacht er und antwortet ganz unromantisch: »Das Kraftwerk bei Mělník, das ist einfach wunderbar. Diese riesige Stromfabrik ist mein Vesuv, den man aus dem Zug sieht, wenn man nach Neapel fährt. Die ausgestoßenen Rauchwolken sehen immer ganz anders aus, auch das Licht spielt da immer eine Rolle. Und der Wind. Man ist wie in einem Theaterstück. Ich lasse mich von dem Kraftwerk immer wieder überraschen.«

Bei Mělník fließt die Moldau in die Elbe. Die Landschaft öffnet sich, der Zug beschleunigt auf hundertsechzig Kilometer pro Stunde, schneller darf man in Tschechien nicht fahren. Die Bahn befreit sich aus dem engen Tal und macht einen breiten Bogen um den Berg Říp. Der kleine Hügel ist auch ein heiliger Ort. Man sagt, hier siedelten sich einst die ersten Tschechen mit dem »Urvater« Čech an. Keine schlechte

Die Bahnhofsuhr in Dolní Žleb:
Was diese alte Nasenuhr schon gesehen hat?

Wahl. Unterhalb des Říp wird Hopfen für das Nationalgetränk Bier angebaut, das man auch im Speisewagen genießen kann, der von Herrn Peterka und seinen Kollegen wunderbar gepflegt wird. Später auf der Strecke kann man sogar Weinberge sehen. Und den Fußballplatz bei Roudnice nad Labem, der auf einer Insel in der Elbe liegt. Hier fand, so ein Denkmal, 1887 das erste Fußballspiel in Böhmen statt.

Von Prag nach Dresden kann man mit dem Eurocity durchfahren, doch ich würde jedem empfehlen, auch mal in Děčín auszusteigen, ein Bierchen in der Bahnhofskneipe zu trinken und mit der Regionalbahn weiterzureisen. Denn von hier aus kommt man nach Dolní Žleb.

In der letzten Bahnstation in Tschechien steht ein sehr spezielles Denkmal, das man im Vorbeirauschen mit dem Schnellzug übersehen kann: eine alte Bahnhofsuhr. Die dreieckige sogenannte Nasenuhr schaut wie ein stiller Zeuge aus vergangener Zeit auf den Bahnsteig, nur ein paar Jahre jünger als diese Eisenbahn selbst. Heute ist die Uhr das letzte Original dieser Bauart auf der ganzen Strecke. Und sie funktioniert. Jeden Tag muss der Fahrdienstleiter sie noch mit der Hand aufziehen.

Wenn ich hier aussteige und auf der Bank sitze, denke ich darüber nach, was diese Bahnhofsuhr nicht schon alles gesehen haben muss. Von den legendären Zügen des Balt-Orient-Expresses und Pannonia-Expresses bis hin zu *Hungaria* und *Vindobona*,

die hier wie gesagt auch heute noch fahren. Ich muss an all die Urlauber, Wanderer und Geschäftsreisenden denken. Aber auch die vielen Soldatenzüge. Und die Züge nach Theresienstadt.
In Bohušovice nad Ohří sieht Pavel aus seiner Lokomotive immer noch den Bahndamm zur ehemaligen Festungsstadt, die die Nationalsozialisten zum Konzentrationslager machten. Immer wieder muss auch er an die hierher mit der Eisenbahn verschleppten und später umgebrachten Menschen denken.
Allerdings gab es auch Züge der Hoffnung, die an der alten Uhr in Dolní Žleb vorbeirollten. Etwa im Herbst 1989 mit den DDR-Botschaftsflüchtlingen, die aus Prag nach Hof fuhren, und zwar über Dresden. Das alles gehört zur bewegten Geschichte dieser landschaftlich so großartigen Strecke.
In Dolní Žleb ist es ruhig, wenn kein Zug kommt. So wie auch ein paar Kilometer weiter in Schöna, dem deutschen Grenzbahnhof. Auch hier steht noch eine letzte Bahnhofsuhr – aus DDR-Zeiten. Die zweite fehlt leider schon.
Die Landesgrenze, markiert auf einer alten Eisenbahnbrücke von 1851, ist auch eine Wettergrenze. »Das weiß hier jeder Lokführer«, sagte Pavel. »In Böhmen ist das Wetter schlecht, dann kommt die Grenze, und in Bad Schandau sieht man schon die Sonne. Und umgekehrt ist es oft genauso.«
Wenn sich ein Zug der Station Schöna nähert, denkt man zuerst, er würde von der anderen Flussseite, die noch in Tschechien liegt, kommen. Denn das Rattern hallt wie ein Echo von den hohen Felswänden wider und füllt das ganze Tal. Wie ein lautes, mitreißendes Stück Eisenbahnmusik für Eisenbahnmenschen. Bis der nächste Zug vorbeirollt, ist es wieder unglaublich still. Man hört die Elbe atmen und die Vögel zwitschern.
Während der Fahrt erzählte mir Pavel auch vom Hochwasser 2002, als bei Schöna das Wasser knapp unter den Gleisen stand und er nicht wusste, ob er überhaupt zurückkommt. Und er erzählte mir, wie er hier manchmal im Stehen fährt, um sich ein wenig zu strecken. So wird er zum Kapitän auf seiner Vectron. Zwischen Bad Schandau und Pirna grüßt er mit lautem Hupen die Elbkapitäne auf den Ausflugsschiffen der Weißen Flotte. »Und sie grüßen mit der Dampfpfeife immer zurück.«
»Der schönste Blick auf meine Strecke ist dann in Bad Schandau, und zwar aus der Sauna. Hier habe ich erst richtig verstanden, wie toll diese Strecke ist.« Pavel lachte, als er mir die Therme aus seiner Lok zeigte.
Manchmal trifft er sich in der Sauna auch mit seinen Kollegen und Freunden aus Dresden von der Deutschen Bahn, die nach Prag fahren. Man schwitzt und erzählt sich Geschichten und schaut den Zügen auf dem anderen Elbufer nach. Und geht

Irgendwo in Südfrankreich:
im Zug zwischen Barcelona und Lyon.

dann Bier trinken. Und wieder wird erzählt, in beiden Sprachen. Wegen der Arbeit mussten die deutschen Lokführer Tschechisch lernen, die tschechischen Deutsch. Diese Zweisprachigkeit passt sehr gut, denn die Mehrsprachigkeit prägte auch in der Vergangenheit nicht nur diese Grenzregion, sondern ganz Mitteleuropa.

Pavel liebt die Sauna, Eisenbahn und Musik. Er weiß, dass seine Bahnstrecke gleich mehrere große Komponisten zusammenbringt. Von Wagner und der Elbe war bereits die Rede, die Moldau ist durch das Werk von Bedřich Smetana weltbekannt. Und Dvořák wuchs wie berichtet in Nelahozeves auf. Pavel selbst spielt Gitarre und vergleicht die Schienen mit Saiten, die so endlos lang sind, dass man kein Ende sehen kann. So ist es auch bei den Geschichten, die er und die Eisenbahn erzählen. Als Musiker lässt Pavel mit seinem Zug die Gleise immer wieder neu erklingen.

Im Dresdner Hauptbahnhof übergibt er den Zug schließlich an seine deutschen Kollegen, die weiter Richtung Norden ziehen. Zwei Stunden später fährt Pavel mit dem Gegenzug wieder zurück. Aus seiner Lok, diesem Fenster mit dem besten Bahnblick, sieht er dann noch einmal die Sauna in Bad Schandau und die alte Bahnhofsuhr in Dolní Žleb. Und auch seinen Lieblingsort. Das Kohlekraftwerk von Mělník. Seinen Vesuv.

Richtung Brüssel

Die schlechte Wettervorhersage hätte uns warnen sollen. Wir hätten den Tag in der Train World verbringen können, im Eisenbahnmuseum in Schaarbeek, einem Vorort von Brüssel. Doch wir waren schon gestern in der Train World, weil es gestern auch schon regnete. Doch nicht so stark wie heute.
Und so gehen wir schnell zum Bahnhof Brüssel-Central. Das heißt, wir gehen nicht. Wir laufen. Doch schon nach hundert Metern merken wir, dass es keine gute Idee war. Es regnet von oben. Es regnet von unten. Von links und von rechts. Ein typischer belgischer Winter, wie uns jemand gestern sagte. Durchnässt von diesem Winterwetter kommen wir am Bahnhof an, dem Ausgangspunkt unserer Fahrt durchs Eisenbahnland Belgien.
Als wir uns zuallererst die Züge anschauen, sehen wir einen Mann im Anzug, der es genauso macht. Doch kurz darauf fängt er an, den Bahnsteig zu reinigen. Eigentlich ist der Bahnsteig sauber, doch dem Mann im Anzug ist es nicht sauber genug. Einen auf einer Bank zurückgelassenen Pappbecher, einen weggeworfenen Zigarettenstummel, selbst den kleinsten Fetzen Papier, alles bringt er zum Mülleimer. Aber nicht auf einmal. Immer einzeln. Und bevor er es in den Eimer wirft, schaut er sich jedes Stück Abfall genau an, wie ein Polizeiermittler, der nach Spuren sucht. Etwas Ähnliches haben wir schon in Bratislava gesehen. Und Kopenhagen. Und Paris, am Gare du Nord. Vielleicht hat jeder Bahnhof so einen Putzer mit prüfendem Blick, der sich alles anschaut, bevor er es wegwirft und damit für immer verschwinden lässt. Das macht sie zu Chronisten, die alles über die Bahnhöfe wissen. Und die Reisenden, die den Müll hinterlassen.

Wir sind in Waterloo. Wir möchten auf das Schlachtfeld gehen, weil einer von uns ein Schlachtenexperte ist, der alles über Napoleon weiß

Spoorwegkathedraal – die Eisenbahnkathedrale: So sagen die Menschen in Antwerpen zum Bahnhof Antwerpen Centraal.

PAX

Ostende: Regen, Regen, Regen.
So sieht der belgische Winter aus.

und dabei ist, auch die anderen Schlachtfelder von Napoleon mit der Eisenbahn zu bereisen. Er hatte gehofft, dass das Wetter in Waterloo vielleicht besser als das Wetter in Brüssel ist. Er hat sich geirrt, und wir erleben ein kleines Eisenbahnmenschen-Waterloo. Draußen ist es so stürmisch und kalt und nass, dass wir uns nicht trauen auszusteigen. So sehen wir von Waterloo nur den Bahnhof, der in Wirklichkeit kein Bahnhof ist, sondern nur eine Haltestelle. Eine Haltestelle auf einem Schlachtfeld. Wir fahren weiter.

Wir wollen in Mechelen aussteigen, wohin man 1835 von Brüssel aus die erste Eisenbahn des Landes baute, und uns die Stadt anschauen. Regen.

Wir wollen in Antwerpen aussteigen, wohin man 1836 von Mechelen aus die zweite Eisenbahn des Landes baute, und uns die Stadt anschauen. Regen.

Da Antwerpen-Centraal ein Kopfbahnhof ist, müssen wir uns aber dennoch aus dem Zug wagen und gehen hier wenigstens etwas trinken. Im Royal Café entdecken wir an der Wand eine barock anmutende Bahnhofsuhr von 1905, die vielleicht noch imposanter ist als die in der Empfangshalle der monumentalen Spoorwegkathedraal, wie die Einwohner von Antwerpen zum Hauptbahnhof sagen. Wobei man sich streiten kann, ob es nicht eher ein Eisenbahnschloss ist als eine Eisenbahnkathedrale. Das

Versailles unter den Bahnhöfen. Wir sind uns darüber einig, dass wir die alten Bahnhöfe wie Antwerpen-Centraal mögen, weil man hier die Geschichte anfassen kann. Die Geschichte und ihre Geschichten. In den sterilen neuen Stationen aus Beton und Glas geht das nicht, denn an den glatten Wänden und Fassaden bleibt nichts haften. Alles gleitet daran ab oder wird weggewischt.

Wir fahren weiter.

Lokeren. Regen.

Gent. Regen.

Brügge. Regen.

Ostende. Regen. Regen. Regen.

Und doch steigen wir hier wieder aus. Ostende ist die Endstation des Zuges. Unter uns ist auch ein Bahnhofsexperte. Er liebt die Einsamkeit der Endstationen, wo die Reise nicht weitergehen kann. Er sagt, Endstationen sind existenzielle Orte. Hier wird einem die Ausweglosigkeit des Lebens bewusst. In einem Endbahnhof sieht man deutlich, dass das Leben nicht ewig währt. Am Ende des Gleises steht ein Prellbock. Weiter kommt man nicht.

So scheint es in Ostende tatsächlich zu sein, zumindest an diesem verregneten Tag. Der Bahnhof ist groß und leer und grau und kalt. Das Bahnhofslokal scheint schon sehr lange geschlossen zu sein. Früher ging es für viele Reisende von hier mit dem Schiff weiter über den Ärmelkanal nach England. Doch auch das ist lange her. So wie die Zeit der legendären Expresszüge, etwa der Ostende–Wien-Express, der Tauern-Express, der von hier aus Jugoslawien ansteuerte, oder der Ostende–Köln–Pullman-Express, der in den zehn Jahren vor Beginn des Zweiten Weltkriegs dazu beitrug, diese Landstrecke zu einem Teil der schnellsten Verbindung zwischen London und der Domstadt zu machen. Hoffnungen nach dem Krieg, der Zug könnte wieder etabliert werden, erfüllten sich nicht.

»Doch die Hoffnung darf man nicht verlieren. Manchmal findet man noch einen Ausweg aus der Ausweglosigkeit«, urteilt der Bahnhofsexperte abschließend über die Prellböcke des Lebens. Und tatsächlich, für unseren pudelnassen Haufen könnte es weitergehen.

In Ostende kann man in die *Kusttram* umsteigen, eine ganz besondere Straßenbahn, die alle Küstenorte Belgiens verbindet, von De Panne an der Grenze zu Frankreich, wo man sich die meisten Dünen des Landes anschauen kann, bis nach Knokke-Heist an der Grenze zu den Niederlanden, das als nobelstes belgisches Seebad gilt. Siebenundsechzig Kilometer lang ist die Strecke der Bahn, die während der Fahrt achtundsechzigmal hält. Ostende liegt ungefähr in der Mitte.

Wir wollen gleich einsteigen, doch dann meldet sich der Joseph-Roth-Experte zu Wort. Er wollte immer nach Ostende. Er wollte immer ein Bier in der *Brasserie du Parc* trinken, so wie sein Lieblingsautor, der auch ein Eisenbahnmensch war und Ostende im Sommer 1936 mit anderen deutschsprachigen Exilautoren wie Stefan Zweig oder Egon Erwin Kisch besuchte, die damals alle schon auf der Flucht vor den Nationalsozialisten waren. Das Lokal ist eigentlich nicht weit vom Bahnhof entfernt. Doch bei strömendem Regen ist alles zu weit weg. Und dazu noch der Wind, der so stark peitscht, dass einem der Regenschirm fast aus der Hand gerissen wird.

Der Himmel ist so schwer und dunkel wie das belgische Bier. Wie unser Lieblingsessen Stoofvlees, das belgische Biergulasch. Wir sehen wie Wassermänner aus, mythische Wesen, die in Flüssen und Teichen und den Wasserkränen alter Lokdepots leben. Vielleicht gibt es sie auch in der Nordsee.

Doch zur *Brasserie du Parc* zu schwimmen lohnt sich tatsächlich, der Art-déco-Stil erinnert an die Kaffeehäuser in Wien oder Prag. Der Joseph-Roth-Experte bedankt sich. Er war wegen Roth mit dem Zug in Brody und in Lwiw in der Ukraine, in Wien und auch in Paris, doch bisher noch nie in Ostende. Er bestellt für uns alle ein Bier und erzählt, dass sein Lieblingsbuch von Roth nicht der *Radetzkymarsch* oder *Hiob* ist, sondern die Erzählung *Stationschef Fallmerayer* über ein Eisenbahnunglück auf der Südbahn. Darin verliebt sich der verheiratete Herr Fallmerayer in

Die Züge fahren in Belgien in alle Himmelsrichtungen. Und immer pünktlich.

eine russische Gräfin, die das Unglück überlebt. Wir möchten noch eine Runde Bier bestellen, doch der Joseph-Roth-Experte wird plötzlich abstinent, denn er fürchtet, sich in letzter Zeit ein wenig in den heiligen Trinker zu verwandeln, die Hauptfigur einer anderen Erzählung von Roth, der selbst ein heiliger Trinker war.
Draußen hört es nicht auf zu regnen. Wir entscheiden uns, nun doch mit der Küstenstraßenbahn nach Knokke zu fahren. Die Fenster sind beschlagen, und zwei Jungs spielen in dem leeren Wagen Fußball. Man kann nicht hinaussehen und fühlt sich wie eingefasst in einer Szene von Frans Masereel, der bekannt ist für seine schwarzweißen Holzschnitte, wie uns der Kunstexperte unter uns erzählt. Der Maler und Grafiker hielt viele Eisenbahnszenen fest, Bahnhöfe, Züge, Fahrgäste, und inspirierte später auch viele Comiczeichner. Er selbst kam aus Blankenberge, wo die *Kusttram* auch hält. Wir überlegen wieder auszusteigen. Regen.
In Knokke haben wir keine andere Wahl mehr. Mal wieder Endstation.
Wir laufen von dort zum Bahnhof, schaffen gerade so den Zug zurück nach Brüssel. Wir frieren, obwohl die Heizung funktioniert, so wie alles in Belgien funktioniert. Wir wissen, dass wir krank werden. In Belgien haben wir vor allem eines gesehen. Die Sonne war es nicht. Wir müssen wiederkommen, wenn der typische belgische Winter vorbei ist.
Wieder in Brüssel-Central schauen wir vorsichtig aus der Bahnhofstür. Alles nass. Wir beschließen, im Bahnhof zu bleiben, und finden eine Bar im ehemaligen Postamt, wo es gutes Bier gibt und viele Menschen, die genauso aussehen wie wir. Wassermänner und Wasserfrauen.
Bis auf einen eleganten Mann an der Theke. Er ist der Einzige, der trocken ist. Wie hat er das geschafft? Und dann erkennen wir, dass es der Mann im Anzug von heute Morgen ist. Der Putzer. Der Chronist von Brüssel-Central. Der seinen Tag in diesem Bahnhof verbringt. Vielleicht sogar hier wohnt.
Unter uns fahren die Züge, und der Bahnhofsexperte sagt, dass alle Bahnstrecken in Brüssel unterirdisch geführt werden. Er möchte darüber sprechen, was es über das Eisenbahnwesen und Europa aussagt, dass sich am Hauptsitz der EU die Eisenbahn im Keller befindet. Vielleicht ja nur Gutes. Belgier sind überzeugte Eisenbahnmenschen. Sie fahren viel Zug und lieben die Eisenbahn. So wie die Schweizer, Niederländer, Österreicher und auch die Tschechen.
Dann erzählt er noch etwas über die Endbahnhöfe und auch über Zwischenbahnhöfe und Anschlussbahnhöfe und Berührungsbahnhöfe und Trennungsbahnhöfe und seine gescheiterten Beziehungen, doch niemand kann ihn verstehen. Ein DJ legt auf. Die Wassermänner und Wasserfrauen von Brüssel-Central fangen an zu tanzen.

Leben nach Fahrplan

Meine Wohnung mit Bahnblick war wie gesagt ziemlich klein. So war es nicht leicht, alle meine Bücher in meinem Stellwerk unterzubringen. Die ganzen Romane und Geschichtsbücher, aber auch meine Eisenbahnbibliothek.

Und genau diese fand auf meiner kleinen Toilette ihren Platz. Darunter auch meine Sammlung an Kursbüchern, ein sehr wichtiger Teil meiner Bibliothek. In diesen Büchern kann ich ganz Mitteleuropa bereisen. Das Mitteleuropa von heute. Das Mitteleuropa von einst. Aber auch spanische, schwedische, französische, italienische, finnische und russische Kursbücher habe ich in meiner Sammlung. Und ein paar Geschenke aus Japan, China oder Amerika.

Einmal besuchte mich Jaromír 99. Er war damals vor allem bekannt als tschechischer Rockstar, als Sänger der Band Priessnitz. Doch er war gerade dabei, sich auch als Comiczeichner und Illustrator zu etablieren. Jaromír 99 besuchte auch kurz meine Toilette. Und sagte dann: »Du liest Fahrpläne, wenn du hier thronst?«

»Es beruhigt mich«, antwortete ich. Halb im Scherz, halb im Ernst.

»Wie beruhigt? Was beruhigt dich? Die Kursbücher? Du bist verrückt.«

»Also … ich weiß nicht.«

»Kursbücher lesen … Das ist doch immer dasselbe!«

»Na eben«, sagte ich, obwohl das selbstverständlich nicht ganz stimmt, denn die Kursbücher verändern und wandeln sich, so wie sich unser Mitteleuropa verändert und wandelt. Daher kann man die Fahrpläne auch als historische Dokumente lesen, als eine Art Suche nach der verlorenen Zeit. Und doch gibt es noch viele Strecken, wo die Zeit stehen geblieben ist. Wo sich nicht viel verändert hat. Wo die Züge genauso langsam fahren wie vor zwanzig, vierzig oder hundert Jahren. Oder genauso schnell. Denn das hängt immer von der Perspektive ab. Zum Beispiel ist es bis heute noch so im tschechischen Altvatergebirge, wo Jaromír 99 herkommt, auf der malerischen, kurvenreichen Bergstrecke von Zábřeh na Moravě nach Jeseník, die man auch als Schlesische Semmeringbahn kennt.

Vielleicht die malerischste Strecke nach Venedig:
von Trient über Bassano del Grappa.

Hier, auf dem Bahnhof im erdachten Bílý Potok, ist Alois Nebel zu Hause, der einsame Fahrdienstleiter aus unserer Graphic Novel. Die Toilettenszene und der Dialog mit Jaromír 99 haben es in das Buch geschafft. Alois bin ich zwar nicht, die Geschichte ist von meinem Großvater Alois und meinem Onkel Miroslav inspiriert … Obwohl, ganz ehrlich, ein wenig Alois bin ich schon. Ob ich will oder nicht. Alois liebt Kursbücher, so wie ich sie liebe. An die hundert Stück hatte ich damals auf meiner Toilette gesammelt. Hundert Fahrpläne. Hundert Jahre Eisenbahn. Hundert Jahre Geschichte aufeinandergestapelt.
Wenn ich in meinem Stellwerk mit Freunden bei Bier und Wein der Musik der Musiker und der Musik der Züge zuhörte, hatte ich ein Kursbuch in der Hand und schaute nach, wohin sie fuhren und woher sie kamen, bis ich sie alle in- und auswendig kannte und nicht mehr nachschauen musste. Auch andere Eisenbahnmenschen können Fahrpläne auswendig. Es beruhigt, in den Kursbüchern zu lesen, denn in den Fahrplänen sind keine Fehler. Und bei der Eisenbahn bleibt alles gleich, egal, was in der Welt gerade passiert. Das perfekt ausgebaute und funktionierende System gibt einigen von uns Eisenbahnmenschen gewisse Sicherheit in einer Welt, die alles andere als sicher ist. Hier herrscht kein Nebel, hier sieht man alles ganz klar.
Doch diese ungetrübte Ruhe ist trügerisch. Aus dem Nebel der Geschichte tauchen immer wieder auch Züge mit Soldaten, Juden, Verfolgten und Vertriebenen auf. Alle diese Züge fuhren nach Fahrplan. So findet man in den Kursbüchern einerseits Ruhe und Rettung, andererseits kann die Lektüre den geschichtsbewussten Leser sehr beunruhigen. Hoffnung und Fluch zugleich.
Ähnlich ist es in dem großartigen Roman *Garten, Asche* des serbischen Schriftstellers Danilo Kiš. Hier versucht ein Mann, einen idealen Fahrplan für die ganze Welt zu gestalten. Und für das ganze Leben. Es geht um viel mehr als nur um Züge. Es geht auch um Geschichte. Das große Ganze. Doch daran kann man nur scheitern. Oder doch nicht?
In meiner Sammlung habe ich Kursbücher aus der Zeit des Prager Frühlings, als sich die Tschechoslowakei der Welt öffnete. Bis heute spürt man bei der Lektüre der internationalen Verbindungen die optimistische Stimmung von damals.
Doch ich besitze auch andere Fahrpläne. Die grauen Bücher mit dünnem Papier aus der Kriegszeit, in denen vor den Luftangriffen gewarnt wird. Und davor, dass nicht alle Züge in den Bahnhöfen ankommen werden und vielleicht schon am Stadtrand anhalten müssen, da die Bahnhöfe bereits nicht mehr existieren. Auch das letzte *Deutsche Kursbuch* aus dieser Zeit habe ich im Regal. »Gültig vom 3. Juli 1944 an bis auf weiteres«, steht dort geschrieben.

Für Nazideutschland kam zum Glück kein Weiteres. Für Europa und die Welt schon. Doch die Geschichte hält uns immer noch fest im Griff. So sind wir dazu verdammt, uns mit der gewaltsamen Geschichte Mitteleuropas auseinanderzusetzen, auch mit der Eisenbahngeschichte.

Alois Nebel hätte auch sofort beim Wettbewerb in Peter Lichtefelds Kultfilm *Zugvögel … Einmal nach Inari* von 1998 teilnehmen und mitmischen können, in dem Joachim Król die Hauptrolle des Hannes spielt. Ja, ganz sicher würden sich die beiden verstehen. Alois kennt alle Verbindungen im Kursbuch auswendig. Und Hannes kennt sie auch. Alle Zugverbindungen, die man sich nur vorstellen kann. Er möchte unbedingt an dem ersten Internationalen Wettbewerb über Fahrplanwissen teilnehmen. Dass Hannes auswendig Fahrpläne kennt, hilft ihm im Leben sonst nicht viel weiter, so wie es Alois nicht richtig weiterhilft. Hannes lebt allein in seiner Wohnung, an der Wand eine Bahnhofsuhr und Eisenbahnkarten und auf dem Tisch nur Kursbücher. Ähnlich wie Alois trifft Hannes erst spät seine erste große Liebe.
Alois begegnet seiner Květa auf der Toilette am Prager Hauptbahnhof, Hannes seiner Sirpa, gespielt von Outi Mäenpää, im Zug. Und er muss lernen, was wahre Eisenbahnmenschen längst wissen: Die schnellsten Verbindungen sind nicht immer die schönsten. Es ist sogar genau umgekehrt. Oft sind es die langsameren Strecken, und um die planen zu können, braucht man ein Kursbuch im Reisegepäck.
Es ist zwar gigantisch, dass man mit Tempo 300 von Frankfurt nach Köln düsen kann, doch man sieht nur Tunnel und Schutzmauern und Tunnel. Ich weiche hier immer aus auf die alte Strecke über Koblenz und Mainz. Wenn man Glück hat, erwischt man sogar die Zuggarnitur der SBB des Eurocitys von Zürich nach Hamburg mit einem Panoramawagen der ersten Klasse und traumhaftem Rheinblick.
Oder die neue ICE-Strecke von Erfurt nach Nürnberg. Tunnel. Brücke. Tunnel. Ja, dank der Verbindung gelangt man heute von Berlin aus viel schneller in den Süden, nach Innsbruck, Graz, Ljubljana, Bologna, Verona, Mailand oder Zürich. So bin ich sogar viel schneller in meinem Lieblingsgasthaus *Zum Sternla* in Bamberg oder im DB-Eisenbahnmuseum in Nürnberg. Doch wenn ich mich nicht beeilen muss, weiche ich immer auf die alte Strecke aus, mit dem Regionalexpress über Lichtenfels und den Frankenwald. Manchmal nehme ich auch eine noch etwas längere, aber vielleicht noch etwas schönere Strecke nach Bamberg – über Hof.
Venedig kann man von Berlin aus am schnellsten über den Brenner und Verona erreichen. Oder man steigt in Trient aus, trinkt am Bahnhof einen guten Weißwein und stößt mit dem Eisenbahnpionier Alois Negrelli an, nach dem das Viadukt in

Prag benannt ist und der hier am Bahnsteig als Statue steht, weil er aus der Gegend stammte. Und dann fährt man gut gelaunt durch das dramatische Valsugana und blickt aus dem Zug auf den Lago di Caldonazzo, die Thermen von Levico am Lago di Levico und die steilen hohen Felswände, deren Spitzen sich irgendwo oben in den grauen Wolken verlieren. Eine meiner Lieblingsnebenbahnen. Während der Fahrt freue ich mich immer auf einen Espresso im *Buffet alla Stazione* in Bassano del Grappa, gleich neben dem ähnlich alten Wasserturm noch aus der Dampflokzeit.
Von Bologna nach Rom kann man zwar mit dem roten Expresszug *Frecciarossa* rasen, doch auf der Reise sieht man auch dort vor allem Tunnel und sich selbst im Fenster spiegeln. Wenn man aber den langsameren Intercity nimmt, hält der Zug auch in den alten Städten wie Prato oder Arezzo. Man sieht viel mehr vom Apennin, der sich wie ein hohes, versteinertes Meer zwischen Bologna und Florenz auftürmt. Man fährt auch am Trasimenischen See vorbei, wo Hannibal im Zweiten Punischen Krieg 217 vor Christus eine römische Armee vernichtete und der ganze See sich rot verfärbte.
Von Zürich nach Mailand kommt man heute auch deutlich schneller durch den neuen Gotthardtunnel, doch ich weiche immer aus auf die alte Gotthardstrecke, denn ich möchte einfach was von der gewaltigen Berglandschaft sehen, vielleicht kurz in Göschenen und Airolo aussteigen und die frische Alpenluft genießen. Von Prag nach Wien fährt man heute über Brno, doch ich nehme lieber die alte Strecke über Gmünd im Waldviertel.
Hannes aus *Zugvögel* sieht das ein wenig anders. Er liebt die Verbindungen, die einen rasend schnell von einem Ort zum anderen bringen. So weiß er auch, dass man für die schnellste Verbindung nach Inari im finnischen Teil Lapplands die Fähre von Stockholm nach Turku nehmen muss und nicht über Haparanda im Norden Schwedens fahren sollte. Doch dies sei die schönste Strecke, wie ihm Sirpa versichert. Hannes verliert zwar den Wettbewerb, gewinnt aber Sirpas Herz.

Die ersten Fahrpläne entstanden unmittelbar nach Gründung der Eisenbahngesellschaften. Mehrmals im Jahr erschienen die Kursbücher. Darin fand man neben den Eisenbahnverbindungen Schiffsrouten oder Postkurse, später auch Busverbindungen und die ersten Flugrouten. Oder auch die Speisekarten aus dem Speisewagen. Und natürlich gab es früher ebenfalls schon viel Werbung. Die komfortabelsten Bauden im Riesengebirge. Die luxuriösesten Hotels am Semmering oder in der Hohen Tatra. Die besten Restaurants in Berlin, Prag und Wien. Einfach nur einsteigen und losfahren.

Man wusste auch, ob es an dem bestimmten Bahnhof ein Hotel gibt, ein Restaurant oder mindestens einen Kiosk, wo man Bier und Würstchen bekommt. Ob der Zug einen Speisewagen, Gepäckwagen oder Postwagen führt. Ob man mit einem Triebwagen fahren wird oder mit einem klassischen Zug mit Lokomotive.
Ich kenne viele, für die ein Kursbuch eine Bibel, eine heilige Schrift ist. Und so muss es auch sein. So war es auch für meinen Großvater Alois und meinen Onkel Miroslav. Sie alle wussten und wissen, dass man bei der Eisenbahn Silvester und Neujahr schon Anfang Dezember feiert. Denn das Kursbuch bestimmt das Jahr wie auch das ganze Leben eines Eisenbahnmenschen.
Mit dem neuen Kursbuch wird Anfang Dezember das alte Jahr verabschiedet und begraben, und damit auch die Züge, die in das neue Jahr und den neuen Fahrplan leider nicht mehr passen. Manchmal sind es sehr traurige Momente und rührende Abschiedsszenen am Bahnsteig. Wenn man aus so einem letzten Zug aussteigt und bemerkt, dass mit dem alten Fahrplan nicht nur der Zug, sondern auch die Lokomotive von der Strecke verschwindet und morgen auf dem Lokomotivfriedhof landet, wo man sie dann verschrottet. Manche Eisenbahnmenschen bringen sogar Blumen, Kränze mit Schleifen und Kerzen mit. Wie zu einer Beerdigung.
Doch das Leben auf den Schienen rollt immer weiter. Und so wird gleich um Mitternacht auf das neue Eisenbahnjahr angestoßen. Mit Bier, Sekt, Wein oder Sarglack, wie ein alter Freund von mir, der vierzig Jahre lang Rangierer in Stará Paka in Böhmen war, zum Kräuterlikör Fernet sagt.
Vor Mitternacht ist ein Eisenbahnmensch dann noch ein wenig traurig, doch gleich danach verbessert sich die Laune deutlich. Man ruft sich gegenseitig an und begrüßt das neue Eisenbahnjahr im Zeichen des Flügelrads. Man schickt sich Kurznachrichten mit Neujahrswünschen und plant schon die nächste Reise. Man feiert auf die gleiche Weise, wie ein paar Wochen später Silvester und Neujahr gefeiert werden. Zu viel trinken sollte man aber nicht, denn schon früh am Morgen geht's auf zum Bahnhof. So wie man sich tags zuvor von den alten Zügen und Lokomotiven und Verbindungen verabschiedet hat, möchte man jetzt die neuen Züge und Lokomotiven und Verbindungen begrüßen.
Und wie meine Eltern immer einen Neujahrsspaziergang machen, mache auch ich immer meine Neujahrsfahrt. Wie neulich mit dem *Vindobona*, dem legendären Zug, der jetzt als Railjet wieder Berlin mit Wien über Dresden und Prag verbindet. Von Wien fährt er noch weiter über die Alpen, also den Semmering, nach Graz. Doch er hält nun auch im Bahnhof Semmering und sogar in Elsterwerda oder Doberlug-Kirchhain. Zwei Freunde von mir malten deswegen ein Banner, fuhren zum Bahnhof

An einem warmen Sommerabend irgendwo in der Ostslowakei.

Doberlug-Kirchhain und warteten am Bahnsteig auf den ersten Railjet aus Richtung Graz. »Doberlug-Kirchhain grüßt Mürzzuschlag«, stand auf dem Banner, das vielleicht irgendwann Platz in einem Eisenbahnmuseum findet. Denn auch in Mürzzuschlag am Semmering hält jetzt der Zug.

Ich bin mir nicht sicher, wie viele Fahrgäste tatsächlich von Brandenburg in die Steiermark oder von der Steiermark nach Brandenburg fahren, aber allein diese Möglichkeit, die im neuen Fahrplan steht, öffnet Welten. Mit dem ersten Zug auf dieser Strecke bin auch ich von Prag nach Berlin gefahren. In Dresden war deutlich zu sehen, wie sehr sich die vielen Leute auf dem Bahnsteig freuten, dass die sächsische Landeshauptstadt jetzt wieder eine direkte Verbindung nach Wien hat. Und nach Mürzzuschlag.

In Tschechien, Österreich, Ungarn oder der Slowakei kann man sich Kursbücher immer noch in gedruckter Form kaufen. Manchmal erscheinen sie inoffiziell, fast wie früher in den Ostblockstaaten die nicht staatskonforme Literatur im selbstverlegerischen Samisdat, aber sie erscheinen.

In Deutschland gibt es gedruckte Kursbücher schon lange nicht mehr. Sie sind ins Internet, ins Digitale gewandert. Schade eigentlich. Wie auch in manch anderem größeren Land war das Kursbuch in Deutschland ein Fortsetzungsroman mit mehreren Teilen. Oder ein verdammt dicker Wälzer, für den man fast einen Extrakoffer brauchte.

So zum Beispiel das Kursbuch von 1991/92, einer meiner Lieblingsromane, in dem sich die Deutsche Reichsbahn aus der DDR und die Deutsche Bundesbahn aus der Bundesrepublik zum ersten Mal in einem Buch vereinen.

Was es damals nicht alles gab: zum Beispiel einen direkten Zug von Berlin über Leipzig nach Karlsbad. Selbstverständlich mit Speisewagen. Direkte Verbindungen von München nach Paris, Belgrad, Istanbul oder Thessaloniki und Athen. Einen Nachtzug mit dem feurigen Namen *Csárdás* von Budapest über Prag, Dresden und Berlin nach Mälmo; von Sassnitz nach Trelleborg ging es damals mit der Fähre über die Ostsee. Nachtzüge von Berlin nach Bukarest und Sofia. Von Leipzig nach Krakau. Von Kopenhagen nach Aachen. Von Moskau und Kyiv nach Berlin. Und natürlich die ganzen endlosen innerdeutschen D-Züge, wie von Frankfurt an der Oder nach Frankfurt am Main, Kurswagen und auch viele Lokalbahnen im Osten Deutschlands, wo man leider kurze Zeit darauf den Verkehr einstellte.

Kafka, Hrabal, Hašek, Kursbuch – für mich sind Kursbücher ein Stück Weltliteratur. Abenteuerromane, Reiseromane, Liebesromane, Kriminalromane, historische Romane. Einfach alle Romane, die man sich nur vorstellen kann. Und manchmal ist sogar ein wenig Science-Fiction dabei, wenn man sich dann doch in den Verbindungen wie im Weltall verliert.
Immer wenn ich ein altes oder auch ein neues Kursbuch in der Hand halte, schaue ich mir zuerst die Eisenbahnkarte an. Und dann entscheide ich mich, wohin ich fahren möchte. Und steige einfach in den Zug, und die Reise kann losgehen. Manchmal ist sie kurz, manchmal eine Weltreise, auch ohne dass ich meine Wohnung, mein Zimmer verlasse. Oder meine Toilette.
Mit den Fahrplänen reisen ist auch dann möglich, wenn das Reisen überhaupt nicht geht. Als ich wegen der Coronapandemie nicht unterwegs sein konnte, brach ich in Gedanken mit Zügen aus den Kursbüchern auf. Und es hat mich vielleicht sogar gerettet. So war ich mit dem Nachtzug in Narvik. Und dann gleich in Palermo. Oder Moskau. Dorthin reiste ich zudem in die Zeit vor fünfzig Jahren, denn auch das ermöglichen die Kursbücher: Reisen in die Vergangenheit.
Und dann gibt es noch den *European Rail Timetable.* Eigentlich ein Muss für alle Bahnreisenden von heute. Dieses internationale Kursbuch erscheint mehrmals im Jahr in England. Man findet hier die wichtigsten Verbindungen in den europäischen Ländern, aber auch in Amerika oder Asien. So hat man alles im Blick. Viel mehr braucht man nicht.
Selbstverständlich habe ich auf meinem Handy auch die ganzen Bahnapps, an die zwanzig Stück vielleicht, von all den Ländern, in denen ich unterwegs bin. Auch hier kann man viele der Verbindungen aus dem *European Rail Timetable* finden. Die Apps passen sich der aktuellen Lage an und lassen die Züge nicht fahren, wenn sie nicht

fahren. In einem Kursbuch fahren die Züge einfach weiter. Nichts kann sie hier aufhalten.
Man kann auch Verbindungen finden, die eine App nie findet, denn eine App möchte uns möglichst schnell, problemlos und mit wenig Umsteigen ans Ziel bringen. Doch in einem Kursbuch ist es anders. Hier ist man frei. Hier kann man die Reise selbst gestalten. Ich mag das Umsteigen. Ich mag die Umwege. Ich mag die Unterbrechungen. Man steigt irgendwo ein. Und irgendwo wieder aus. Schaut sich eine Stadt an. Geht essen. Trinkt einen Espresso am Bahnsteig. Trifft jemanden. Und steigt wieder ein. Ein Kursbuch und die Eisenbahn bieten uns Europäern eine Welt an, die funktioniert. Fast eine ideale Welt. Hier streitet man nicht. Hier findet man immer einen Anschluss. Einen Umsteigebahnhof. Und auch von jeder Endstation kommt man immer wieder zurück. Wenn nicht am Abend, dann spätestens am nächsten Tag, gleich frühmorgens.

Freilich, das Lesen der Kursbücher braucht ein wenig Übung. Man muss zum Beispiel wissen, was die ganzen Zeichen, Symbole und Nummern bedeuten, all diese Kreuzchen und gekreuzten Hämmer. Dann versteht man, dass einige Züge nur am Wochenende fahren und die anderen nur unter der Woche.
Früher haben wir es in der Schule gelernt. Die Aufgabe hieß zum Beispiel: Was ist die schnellste oder die langsamste Verbindung von Lomnice nad Popelkou nach Čierna nad Tisou? Oder sogar von Lomnice nad Popelkou nach Rom. Auch wenn damals niemand nach Rom fahren durfte, war es trotz allem möglich, so eine Verbindung im Fahrplan der ČSD zu finden.
Doch es gibt auch Länder, wo man keinen Fahrplan mehr benötigt. Wo man weiß, dass immer ein Zug kommt. Zum Beispiel in der Schweiz, wo auf manchen Strecken die Züge so oft wie eine S-Bahn in Berlin oder München fahren. Die Einführung eines landesweiten Taktfahrplans im Jahr 1982 nicht nur für die Züge, sondern auch für die Postautos war eine Art Verkehrsrevolution – dieses Schweizer Modell übernehmen immer mehr Länder, so wie manche auch die legendären Schweizer Bahnhofsuhren übernehmen, etwa Slowenien.
Die Züge fahren vom Bahnhof immer zu einer bestimmten Uhrzeit ab, das ganze System funktioniert wie eine perfekt abgestimmte musikalische Komposition. Wenn man wegen einer Verspätung den Anschluss verpasst, muss man nicht traurig oder gar wütend sein. Man weiß, in fünfzehn oder dreißig Minuten fährt sogleich die nächste Bahn. Oder spätestens in einer Stunde. In Tschechien fahren die Züge heute ebenfalls mehr oder weniger im Takt. Auch Deutschland bemüht sich, einen Taktfahrplan zu entwickeln.

Und dennoch liebe ich die Reise mit einem Kursbuch. Und mit einer Eisenbahnkarte, die zu jedem Kursbuch gehört. Vielleicht ist die Karte sein wichtigster Teil. Und ich reise auch liebend gern mit einem alten *Baedeker.* Wenn ich durch die ehemalige Monarchie Österreich-Ungarn unterwegs bin, stecke ich dafür den *Baedeker* von 1913 ein, den man auch als ein Eisenbahnbuch lesen kann. Unser Mitteleuropa wird hier dargestellt als ein dichtes Gewebe aus Haupt- und Nebenbahnen.

Was die Eisenbahnkarten angeht, bevorzuge ich heute die *Rail Map Europe* vom selben englischen Verlag, der auch das europäische Kursbuch herausbringt. Die Karte ist wunderbar detailliert, und der Fokus liegt auch auf Mitteleuropa. Die schönsten Strecken werden sogar grün markiert.

Mittlerweile gibt es auch eine ausgezeichnete App – die Railmap. Hier findet man neben allen Strecken noch vieles mehr. Man sieht die einzelnen Gleise, jede einzelne Weiche eines Rangier- oder Lokalbahnhofs. Man erfährt, wie schnell die Züge fahren dürfen. Man kann auch mehr über die Signaltechnik lernen. Und auf der Karte sieht man nicht nur die noch existierenden Strecken, sondern auch die stillgelegten Trassen.

Wo das Zentrum Osteuropas liegt, das die beiden Engländer suchten, die ich im Nachtexpress *Excelsior* von Košice nach Prag getroffen hatte, das weiß ich nicht. Aber wo das Herz Mitteleuropas schlägt, das weiß ich genau. Es schlägt in Wien. Da muss ich nur auf meine alte Eisenbahnkarte der Monarchie schauen, die über meinem Tisch hängt.

Jeder hat eine persönliche Eisenbahnkarte, ein persönliches Streckennetz mit Verbindungen, die einem wichtig sind und die sich in verschiedene Richtungen beständig fortentwickeln.

Meine wichtigste Strecke verläuft heute von Berlin nach Dresden und Prag und weiter nach Brno und Wien. Hier bin ich viel unterwegs. Seit Jahren bin ich Stammgast im Speisewagen, ich kenne viele Schaffner und Schaffnerinnen, und sie kennen mich. So fühlt man sich im Zug fast wie zu Hause.

Doch schon in Dresden teilt sich diese Strecke. Oft fahre ich auch nach Zittau und weiter nach Liberec und Lomnice nad Popelkou. Und manchmal von hier aus nach Leipzig. Von Prag geht's oft nach Pilsen und München oder Budweis, Linz und Salzburg weiter, manchmal bis nach Zürich. Von Břeclav nicht nur nach Wien, sondern auch nach Bratislava und Košice. Und von Wien oft weiter nach Graz, Ljubljana und Triest. Oder nach Budapest.

Aber bereits Berlin ist für mich ein wichtiges Schienenkreuz. Ich bin oft in Hamburg, fahre viel auch nach Köln oder Amsterdam. Und nach Polen. Nach Warschau,

Gdańsk, Wrocław. Jeder Bahnhof öffnet einen neuen, großen Raum. Einen neuen Sehnsuchtsort. Man braucht nur den Blick auf die Anzeigetafel werfen. Oder in das Kursbuch. Das liebe ich an den Reisen mit dem Zug.

Auf meiner Eisenbahnkarte, meinem persönlichen Streckennetz fahren auch ganz bestimmte Züge, die mich im Leben begleiten. Der Eurocity *Berliner* ist einer von denen, die von Prag nach Berlin fahren. Aber auch der *Hungaria*, eine Legende auf den Schienen, vielleicht der spannendste europäische Zug.

Der *Hungaria* ist der Eurocity mit der längsten Strecke und fährt früh am Morgen in Hamburg los. Und früh am Morgen auch als Gegenzug in Budapest. Auf seiner Trasse von 1300 Kilometern verbindet er gleich vier europäische Länder: Deutschland, Tschechien, die Slowakei und Ungarn. Und bringt deren vier Hauptstädte zusammen: Berlin, Prag, Bratislava und Budapest. Doch der blau-weiße Zug lässt auch drei der schönsten Flussstrecken Mitteleuropas zusammenfließen. Der *Hungaria* fährt entlang der Elbe, entlang der Moldau und, kurz vor Budapest, auch entlang der Donau.

Mehr als vierzehn Stunden braucht der *Hungaria* für seine Strecke. Der Reisende hat endlos viel Zeit. Er kann viel sehen und viel lernen. Und auch über Europa nachdenken, die vielfältige Landschaft, die verschiedenen Sprachen, die Geschichte, von der viele Burgen und Schlösser an der Strecke erzählen. Und einen guten ungarischen Speisewagen mit Paprikahuhn oder Gulaschsuppe gibt es natürlich auch.

Und dann ist da noch der *Vindobona*, nicht minder berühmt, der heute von Graz über Wien, Prag und Dresden nach Berlin unterwegs ist. Den langen und sehr ruhigen Eurocity nach Amsterdam liebe ich auch, ebenso den Eurocity *Emona* von Wien über Ljubljana nach Triest. Oder den *Porta Moravica* von Graz über Wien, Ostrava und Krakau bis nach Przemyśl an der Grenze zwischen Polen und der Ukraine. Oder den *Transalpin* von Zürich nach Graz, der mehrmals über die Alpen klettern muss. Und auch in Selzthal hält, einem magischen Eisenbahnort in Österreich, wo ich sehr gern aus dem Zug steige. Dieser alte Knotenpunkt, ein Inselbahnhof im Meer der Gleise, lockt mich mit seiner denkmalgeschützten Dachkonstruktion und einem Wartesaal aus dem Jugendstil.

Eine wichtige Zwischenstation, ein Unterwegsbahnhof auf meinen Reisen durch Mitteleuropa, bleibt Lomnice nad Popelkou, wo ich aufgewachsen bin. Hier besuche ich meine Eltern und Freunde, gehe in die Sauna und auf ein Bier und fahre dann oftmals gleich am nächsten Tag weiter. Nach Prag. Oder Wien, wo mein Urgroßvater vor dem Ersten Weltkrieg lebte und als Zimmermann arbeitete und dann in der Armee Öster-

Die Ukraine ist ein Land der Nachtzüge. Gerade sind mehrere Züge in Odessa angekommen.

reich-Ungarns an der Isonzofront als Sanitäter diente. Und daher sicher aus Lomnice über Linz, Villach und Jesenice mit der Wocheinerbahn in den Krieg gezogen war.

Die Verbindung von Lomnice über Pardubice und Brno nach Wien dauert nur fünf Stunden und sechundvierzig Minuten. Mit einem kleinen Triebwagen geht es durch das seichte Tal der Popelka nach Stará Paka, zwar keine richtige Fluss-, aber doch eine zauberhafte Bachstrecke. Von hier aus fährt gleich der Schnellzug weiter nach Pardubice, wo man dann genug Zeit hat, um im Bahnhofsrestaurant Gulasch zu essen und Bier zu trinken. Und mit pensionierten Fahrdienstleitern zu plaudern. Nach vierundvierzig Minuten kommt der Railjet nach Wien, der noch weiter bis nach Graz fährt.

Wenn man mit dem ersten Zug in Lomnice morgens kurz nach fünf Uhr losfährt, kommt man am gleichen Tag sogar noch bis nach Ljubljana oder Triest. Alles ist heute wieder möglich. Oder, so habe ich es auch schon gemacht, nach Venedig, wo einst mein Landsmann aus Lomnice, František Jiránek, bei Vivaldi musizieren und komponieren lernte, bevor er nach Dresden ging.

Ich muss ehrlich sein, ein wenig müde und fast schlafwandelnd taumelt man schon zum Bahnhof, wenn man den ersten Zug um 5:06 Uhr nimmt. Und wenn man dem Fahrdienstleiter sagt, wohin die Reise geht, schüttelt dieser den Kopf und sagt: »Ich wusste immer, du bist verrückt.«

Dann lächelt er aber, hebt den Befehlsstab hoch, winkt dem Lokführer zu, und wir fahren los. Über Pardubice nach Wien, doch von hier nicht über den Semmering, sondern über Innsbruck, Brenner, Verona. So dauert es ein wenig länger, doch die Zeit im Zug ist für mich nie verlorene Zeit. Ich lese und schreibe und schaue aus dem Fenster. Im Speisewagen geht man zuerst böhmisch essen, und später gibt es österreichische Spezialitäten, was sich, unter uns gesagt, ohnehin sehr ähnelt. So wie sich hier Bahnhöfe und Eisenbahner sehr ähneln.

Um 22:56 Uhr steigt man dann aus einer Regionalbahn in Venezia Santa Lucia. Punktlandung. Und doch steigt man gleich wieder ein und fährt zurück über die lange Meeresbrücke, die die Österreicher schon 1846 eröffnet hatten, nach Venezia Mestre auf dem Festland, da die Hotels hier deutlich günstiger sind als in der Lagunenstadt selbst. Und weil man diese Fahrt noch einmal genießen möchte, obwohl es tagsüber natürlich viel reizvoller ist als in der Nacht.
Die kurze Strecke zwischen den Bahnhöfen Venezia Mestre und Venezia Santa Lucia gehört zu den beeindruckendsten Bahntrassen, die ich kenne. An einem Tag bin ich hier fünf Mal hin- und zurückgefahren, da ich mich an dieser Schönheit nicht sattsehen konnte. Der Zug kämpft sich zuerst durch wilden Sumpf und Marschen und gleitet danach auf der Eisenbahnbrücke über die Lagune. Nach dem Meer kann man fast greifen, so nah ist es, man sieht auch die kleinen überfluteten Inseln. Dann tauchen die Häuser und Türme Venedigs aus dem Meer empor. Ganz langsam. Und plötzlich ist man da. In Venezia Santa Lucia.
Von Lomnice aus kann man heute aber auch bis nach Krakau, Zürich, Amsterdam und Brüssel, jeweils in circa vierzehn Stunden, oder bis nach Paris und Kopenhagen in nicht mal fünfzehn Stunden fahren. Selbstverständlich kann man auch in fünfzehn Stunden von Paris nach Lomnice fahren. Warum denn nicht? Einen Aussichtsturm haben wir auch. Und das Bier ist hier vermutlich besser.

Dieses Spiel kann man auch mit anderen Orten spielen. Ein Freund von mir stammt aus Zwiesel im Bayerischen Wald, direkt an der Grenze zu Tschechien. Aus diesem Ort kommt man mit der Waldbahn, die Bayern und Böhmen verbindet, an einem Tag nicht nur nach Pilsen, wenn man Lust auf ein echtes Pils bekommt, sondern auch nach Paris, und zwar in nicht mal neun Stunden mit nur dreimal umsteigen: in Plattling, München und Stuttgart. Doch von Paris kann man am gleichen Tag sogar noch weiterfahren. Man muss nur schnell vom Gare de l'Est zum Gare de Lyon wechseln, und schon wartet dort ein TGV nach Marseille. Und vielleicht schafft man am Gare de Lyon noch einen schnellen Espresso oder ein Glas Bier in dem legendären Restaurant *Le Train Bleu*.
Ein Ort, wo ich auch gerne bin: Tangermünde. Ich liebe diese kleine historische Stadt, die direkt an der Elbe in der Altmark liegt, in der Nähe von Stendal. Eine Endstation. Doch wenn man will, kommt man von hier in ebenfalls nur fünfzehn Stunden nach Stockholm. Über Hamburg, Kopenhagen und Malmö. Dort kann man sich in der Centralstation in einer der vielen kleinen Bars und Essecken noch entscheiden, ob man nicht doch lieber nach Oslo fährt. Und wenn man um 4:20 Uhr in

Tangermünde den ersten Zug nach Stendal nimmt und von dort über Berlin, Prag, Púchov, Košice und Humenné fährt, ist man um 23:54 Uhr in Stakčín, auf dem östlichsten Bahnhof der Slowakei, tief in den menschenleeren Karpaten, direkt an der Grenze zur Ukraine.

Eine Freundin von mir ist von Tangermünde mal nach Mailand gefahren. Und nach London, in nur elf Stunden, auch das geht. Und dort gibt es dann noch einen Zug nach Edinburgh. Aus der Altmark nach Schottland. Nur dreimal umsteigen. Unfassbar, oder? Nicht nur aus einer Großstadt wie Berlin oder Wien, sondern auch von dem noch so kleinsten Ort in Europa gelangt man in nur einem Tag zu einem anderen Ort in Europa. Man muss nur in das Kursbuch schauen. Und sich entscheiden, wohin man fahren möchte.

Ja, unser Europa ist klein. Viel kleiner, als man denkt. Man braucht nur einen Bahnhof, einen Bahnanschluss. Die Orte ohne Bahnanschluss sind abgeschnitten. Die Orte ohne Bahnanschluss sind die traurigsten Orte, die man sich nur vorstellen kann. Wenn ich in Tangermünde, Zwiesel oder Lomnice in der Kneipe erzähle, wie schnell es eigentlich geht, wie klein unser Europa ist, sind viele überrascht und können es kaum glauben. »Was? Wien? Triest? Paris? Alles so nah? Da müssen wir gleich auf die Eisenbahn anstoßen«, sagte mir neulich ein Freund meines Vaters.

Und so haben wir es gemacht. Wir haben angestoßen. Auf die Eisenbahn. Auf Europa. Und auf die Kursbücher, die ich auch in meiner Berliner Wohnung auf der Toilette habe. So wie einst in Prag.

Von Ostende nach Venedig. Mit nur ein paar Umstiegen.
Unser Europa ist groß und klein zugleich.

Richtung Kuopio

Es ist Anfang November. Die Tage in Finnland sind schon wieder kurz und die Nächte lang. Eigentlich wollten wir in Lappland die Ruska erleben, wie die Finnen zum Altweibersommer sagen. Wir wollten all die bunten Farben des Waldes bewundern und für uns festhalten. Doch das haben wir irgendwie verpasst. Jetzt sind wir schon spät dran für die Ruska.

Es ist Nachmittag, und wir sitzen im Zug von Helsinki nach Kuopio in Ostfinnland. Wir müssen daran denken, was uns in der finnischen Hauptstadt Eero Balk erzählt hat, unser alter Freund. Eero übersetzt aus vielen slawischen Sprachen, er spricht nicht nur ein tolles Tschechisch und Russisch, sondern sogar ein wunderbares Obersorbisch und Niedersorbisch. In ganz Finnland gibt es nur zwei Menschen, die diese beiden kleinen Sprachen beherrschen. Er und ein Freund von ihm. Natürlich spricht Eero auch noch Deutsch und Englisch. Ein Sprachgenie also. Und er stammt aus Kuopio, wohin wir heute fahren, denn wir waren noch nie mit der Eisenbahn dort.

Weil der Schnellzug nach Kuopio oft voll war, nannte man ihn früher in Finnland *Lentävä kalakukko*, das Fliegende Fischhuhn. Kalakukko ist ein traditionelles Gericht aus der Region Savo, wo auch Kuopio liegt. Eigentlich hat die Speise nichts mit einem Huhn zu tun. Es handelt sich um ein Brot, das mit Fischen und Speck gefüllt ist und stundenlang langsam im Ofen backen muss. Die Fische, meistens Barsch oder Zwergmaräne, werden ordentlich hineingepresst, so wie Menschen in den Zug. Kalakukko kann man warm oder kalt essen und gerne auch unterwegs auf Schienen.

Dieser Zug ist in Finnland Kult. Sogar eine Schwarz-Weiß-Komödie aus dem Jahr 1953 wurde nach ihm benannt, die jeder in Finnland kennt. Sowie das Titellied von Esa Pakarinen und den Spruch aus dem Film: »Wer fährt nach Mikkeli? Der Zug ist gerade abgefahren.« Wir lieben Finnland. Wir lieben Sauna. Wir lieben das gemütliche Eisenbahnfahren. Wir lieben die langen Strecken. Und wir lieben den finnischen Humor.

In Finnland fahren die Züge auf der Breitspur, genau wie in Russland. Diese alte E-Lok kommt aus der ehemaligen Sowjetunion.

Der Zug, in dem wir sitzen, ist kein alter Schnellzug. Es ist ein moderner Intercity, der ganz leise und sanft durch die flache Landschaft gleitet. Doch auch dieser Zug ist gut gefüllt, so wie früher der *Lentävä kalakukko.*

Uns gegenüber sitzt ein Mann. Nicht viel älter als wir. Aber grauer. Mit einem viel zu großen Anzug und einem braunen Aktenkoffer. Nach dreißig Minuten schaut er uns traurig an und sagt: »I am sorry.«

Er steht auf, und wir müssen ihm mit den Beinen ein wenig Platz machen. Der Mann geht in den Speisewagen und kommt mit einer kleinen Flasche Rotwein zurück. Dann trinkt er den Wein, ganz langsam, doch zielsicher. Mit jedem Kilometer und mit jedem Schluck wird sein Gesicht röter. Röter und glücklicher. Gelöst schaut er nun aus dem Fenster und lächelt sanft über unsere Geschichten, die er nur beiläufig mithört. Als seine Flasche schließlich leer ist, schaut er uns wieder traurig an und sagt: »I am sorry.«

Wir müssen an noch etwas denken, das uns Eero erzählt hat. Oder besser, als Bahnlektüre empfohlen hat: *Rautatie* von Juhani Aho, das unter dem entsprechenden Titel *Die Eisenbahn* auch auf Deutsch erschienen ist. Der erste Roman des im Laufe seines Lebens sage und schreibe zwölf Mal für den Literaturnobelpreis nominierten Schriftstellers, der nördlich von Kuopio geboren wurde. Ein lustiges kleines Buch von 1884 über die Anfänge der Eisenbahn in Finnland. Darin wird davor gewarnt, im Zug Alkohol zu trinken. Ob unser Sitznachbar das Buch kennt?

Angekommen im Hafen von Turku, Finnland. Der Nachtzug vom Polarkreis an seiner Endstation im Süden des Landes.

VR
3328

Wir versuchen, mit ihm zu reden, er ist sehr nett, doch schüchtern. Plaudern möchte er mit uns nicht. Nur immer dann, wenn der Intercity irgendwo hält, blickt er wieder aus dem Fenster und danach auf seine alte Armbanduhr und nennt den Namen der Station.

So sagt er in Riihimäki: »Riihimäki.«

Und nickt dabei zufrieden – der Zug ist pünktlich. Riihimäki ist eine klassische Eisenbahnerstadt, ähnlich wie Szolnok in Ungarn, die Partnerstadt von Riihimäki. Doch Riihimäki ist nicht nur für den Rangierbahnhof und das Ausbesserungswerk der Finnischen Staatsbahn bekannt, sondern auch für ein schweres Gefängnis.

In Toijala sagt der Mann: »Toijala.«

In Hämeenlinna sagt er: »Hämeenlinna.«

In Lempäälä sagt er: »Lempäälä.«

Und dann wieder: »I am sorry.«

Langsam bekommen auch wir Durst. Wir folgen ihm in den Speisewagen und bestellen Bier und Lohikeitto, die finnische Lachssuppe, denn Kalakukko gibt es leider nicht.

Wir essen und trinken und sehen dann unseren Nachbarn, wie er neben einer Frau an einem Stehtisch steht. Die Frau hält ein Bier in der Hand. Sie sagt kein Wort und schaut in die verschneite Leere der finnischen Landschaft. Der Mann sagt kein Wort und schaut in die verschneite Leere der finnischen Landschaft. Es ist schon dunkel, doch der Himmel ist klar, und der Schnee reflektiert das Licht des Mondes. Wir sehen einzelne Dörfer und Bauernhöfe, Straßenübergänge, Seen und Wald. Viel Wald.

Der Mann kauft sich noch einen Rotwein und geht wieder in unseren Wagen, so wie kurz darauf auch wir.

In Tampere sagt er: »Tampere.«

In Jyväskylä sagt er: »Jyväskylä.«

In Pieksämäki sagt er: »Pieksämäki.«

Jeder in Finnland kennt diese Station, einen der wichtigsten Knotenpunkte auf der Eisenbahnkarte des Landes. Auf dem alten Stadtwappen konnte man diese Schienenkreuzung ganz klar sehen. Heute sind es drei Pfeile, die auf die Leidenschaft vieler aus der Gegend hinweisen: die Jagd. Doch die Pfeile haben auch etwas von den Radsätzen der Wagen und Lokomotiven.

Pieksämäki ist aus einem Eisenbahnlied von Juice Leskinen bekannt. Sein traurig-lustiger *Blues vom Bahnhof Pieksämäki*, im Original *Bluesia Pieksämäen asemalla*, zieht sich über gute sechzehn Minuten, so wie einer der langen und schweren Holzzüge, die man in Finnland so oft sieht, ewig durch den Bahnhof rollt. Leskinen singt darüber, wie er hier in Pieksämäki – was man laut Eero mit »Prügelhügel« übersetzen könnte – mit Kopfschmerzen gestrandet ist. Er beschwert sich, dass es auf dem Bahnhof außer den Schienen und Weichen nichts, absolut gar nichts gibt. Kein Restaurant. Kein Café. Nicht mal einen Kiosk. Eine endlose Hoffnungslosigkeit breitet sich in dem Lied aus.

Doch plötzlich wird diese Leere mit Musik gefüllt. Leskinen stellt sich vor, wie sich ihm auf dem Bahnsteig immer mehr Musiker anschließen. Bald spielt eine komplette

Richtung Lappland: Eisenbahnfahren als Meditation.

Band mit ihm zusammen, sogar Verdi, Brahms und Sibelius kommen vorbei, der ganze Bahnhof singt das endlose Lied, das langsam und leise anfängt und immer schneller, imposanter und wuchtiger, immer größer und wilder wird.
Und doch sitzt Leskinen zum Schluss wieder ganz allein auf dem Bahnsteig von Pieksämäki. Er muss sich beeilen und schnell seine Gitarre einpacken, denn plötzlich kommt die Durchsage, auf die er so lange gewartet hat: Der Zug nach Mikkeli steht abfahrbereit, allerdings auf Gleis 493, das es auf diesem sehr überschaubaren Bahnhof ganz sicher nicht gibt. Oder doch? Auf dem Güterbahnhof? Oder irgendwo in der himmlischen Spiegelung des Bahnhofs, wo Leskinen jetzt sitzt und weiterspielt? Denn der finnische Bluesman ist im Alter von nur sechsundfünfzig Jahren an Leberzirrhose gestorben.
»I am sorry«, sagt der Mann und schaut uns traurig an. Er steht auf, um Nachschub zu holen.

So geht es fast fünfeinhalb Stunden lang. Wir fahren und fahren, es ist längst schon Abend. Eero erzählte uns in Helsinki auch, dass sich, nachdem die Fernzüge die Hauptstadt verlassen haben, viele Reisende wie befreit fühlen. Sie fangen an, wieder im Dialekt zu reden, der sie in die Orte begleitet, wo sie herkommen. In Helsinki sprechen sie nicht so. Man schämt sich ein wenig. In Helsinki möchte man nicht als Dörfler auffallen. Wenn die Züge die Reisenden dann am Sonntag oder Montag wieder in die Hauptstadt bringen, sprechen die Menschen in den Wagen zuerst immer noch Dialekt, doch kurz vor Helsinki verstummen sie. Sie verwandeln sich. Aus den Dörflern werden wieder Stadtmenschen.
Kurz vor der Endstation ist der Mann eingenickt. Doch schnell ist er wieder wach, schaut auf seine alte Armbanduhr und sagt: »Kuopio.«
Und so ist es. Wir sind in Kuopio. Wir steigen aus und sehen, dass auch hier alles verschneit ist. Wir bleiben auf dem Bahnsteig stehen und schauen dem Mann nach, der mit seinem Aktenkoffer durch den Schnee taumelt und auf dem Bahnsteig Spuren hinterlässt, die wie ein endloser Schienenstrang aussehen.
Doch er verläuft nicht so schnurgerade wie die der Eisenbahn im Bahnhof von Kuopio. Seine Schienen krümmen sich in vielen kleinen oder großen Kurven, bis sie sich verlieren. Und trotzdem gehen wir ihnen nach. Wir haben Durst. Wir haben Hunger. Wir möchten am liebsten mit dem Mann Kalakukko essen. Und über die Ruska in Lappland reden.

Ein Nachtzug in Finnland. Vielleicht sogar der beste in ganz Europa.

In Landquart, Schweiz: Im Lokdepot der Rhätischen Bahn treffen sich heute noch die E-Loks mit den Dampfloks. Und erzählen einander Geschichten.

Unterwegs mit *The Rocket, Brigitte Bardot* und dem *Alpenstaubsauger*

»Jede Lokomotive hat einen Namen«, sagt der Fahrdienstleiter Alois Nebel in der seinen Namen tragenden Verfilmung der Graphic Novel zur Toilettenfrau Květa. Sie sitzen schweigend nebeneinander auf einer Bank am Prager Hauptbahnhof und schauen den Tauben und Zügen nach, wie sie unter der Glashalle über die Gleise fliegen.

Alois möchte Květa seine Liebe gestehen. Doch wie stellt man das bloß an, wenn man etwas schüchtern und eigentlich nur mit der Eisenbahn liiert ist? Und romantische Gedichte weder geschrieben, geschweige denn gelesen hat, sondern immer nur Fahrpläne? Alois hat seine Kursbücher stets dabei, schleppt sie in einer Plastiktüte mit sich herum – mehr ist ihm nicht geblieben, seitdem er seine Arbeit als Fahrdienstleiter und sein Zuhause verloren hat.

Nach einer Weile fasst Alois all seinen Mut zusammen und bricht das Schweigen: »Brillenschlange …«

»Was?«, fragt Květa ein wenig verdutzt zurück.

»Na, nach den Fenstern vorne.«

Alois zeigt auf eine Diesellok. Eine einsame *Brillenschlange* der Baureihe 754, auf Tschechisch

Brejlovec, rollt langsam durch einen der schönsten Bahnhöfe im Herzen Mittel- und Eisenbahneuropas, Praha hlavní nádraží. Alois beginnt zu erzählen, über die Spitznamen der Lokomotiven, die er vorbeifahren sieht. Květa hätte bei ihrem ersten Rendezvous vermutlich eine etwas andere Liebeserklärung erwartet. Blumen oder Pralinen vielleicht. Doch sie hört ihm weiter zu.

Die *Brillenschlange* ist möglicherweise meine absolute Lieblingslok, was wohl damit zusammenhängt, dass sie die erste Lokomotive war, die ich fuhr. Denn genau so sagte es mir mal ein Lokführer: »Die erste Lokomotive ist wie die erste große Liebe. Die vergisst du einfach nicht, obwohl es vielleicht nur kurz war und du vom Leben und von der Liebe noch keine Ahnung hattest.«
So war es auch bei mir. Mit fünfzehn, 1987, ging mein Traum, Lokführer zu werden, doch noch in Erfüllung – wenn auch nur für ein paar Stunden. Unser Nachbar Milan war *fíra*, wie man auf Tschechisch noch heute einen Lokführer nennt. *Fíra* ist einer von zahlreichen Germanismen im tschechischen Eisenbahnerjargon, die als Überbleibsel der mehrsprachigen Donaumonarchie weiterleben. Zu K.-u.-k.-Zeiten musste jeder Bahnangestellte auch Deutsch sprechen können, ganz gleich, ob er in Prag, Laibach, Lemberg oder Wien die Züge abfertigte. Auch Milan sprach ein wenig Deutsch, so wie viele Tschechen bis heute. Auf seiner *mašina*, seiner Maschine, wie er sagte, ließ er mich einmal mitfahren. Natürlich war es nicht erlaubt, doch er machte es trotzdem.
So saß ich an einem Samstag, frühmorgens in Turnov im Böhmischen Paradies, im Führerstand der *Brillenschlange*. Die Lokomotive sieht von vorne wirklich so aus, als würde sie eine große, eckige Brille tragen. Auf jeden Fall ist die viel schicker als meine große, starke Brille, die ich damals auf der Nase trug. Ich habe es immer noch genau vor Augen und spüre es auf meiner Nase: Eine Brillenschlange sitzt in einer *Brillenschlange* und rattert mit einem Schnellzug von Turnov nach Semily. Durch die vielen Tunnel. Durch die Schlucht der Iser. Und dann weiter bis zur Elbe nach Hradec Králové und Pardubice. Diese Schicht war meine Lokführerausbildung.
Ich war überrascht, wie leicht es eigentlich ist, eine Lok zu bedienen. Und doch braucht man volle Konzentration.
»Deine Augen müssen immer auf der Strecke kleben«, sagte Milan. »Du darfst nur nach vorne schauen. Nicht nach links, nicht nach rechts und auf keinen Fall zurück. Immer nur nach vorne, so wie im Leben.«
Ich musste auf die Signale achten. Auf die Autos, ob sie vor den Bahnübergängen hielten. Und auch auf die Menschen. Ich musste lernen vorauszuahnen, was passieren

könnte, falls … ja, genau, falls was passierte, und es passiert leider immer wieder was, doch die Lokführer und Eisenbahner sind dann meistens nicht schuld daran. Deshalb auch das Pfeifen nicht vergessen! Immer drei Mal. Vor den Brücken. Vor den Tunneln. Vor den Bahnübergängen ohne Schranken. Die eine Hand liegt die ganze Zeit auf der Zugbremse. Die andere Hand gibt Gas. Sie schaltet die Fahrstufen auf dem Lenkrad hoch und runter.

»Und nicht vergessen, immer wieder deinen besten Freund zu drücken, das Leben«, meinte Milan.

Für »Leben« sagte er *živák*, was man vielleicht auch als *den Lebendigen* übersetzen könnte. Er sprach von der Sicherheitsfahrschaltung, kurz Sifa, mit der jedes Schienenfahrzeug ausgestattet ist. Wenn man vergisst, den Knopf zu drücken, ertönt eine Sirene, so laut und schrill, dass sie auch einen Toten zum Leben erwecken könnte. Und wenn man nicht gleich reagiert und vielleicht tatsächlich tot ist, fängt der Zug sofort an, allein zu bremsen, und hält sicher an. Das kommt leider tatsächlich manchmal vor – ich habe später mal erlebt, wie der *fíra* einer Regionalbahn nach einem Herzinfarkt kurz vor Prag zusammenbrach.

Doch auf meiner Jungfernfahrt mit der *Brillenschlange* kam es damals nicht dazu, ich brach nicht zusammen, obwohl ich sehr aufgeregt war und mein Herz im Rhythmus der Schwellen wie verrückt schlug. Doch äußerlich verlief meine erste Fahrt als Lokführer ruhig. Nur einmal bremste ich vor einem Einfahrsignal ein wenig zu scharf, worauf Milan bemerkte: »Jetzt fliegen dahinten den Herrschaften die Koffer um die Ohren.« Und so war es auch, wie uns später die Schaffnerin erzählte.

»Ja, eine Lok kann jeder fahren. Aber bremsen, das muss man erst lernen«, sagte Milan noch. »Deine Strecke musst du auch verdammt gut kennen. Jede Steigung, jede Kurve, auch das musst du lernen. Die Strecke fühlt sich immer ganz anders an. Wenn die Schienen im Sommer trocken und heiß sind, wenn sie nass sind … Ganz schlimm ist es, wenn im November auf den Gleisen nasses Laub liegt. Da muss man echt aufpassen.«

Für Milan waren und sind die Loks lebendige Wesen, so wie überhaupt die ganze Eisenbahn. Das gesamte System an Schienen und Weichen. Signalen und Strecken. Bahnhöfen und Fahrplänen. Ein pulsierendes, unendliches, nie schlafendes Universum. Als eine einzigartige Schöpfung verstanden es auch mein Großvater Alois, der Weichensteller, und mein Onkel Miroslav, der Fahrdienstleiter. Und so sehen es wahrscheinlich alle Eisenbahner der Welt. Wer weiß, vielleicht gibt man genau deswegen den Lokomotiven Namen und Spitznamen, weil man sie für lebendig hält. Weil man sie bewundert. Und liebt. Und als Teil des Ganzen vergöttert.

Viele Namen orientieren sich an der Natur. Auf den Schienen sind viele Tiere unterwegs. Schon die erste in Deutschland eingesetzte Lokomotive war ein *Adler*. Die kleine Dampflok wurde 1835 für die nur sechs Kilometer lange Strecke von Nürnberg nach Fürth aus England geliefert, zusammen mit einem englischen Lokführer, dem *train* oder *engine driver*. Sein Name war William Wilson. Als Bahnexperte verdiente er damals mehr als der Direktor seiner neuen Arbeitgeberin, der Ludwigs-Eisenbahn-Gesellschaft, wie man im DB Museum in Nürnberg erfährt. Der schlanke, hochgewachsene Mann, immer elegant gekleidet und mit einem Zylinder auf dem Kopf, den man auf einem alten Bild sehen kann, scheint äußerst beliebt gewesen zu sein. Lange wollten auf der Strecke, wo neben den Dampfzügen im Mischverkehr auch noch Pferdewagen unterwegs waren, die Fahrgäste keinem anderen Lokführer vertrauen als diesem Engländer.

Die *Adler* war in der Lokomotivfabrik Robert Stephenson & Co. in Newcastle upon Tyne gebaut worden. Und in Grün, Rot, Schwarz und Gold lackiert. Die Firma war schon 1823 gegründet worden und lieferte zwar nicht die erste, dafür aber die für alle späteren Loks namensgebende Maschine: *Locomotion No. 1*. Und zwar 1825 für die Bahnstrecke zwischen Stockton und Darlington, die erste Eisenbahn, die mit Dampflokomotiven neben Fracht auch Fahrgäste beförderte.

Robert Stephenson konstruierte dann 1829 zusammen mit seinem Vater George die legendäre Lokomotive, die sie auf den Namen *The Rocket* tauften und die wahre Eisenbahngeschichte schrieb. Denn die *Rakete* machte ihrem Namen alle Ehre und ließ die Konkurrenz im nicht weniger legendären »Rennen von Rainhill« hinter sich zurück, eine Wettfahrt, die man zur Auswahl einer geeigneten Maschine für die Strecke zwischen Liverpool und Manchester veranstaltete. Das Eisenbahnrennen war ein großes Spektakel, die neue Technik zog viele Schaulustige in ihren Bann. Ebenso wie Förderer, die die Zukunft der Mobilität in der Eisenbahn sahen. Selbst Goethe ließ sich auf seine alten Tage über die neuesten Entwicklungen informieren und hatte sogar ein Kartonmodell der *Rakete* bekommen. So gesehen war er nicht nur der berühmte Dichter und Naturforscher, sondern vermutlich auch der erste Modelleisenbahner Deutschlands.

Der Sieg von *The Rocket* und die Eröffnung der bis heute betriebenen Linie führte zu einem wahren Eisenbahnboom. Nicht nur in England, sondern auch in anderen Ländern und Ländereien, so wie im damals noch nicht im Rahmen des Kaiserreichs vereinten Deutschland.

Von Stephenson stammt auch die Spurweite unserer Eisenbahnen, die sich gegen die meist breiteren Konkurrentinnen durchsetzen konnte und nun in Europa als Standard

Landquart: Von hier geht's auf die Drehscheibe. Und dann mit einem Personen- oder Güterzug bergauf ins Engadin.

Dem kleinen *Krokodil* kann man auch heute noch in der Schweiz begegnen.

gilt: 1435 Millimeter. Mit Ausnahme von Russland, Irland, Spanien und Portugal, wie schon in der *Enzyklopädie des Eisenbahnwesens* von 1912–1923 steht. In diesen Ländern fiel die Wahl aus bautechnischen, aber auch politischen und militärischen Gründen auf eine breitere Spurweite. So wie heute auch in allen postsowjetischen Ländern und Finnland.

»Ein Bierfass mit Schornstein auf vier Rädern«, würde Alois Nebel über die *Locomotion No. 1* sagen. *The Rocket* wiederum würde er vielleicht mit dem Kessel der selbst gebauten Schnapsbrennanlage vergleichen, die sein Freund, der Weichensteller Wachek, im Keller hatte, bis der Kessel eines Tages überhitzte und explodierte. Und genau das passierte auch in Wirklichkeit, allerdings nicht der *Rakete*, sondern der *Locomotion No. 1*, als eine Explosion auf freier Strecke ihren Bauch zerfetzte.

Mein Onkel Miroslav kannte sich aus mit all diesen Geschichten. Er wusste ganz genau, dass die Eisenbahn aus England zu uns gekommen war und auch deshalb auf den Strecken zuerst im Linksverkehr gefahren wurde, so wie schon früher bei den Pferdefuhrwerken. Was übrigens in vielen Ländern bis heute noch der Fall ist. Nicht nur im Vereinigten Königreich, sondern auch in der Schweiz, in Italien oder Slowenien fahren die Züge im Linksverkehr. Links stehen dann auch die Signale. In Frankreich ist es ebenso. Obwohl, hier gibt es eine Ausnahme, die mit der Geschichte des Landes zu tun hat: Im Elsass und in Lothringen wird rechts gefahren. Die beiden Regionen gehörten zwischen dem Sieg 1871 und der Niederlage 1918 ja mal ein paar Jahrzehnte zu Deutschland, wo die Züge schon ziemlich bald im Rechtsverkehr rollten. Das war für die Lokführer viel praktischer, denn so konnten sie auf dem Führerstand besser die Signale sehen, weil der lange Kessel der Lokomotive ihnen nicht mehr die Sicht versperrte. Und auch für die rechtshändigen Heizer, die Mehrzahl also, war die Arbeit so viel einfacher. In Österreich und Tschechien fahren die Züge heute auch rechts, obwohl die letzten Strecken erst vor ein paar Jahren umgeschaltet wurden.

Mein Onkel wusste das alles. Er wollte immer nach England und einmal mit dem Zug von Manchester nach Liverpool reisen. Doch dorthin kam er nie. Dafür war er eben Fahrdienstleiter in Liberec, im Manchester Böhmens, seinerzeit auch ein wichtiges Zentrum der Textilindustrie.

Das Original der *Adler* gilt als verschollen. Schnell wurde sie von der rasanten Entwicklung der Technik eingeholt und verkauft. Niemand weiß heute, wohin. Das DB Museum in Nürnberg verfügt jedoch über gleich zwei Nachbauten. Eine von ihnen, die dank aufwendiger Instandsetzung sogar einen fürchterlichen Brand überstand, kommt immer wieder bei Sonderfahrten zum Einsatz. Nach der *Adler* folgten neue, immer bessere Modelle, sodass man bald nicht mehr wusste, wie man sie nennen sollte. Die Namensregister der Städte und Länder und der Adeligen und Könige waren langsam erschöpft. Und so führte man die Baureihen mit ihren strengen Zahlen und Buchstabencodes ein, die auf die Geschwindigkeit, das Gewicht oder die Leistung der Lok hinweisen. Man weiß auch gleich, ob es sich um eine Dampflok oder Diesellok oder E-Lok handelt.

Nach der Entstehung der Deutschen Reichsbahn 1920 und der Übernahme von vielen Eisenbahngesellschaften wurden auch die sehr unterschiedlichen Baureihen in Deutschland vereinheitlicht. So ergab sich ein übersichtliches Schema: 01–19 waren die Schnellzug-Lokomotiven, 20–39 die Personenzug-Lokomotiven, 40–59 die Güterzug-Lokomotiven, 60–79 die Tenderloks für die Personenzüge und 80–96 die Tenderloks für die Güterzüge. 97 galt für die Zahnradbahnloks, 98 für die Lokomotiven der Lokalbahnen und 99 für die Lokomotiven der Schmalspurbahnen. Kurz danach kamen noch ein E für die E-Loks und ein V für die Loks mit Verbrennungs-

Der Dieseltriebwagen der Reihe 5047 ist auf vielen Nebenbahnen in Österreich zu sehen. Hier in St. Pölten, kurz vor der Abfahrt nach Krems.

motor hinzu. Heute fangen bei der Deutschen Bahn alle E-Loks in Deutschland mit einer 1, alle Dieselloks mit einer 2, alle Kleinloks mit einer 3, die Elektrotriebwagen mit einer 4, Akkumulatortriebwagen mit einer 5 und die Dieseltriebwagen mit einer 6 an. Zahlen über Zahlen!

Doch die Lust, den Lokomotiven lebendige Namen und Spitznamen zu geben, blieb trotzdem. Auf den Gleisen qualmten immer mehr Geschöpfe aus dem Atlas der Tiere: *Spitzmaus*, *Fledermaus*, *Gazelle*, *Ochsenlok*, *Steppenpferd*, *Bär*, *Bulle* oder *Mammut*, aber auch *Dackel* oder *Kreuzspinne*. Und das im jeweiligen Idiom auch in anderen Ländern, nicht nur in Deutschland. Schon wenn man diese Kosenamen hört, hat man sofort ein Bild vor Augen. Die eine Lok so schnell, die andere so klein und zierlich, doch auch schnell und wendig, und noch eine andere so stark, dass sie selbst mit einem Rattenschwanz aus Güterwagen am Haken die steilste Rampe mit Leichtigkeit und Eleganz bezwingt.

So wie der *Elefant*, die stärkste Dampflok, die je in der Schweiz produziert wurde. Die Baureihe C 5/6 entstand 1913 bis 1917 in Winterthur für den Güterdienst auf der Gotthardstrecke. Allerdings wurde die Verbindung ins Tessin schon 1920 elektrifiziert. Und so wurden die *Elefanten* mit dem rauchenden Rüssel sehr bald von den elektrischen *Krokodilen* der Baureihen Ce 6/8 II und Ce 6/8 III aus den Bergen ins Flachland verdrängt.

Das *Krokodil* zählt zu den Ikonen der Lokomotivgeschichte. Seit den 1930er-Jahren findet man es auch in dem einen oder anderen Wohnzimmer oder Keller, als Teil einer Modelleisenbahnanlage. Und heute kann man die Lok sogar aus 1271 Legosteinen zusammenbauen.

Wenn man im schweizerischen Erstfeld, das Ende des 19. Jahrhunderts durch den Bau der Gotthardbahn vom Bergdorf zum wichtigen Transitpunkt wurde, auf dem Bahnsteig steht und sich ein *Krokodil* während einer Museumsfahrt Richtung Gotthard anschaut, sieht man, dass die Lok – im Original braun lackiert und erst später krokodilgrün – tatsächlich einem Reptil ähnelt. Sie besteht aus drei Teilen: einer Schnauze, einem Körper und einem Schwanz. Man kann sich darüber streiten, wo sich die Schnauze befindet und wo der Schwanz, denn das *Krokodil* sieht von beiden Seiten gleich aus. Aber vielleicht ist das auch egal. Charakteristisch ist jedenfalls ihre reptilienhafte Bewegung, denn die Lok kriecht in der Tat. Abgesehen vom Pfeifen der Lok ist das Fahrgeräusch ein rasches, wendiges Rauschen. Das kommt von dem Stangenantrieb, den die *Krokodile* von den Dampfloks geerbt haben und auf den bei modernen E-Loks später verzichtet wurde.

Als ich im Luzerner Verkehrshaus der Schweiz in den Führerstand des Original-*Krokodils* geklettert war, fühlte ich mich wie auf der Kommandobrücke eines Schiffes. Der runde Fahrstufenschalter ähnelt einem Steuerruder. Und der Lokführer musste wie ein Kapitän bei der Fahrt stehen, damit er über die lange Schnauze hinweg eine gute Sicht auf das Schienenmeer hatte. So wie einst sein Kollege William Wilson auf der *Adler*. Und viele seiner Nachfolger.

Es war sicher anstrengend, aber auch praktisch. »Wer im Stehen fährt, schläft nicht ein. Denn wenn du für eine Sekunde einschläfst, kann es sein, dass du für immer einschläfst, und leider nicht nur du«, sagte mir Milan 1987 in der *Brillenschlange*.

Jeder Lokführer hat seine Methode, um sich wach zu halten. Der eine raucht, der andere kaut Kaugummi, wieder ein anderer singt seine Lieblingssongs oder sogar Opernarien. Und manchmal sieht man sie eben auch im Stehen als einsame Kapitäne durch die Nacht ziehen, obwohl sie nicht mehr stehen müssen wie damals auf der *Adler* oder dem *Krokodil*.

Die Bergkulissen der Alpen waren stets Inspiration für zahlreiche Namen. In der Schweiz bewundere ich oft die rote elektrische *Gotthardlokomotive* Re 6/6, meistens gepaart mit einer Re 4/4, die auf den langen steilen Alpenrampen die *Krokodile* ablöste. Von Österreich nach Italien rollte über den Brennerpass noch bis vor ein paar Jahren die *Brennerlok*. Und auf einem Denkmalsockel in Payerbach-Reichenau an der Semmeringbahn ruht eine *Semmeringlokomotive* der Baureihe 95, die man auf der ersten Hochgebirgsbahnstrecke Europas lange Jahre als Vorspannlok einsetzte, als zusätzliches Fahrzeug an der Zugspitze, bevor die Semmeringbahn ab 1959 elektrifiziert war. Heute haben den Vorspanndienst bei den Güterzügen die *Alpenstaubsauger* der Baureihe 1144 übernommen. Sie fahren hier in Doppeltraktion, und der Spitzname bezieht sich auf die typischen und lauten Lüftergeräusche, die man aus dem Wohnzimmer kennt, wenn man mal aufräumt. So hört man die beiden *Alpenstaubsauger* im Bahnhof Semmering schon, obwohl die Loks mit dem Zug noch irgendwo tief im Tal anrollen.

Wenn ich mit einem Lokführer beim Umsteigen über seine Lok spreche, egal ob in Liberec, Linz oder Leipzig, habe ich den Eindruck, als ginge es auch um eine Frau, die er bewundert und schätzt. Aber selbstverständlich gibt es heute längst Lokführerinnen, und auch sie haben zu ihrer Lokomotive eine besondere Beziehung. Selbst wenn es manchmal auf der Strecke zwischen beiden kracht, wenn zum Beispiel die Motoren streiken. Oder die Heizung. Oder die Bremsen. Wenn man sich einfach mal nicht versteht. Alle wissen: Die Fahrt muss weitergehen. Und am Ende wird alles gut.

Darf ich vorstellen? Das ist *Ludmilla*. Die elegante Lokomotive stammt aus Luhansk.

Auch der französische Schriftsteller Émile Zola schrieb über das außergewöhnliche Verhältnis zwischen Lokführer und Lokomotive – inspiriert von den vielen Zügen, die an seinem Wohnhaus im kleinen Ort Médan vorbeizogen. In seinem Eisenbahnroman *Die Bestie im Menschen* von 1890 treibt er die Beziehung zwischen Mensch und Maschine bis zum Exzess. Der Lokführer Jacques Lantier liebt seine »Eilzugmaschine« mehr als alles andere auf der Welt. Die Dampflok trägt zwar die Nummer 214 und offiziell den Namen *Lison*, nach der Station Lison, die heute noch auf der Strecke zwischen Mantes-la-Jolie und der Hafenstadt Cherbourg in der Normandie liegt. Doch Jacques vergöttert seine Maschine so sehr, dass er sie immer nur »seine Lison« nennt, um ihr wie einer Frau »zu schmeicheln«.

Lison klingt einem sofort wie Liaison in den Ohren, eine amouröse Beziehung. Jacques stört es nicht, dass »seine Lison« mehr Schmierfett braucht als andere Lokomotiven. Ganz im Gegenteil. Genau das reizt ihn an ihr. Er schwärmt von ihrer »riesenhafte(n) Eleganz, mit doppelt gekoppelten Achsen, großen behenden, durch

Dresden unter Dampf. Man sieht es nicht, aber die alte Dame wird gerade etwa hundert Mal fotografiert.

eherne Arme miteinander verbundenen Rädern, breitem Brustkasten«. Doch er beschwört auch »die seltenen Eigenschaften einer wirklichen braven Frau«: »Sie war sanft, gehorsam, leicht in Gang zu bringen und machte, dank ihrer guten Röhrenanlage, eine ständige, regelmäßige Fahrt«, wie Zola schreibt.

In Jacques' zügellosem Wahn wird die Lokomotive zum Objekt der Begierde. Zola macht ihn damit vermutlich zum ersten Ferrosexuellen der Literaturgeschichte, wie man Menschen nennt, die Züge, Lokomotiven und Schienenstränge über alles lieben. Der Ausdruck kommt auch aus dem Französischen, von *ferroviaire*, dem Adjektiv, das sich auf Deutsch in Kompositionen wie »Eisenbahn-« oder »Zug-« ausdrückt. Zola stilisiert die Lokomotive zu einer überwältigenden Naturerscheinung, die Technik scheint perfekter zu sein als jegliche menschliche Kreatur. Die panische Angst und der Aberglauben, die manche Menschen im Angesicht der ersten Dampflokomotiven empfanden, weichen hier einer Faszination, die bis heute anhält.

Womöglich bin ich selbst einer dieser Eisenbahnmenschen und Trainspotter, die am Bahnsteig oder an der Strecke stehen, allein oder in kleinen Gruppen, und fotografieren, sich die Nummern der Loks aufschreiben und alles oder fast alles über die Eisenbahn wissen und sämtliche Spitznamen der Lokomotiven kennen. Vielleicht ein wenig verrückt, ich weiß. Doch bei den meisten ist es gar nicht so schlimm wie bei Jacques in dem Roman von Zola, wo sich der Wahn sogar noch steigert. Mehr darf ich hier nicht verraten, doch wenn man vom Pariser Gare Saint-Lazare mit einem Intercity über Rouen nach Le Havre unterwegs ist, wo die Handlung spielt, lohnt sich ein Blick in diesen Eisenbahnroman. Auch wenn der Bahnhof der Hafenstadt nach einem Umbau heute ganz anders aussieht als zu Zolas Zeiten.

Aber Wahn hin, Wahn her: Dass man mit einer Lokomotive einfach sehr feinfühlig umgehen sollte wie mit einem geliebten Menschen, lernte ich damals mit Milan im Führerstand der *Brillenschlange*. Die Lok nennt man in der Slowakei *Okuliarik*, abgeleitet vom slowakischen Wort *okuliare*, Brille. Ähnlich in Italien, wohin man nach der Wende einige Exemplare an die Privatbahnen verkaufte – hier heißen die Loks *Occhialute*. Oder in Polen, wohin die Tschechischen Staatsbahnen mehrere Loks und auch viele Schnellzugwagen, die sie nicht brauchten, vermieteten. Dort kann man sogar hoch im Norden dem *Okularnik* begegnen, und zwar in einem Intercity über Gdańsk auf die Halbinsel Hel, wo die Landzunge oft nicht viel breiter ist als die schmale Bahntrasse. Die Ostsee ist so nah, dass man sich nicht sicher sein kann, ob man nicht gleich zu einem *Nurek* wird, zum Taucher. So der andere polnische Kosename für diese Lok, vergleichbar mit der *Taucherbrille*, wie deutsche Bahnfans sagen. Doch ich sage zur *Taucherbrille* immer *Brillenschlange*. Die Lok ist auch heute noch in Tschechien und der Slowakei anzutreffen. Die Spitznamen verstehe ich als Hommage an alle Brillenträger. Auch an die, die es wegen der Brille nicht zur Eisenbahn schaffen.

Alois Nebel liebt vor allem die *Bardotka*. Er findet diese Diesellok, die mich in meiner Prager Wohnung mit Bahnblick jeden Morgen aus dem Schlaf riss, wunderschön. Doch als er Květa sieht, die Witwe eines Eisenbahners, der von einem Zug überfahren wurde, ist es um ihn geschehen. Doch warum heißt die Lok der Baureihe 749 eigentlich *Bardotka?*

»Die Maschine hat vorne … ja … solche … großen …« Alois traut es sich einfach nicht auszusprechen, was ich gut verstehen kann.

Und so muss ihm Květa ein wenig helfen: »Brüste.«

Ob man es glaubt oder nicht, der Kosename ist tatsächlich genau so entstanden. Die eleganten Kurven der Lokomotive erinnerten die Eisenbahner an Brigitte Bardot. Die Schauspielerin taucht auch gleich in mehreren Eisenbahnszenen der Filmgeschichte

ДЕПО КОТОВСЬК
ОД. ЗАЛІЗНИЦЯ
ВЛ60ПК1951

G1

Unterwegs mit dem Zug: Unter Strom und ohne Dampf. Früh am Morgen in Zagreb in Kroatien, am Vormittag in Odessa in der Ukraine. Zwei Züge küssen sich im Schneegestöber in Zug in der Schweiz, wie der Ort wirklich heißt. Eine alte Dampflok ruht im Verkehrsmuseum in Luzern und zeigt ihren Bauch. Und in Arth-Goldau wartet im Sonnenschein Friedrich Dürrenmatt auf die Abfahrt Richtung Tessin.

auf. In der verrückten Komödie *Viva Maria!* (1965) von Louis Malle, in der es um eine Revolution irgendwo in Mittelamerika geht, kapern zwei Varietékünstlerinnen, dargestellt von der Bardot und Jeanne Moreau, einen schwer bewaffneten Militärzug. Der Auftritt, als die beiden blonden Ikonen der Revolution heroisch auf der Lokomotive *El Libertador* stehen und in den Bahnhof einfahren, bleibt im Gedächtnis. Um die Eisenbahn geht es auch in der Italowesternkomödie mit dem deutschen Titel *Petroleum-Miezen* (1971) von Christian-Jaque. Hier überfällt BB Züge. Zusammen mit CC, Claudia Cardinale, beide als Männer verkleidet, rauben sie die geschockten Reisenden aus. Irgendwo im wilden Amerika. Doch die Bahnszenen wurden in Spanien gedreht.

Die Schauspielerin Brigitte Bardot war hinter dem Eisernen Vorhang ebenfalls ein Sexsymbol. So auch für alle Eisenbahner zwischen Cheb in Böhmen und Košice in der Ostslowakei. Für mich verkörpert die Lokomotive *Bardotka* den Prager Frühling, die Zeit der Befreiung vom starren, düsteren stalinistischen Regime der 1950er-Jahre. Wenn auch nur für einen Moment. Denn der Prager Frühling endete fast über Nacht mit der Okkupation durch die Sowjets am 21. August 1968. Viele Reformpolitiker, Intellektuelle und Künstler wie Milan Kundera oder Pavel Kohout verloren ihre Arbeit, einige landeten im Gefängnis oder mussten das Land verlassen. Doch die *Bardotka* fuhr weiter, als wäre nichts gewesen. Viel mehr noch, sie avancierte zum Superstar der Schienen.

Auf vielen Strecken löste sie die *Němka* ab, die *Deutsche*, die in meiner Heimat als Baureihe 555 geführt wird. Diese schlicht gebauten Dampfloks der Deutschen Reichsbahn, in ihrer eigenen Heimat hingegen Baureihe 52, blieben nach dem Kriegsende 1945 als Reparation in der Tschechoslowakei, so wie auch in Polen, Frankreich, Jugoslawien oder der Sowjetunion. Die deutschen Eisenbahner nannten sie einfach nur *Kriegslok* und später auch *Adolfs Rache*. Im Zweiten Weltkrieg wurden innerhalb kürzester Zeit an die siebentausend Stück gebaut. Bei der Herstellung verzichtete man auf hochwertige Materialien und komplexe Technik in dem Bewusstsein, dass während des Krieges ohnehin viele der Lokomotiven verloren gehen würden.

Kaum zu glauben, dass diese Loks, die eigentlich nur ein kurzes Leben haben sollten, auch nach vielen Jahrzehnten immer noch in Europa anzutreffen sind. Abgesehen von kleinen und großen Eisenbahnmuseen in Deutschland und anderswo sind diese Dampfmaschinen bis heute in Bosnien-Herzegowina unterwegs. Die allerletzten *Kriegsloks* kann man als Baureihe 33 bei Tuzla und der Kohlemine in Šikulje bewundern, wo sie im Rangierdienst immer noch fahren, aber auch Kohlezüge zum Kraftwerk Kreka befördern.

Eine alte *Němka* der Baureihe 52 war nach der *Brillenschlange* die zweite Lok, die ich fahren durfte. Nur ganz kurz, auf dem Abstellgleis des Bahnbetriebswerks Bautzen. Damals, es muss ebenfalls 1987 gewesen sein, war Bautzen eine der letzten Hochburgen des Dampflokverkehrs in der DDR. Meine Eltern waren mit einer Familie aus der Oberlausitz befreundet. Man besuchte sich gegenseitig und brachte den anderen das mit, was in der DDR oder ČSSR Mangelware war. Das gute Bier aus Pilsen oder Budweis. Schicke Gardinen und kleine Modelleisenbahnloks aus der DDR.

Daran, dass diese langjährige Freundschaft entstand, war ich nicht ganz unbeteiligt. Bei einem Familienausflug fotografierte ich mit Mario, den ich in einem Ferienlager kennengelernt hatte, Züge auf dem Bahnhof im sächsischen Ebersbach, wo wir beinahe von der Transportpolizei verhaften wurden, da Fotografieren auf dem Bahnhof verboten war. Doch plötzlich erschien ein Eisenbahnengel und rettete uns, wofür sich meine Eltern bei ihm bedankten und woraus sich jene Freundschaft entwickelte.

Er war Lokführer in Bautzen. Einmal verbrachte ich mit ihm eine ganze Woche auf der Jagd zwischen Bautzen und Hoyerswerda. Doch wir waren nicht hinter Wildschweinen her, sondern hinter den *Kriegsloks*, um sie zu fotografieren. Dafür reisten wir mit seinem Trabi umher.

Er selbst fuhr ansonsten eine Diesellok. War mit dem *Marmeladeneimer* oder dem *Würstchenkocher* unterwegs, wie er liebevoll zu den Dieselloks 110 oder 112 sagte, die man auch als *Kamel* kennt, weil der Führerstand sich wie ein Höcker in der Mitte der Lok erhebt. Oft war es auch eine 118, die er *Die Dicke aus Babelsberg* nannte, und damit meinte er nicht etwa eine vollschlanke Schauspielerin aus den DEFA-Studios, sondern die Lokomotive aus der hiesigen Lokfabrik, die mindestens genauso bekannt war wie die Filmstudios. Er fuhr auch die 119, die er wegen der vielen runden Fenster nicht nur *U-Boot* nannte, sondern auch *Karpatenschreck* oder *Ceaușescus Rache*, nach dem rumänischen Diktator. Wie man erahnen kann, waren die Lokführer der Deutschen Reichsbahn mit den rumänischen Lokomotiven nicht sonderlich zufrieden.

Etwa zehn Jahre später erreichte uns im Böhmischen Paradies eine traurige Nachricht aus der Oberlausitz. Unser Freund war von einer Rangierlok erfasst worden. Was von ihm geblieben ist, sind unter anderem seine Fotos, die man heute noch im Internet findet, wie zum Beispiel eine fast magische Aufnahme des Lokschuppens in Bautzen, der in die Nacht hineinstrahlt wie eine pulsierende, nie schlafende Fabrik. Wenn ich in Bautzen aus dem Zug steige, muss ich immer an ihn denken. Und an seine Bahngeschichten. Schon längst ist das Bahnbetriebswerk in Bautzen stillgelegt. Aber eine letzte 52 steht dort noch immer wie ein Denkmal aus vergangener Zeit. Hoffentlich darf sie für immer bleiben.

Wo wir schon bei den Eisenbahnrachen der Geschichte sind: In der Tschechoslowakei gab es auch *Honeckers Rache.* Keine Lok, sondern ein Wagen aus DDR-Produktion. Für die späten 1980er-Jahre ein moderner, schneller und leichter Personenwagen, doch beim Sitzen hatte man so wenig Platz, dass man schon fast auf dem Schoß seines Gegenübers hockte. Komfort spielte keine Rolle. Die Wagen hätten sich im Falle eines Krieges schnell in Sanitätswagen umwandeln lassen. Im Regionalverkehr kann man sie noch heute fahren. In Tschechien, aber auch in der Slowakei. Und sicher noch anderswo.

Aber jede Lok hat nicht nur einen Namen, sondern auch ihren eigenen Klang. Irgendwo im tiefen Wald bei Hoyerswerda lernte ich mit unserem Freund aus der DDR die *Taigatrommel* der Baureihe 120 kennen, eine der lautesten Diesellokomotiven überhaupt, die oft ohne Schalldämpfer unterwegs war. Und das Röhren einer *Taigatrommel* ist einfach unvergesslich. »Ein echtes Heavy-Metal-Konzert, egal ob mit oder ohne Schalldämpfer, Motörhead auf Schienen«, wie mir mal ein Diesellokliebhaber vorschwärmte.

Die schweren Loks nennt man in Polen, wo sie immer noch mit Güterzügen verkehren, *Gagarin* oder *Iwan.* In der Tschechoslowakei und in Ungarn *Sergej.* In der

Ukraine, wo sie eigentlich herkommt, ist die Lok allerdings eine Frau, *Maschka*, was von Mascha, also der heiligen Maria, kommt, aber ebenso von der Fabriknummer M 62, weil bei der auch das »Masch-« anklingt, wenn man sie auf Ukrainisch sagt.
Die jüngere Schwester von *Maschka* heißt *Ludmilla*. Man trifft sie bis heute in Deutschland sehr oft an. Auch *Ludmilla* kommt aus der bekannten Lokomotivfabrik in Luhansk in der Ukraine, wo man die meisten Loks für die Sowjetunion und alle Länder des damaligen kommunistischen Lagers produzierte, von Nordkorea bis Kuba. Was aus dieser einst größten Lokomotivfabrik der Welt in Zukunft wird, ist eine große Frage – denn Luhansk gehört zu jenem Teil der Ostukraine, der seit 2014 von prorussischen Separatisten okkupiert ist.
Bis heute ist *Ludmilla* eine der elegantesten Loks, die man in Deutschland finden kann. Das große Fernlicht in der Mitte der Frontscheibe strahlt wie ein Komet in der Nacht. Man sieht sie sowohl im Osten als auch im Westen der Bundesrepublik im Güterdienst. Oder auch im Winter als sogenannte Spurlok. Im schwersten Schneetreiben, bei

Der polnische Expresszug *Pendolino* fährt gleich in Gdańsk Główny los. Bald rast er auf der neuen Strecke nach Warschau und Katowice. In Liberec in Nordböhmen ist es viel ruhiger. Der Fahrdienstleiter schaut auf den *Sarg*, wie der tschechische Triebwagen heißt.

Wind und Wetter befreit *Ludmilla* die deutschen Strecken. Erst wenn sie nicht mehr weiterkann, kommt noch schwereres Gerät zum Einsatz. Pflüge und Schneefräsen.

In Brigitte Bardot verliebten sich nicht nur die Eisenbahner der Tschechoslowakischen Staatsbahnen. Herr Peterka, der Oberkellner in dem tschechischen Speisewagen, erzählte mir mal von seinen Reisen mit dem Eurocity *Jože Plečnik* zwischen Prag, Linz und Ljubljana. Der Zug wurde nach dem berühmten slowenischen Architekten benannt. Seine wegweisenden Bauwerke der K.-u.-k.-Moderne kann man heute nicht nur in Ljubljana, sondern auch in Prag bewundern. Oder in Wien. Im Atelier von Otto Wagner beteiligte sich Jože Plečnik auch am Bau der Wiener Stadtbahn mitsamt ihren ikonischen Bahnhöfen, die heute die schönsten in Wien sind, nachdem man die alten, im Krieg oft beschädigten Fernbahnhöfe abgerissen hat.
Herr Peterka liebte diesen Zug, der sich oft sehr langsam durch den Böhmerwald und die Alpen schlängelte, teilweise nur auf eingleisigen, aber beeindruckenden Strecken. Leider war der *Jože Plečnik* recht kurzlebig und fährt seit 2009 nicht mehr. Bis heute bereue ich, dass ich mit diesem Zug nur einmal und nur von Prag nach Linz und zurück fuhr.
Im Dezember 2005, damals noch Koch, war Herr Peterka nach Einführung dieses Eurocitys sogar im ersten *Jože Plečnik* unterwegs. Mehrmals musste man die Loks wechseln. An der Grenze zwischen Österreich und Slowenien fuhr eine E-Lok der Slovenske železnice, der Slowenischen Eisenbahnen (SŽ), vor – eine Lokomotive

der Baureihe 363, damals lackiert in dunklem Gelb mit braunem Zierstreifen. Eine schwere, sechsachsige Lok mit vielen Muskeln, die ganz anders aussieht als die tschechische *Bardotka*, aber bis heute in Slowenien genauso Kult ist.

Sie ist länger und wirkt viel mächtiger. Und doch auch elegant. Egal, ob sie mit dem Eurocity *Emona* aus Wien nach Triest durch das bergige und landschaftlich beeindruckende Slowenien rollt oder mit einem Containerzug bis zur Hafenstadt Koper an der Adria, die für Mitteleuropa dieselbe Bedeutung hat wie Triest. Diese Lok heißt *Brižita*. Oder sogar noch schöner, als Diminutiv, *Brižitka*. Eben auch nach Brigitte Bardot. Bei diesem Kosenamen spielte sicher auch die Herkunft der 363 eine Rolle. *Brižitka* kommt aus Frankreich. Ein Lokführer, mit dem ich mal in Ljubljana in einem Bahnhofscafé ins Gespräch kam, erzählte mir, dass man sie auch *Königin* nennt, *Kraljica*.

In der zweiten Hälfte der 1970er-Jahre wurden aus Frankreich neununddreißig *Brižitkas* nach Jugoslawien geliefert. Nach dem Krieg und Zerfall des Landes in den Neunzigern blieben alle in Slowenien, wo sie ohnehin schon im Einsatz waren. Für mehrere Jahrzehnte war die 363 dort die stärkste aller Lokomotiven. Bis aus Deutschland die *Helga* kam. So nennt man in Slowenien die hellgelb, fast blond lackierte Siemens-Lok ES64F4. Auch bekannt als *EuroSprinter* sieht man sie heute auf fast allen europäischen Strecken.

Sie ist vielleicht die schönste slowenische Lokomotive. *Brižitka*, benannt nach der Schauspielerin Brigitte Bardot. Hier in der slowenischen Hauptstadt Ljubljana.

Brižitkas sind so etwas wie die Halbschwestern der Spitzenloks der französischen SNCF aus der Baureihe CC 6500, mit denen heute, einhundert Jahre später, wahrscheinlich auch der Lokführer Jacques Lantier aus Zolas Roman *Die Bestie im Menschen* von Paris nach Le Havre rasen würde. Diese Maschinen nennt man in Frankreich *Nez cassés*, auf Deutsch *Gebrochene Nasen*, was sich schon ein wenig anders anhört als *Brižitka*. Oh, là là …

Die ungewöhnliche Form war eine Idee von Paul Arzens. Der Industriedesigner, der von 1903 bis 1990 lebte, entwarf gleich eine ganze Reihe von Loks mit diesem markanten und unverwechselbaren Boxerantlitz, das man nicht nur aus Frankreich und Slowenien, sondern auch aus Portugal, Marokko oder Südkorea kennt. Und aus den Niederlanden.

Ein halbes Jahr lang lebte ich zum Schreiben in Amsterdam. Jede zweite Woche pendelte ich mit dem Eurocity zwischen der deutschen und der niederländischen Hauptstadt. Im Grenzbahnhof Bad Bentheim stieg ich immer kurz aus, um einen kleinen Spaziergang auf dem Bahnsteig zu machen. Es ging mir aber nicht sosehr

In Frankreich, wo diese Lokomotive herkommt, sagt man *Gebrochene Nase* zu ihr. Unten in Nizza. In der Mitte in Porto in Portugal und oben eine niederländische Lok. Auch in Amsterdam sind die *Gebrochenen Nasen* noch zu sehen.

um die Bewegung an der frischen Luft aus gesundheitlichen Gründen, sondern um das Geschehen an der Spitze des Zuges, wo gerade die gelbe Lok der Baureihe 1700 an- beziehungsweise abgekuppelt wurde, eine *Gebrochene Nase* holländischer Art.
Aus irgendeinem Grund war es oft die Lok der Nummer 1744. Da musste ich immer, als gescheiterter Geschichtslehrer, an das Jahr 1744 denken, als die Preußen Prag infolge des Österreichischen Erbfolgekrieges besetzten. Ich muss zugeben, das ist schon eine kleine Marotte von mir. Bei jeder Lok- oder Zugnummer rase ich gleich in die Geschichte hinein. 363, die slowenische *Brižitka*: Zweiter Frieden von Nisibis. 555, die tschechische *Deutsche:* Ein Erdbeben zerstörte die Stadt Latakia in Syrien. 1744, die niederländische *Gebrochene Nase:* die Preußen in Prag.
Obwohl die Niederländer natürlich nichts mit den schmerzhaften Angelegenheiten der preußisch-böhmisch-österreichischen Geschichte zu tun haben, musste ich an einem ruhigen Sommertag in Bad Bentheim auch an den Krieg denken. Oder an eine Schlägerei. Einen Boxkampf. Eine Lokomotivenschlacht. Ich sah die niederländische Lok mit der gebrochenen Nase und stellte mir vor, wie es wohl wäre, wenn sie sich mit ihren Verwandten aus Frankreich und Slowenien oder aus Marokko in einem Boxring treffen würde, um ihre Kräfte zu messen. Warum nicht gleich im *Grand Café Restaurant 1e Klas*, im ehemaligen Wartesaal direkt am Bahnsteig von Amsterdam Centraal, wo ich immer nach der Ankunft aus Berlin eine Kleinigkeit essen ging? Oder warum nicht gleich eine kleine Lokomotivenschlägerei hier vor Ort an diesem verträumten Bahnhof von Bad Bentheim? Wo sonst nichts los ist außer einer Grenzkontrolle, bei der die Touristen aus dem Zug gefischt werden, denen das Amsterdamer Gras aus der Tasche wächst.
Die Lokomotiven müssen jedenfalls nicht aufpassen. Ihre Nasen sind sowieso schon hinüber. Doch Paul Arzens dachte wahrscheinlich nicht an Boxer oder eine Lokschlägerei in Bad Bentheim, als er die Lokomotiven in seinem Pariser Büro in der Rue de Vaugirard skizzierte. Er dachte an die Lokführer, die hinter den geneigten Frontscheiben einen besseren Blick auf die Strecke haben sollten, vor allem, wenn ihnen die Sonne entgegenknallte. Aber auch, wenn es regnete oder schneite. Und bei der Formgebung dachte er sicher nicht an einen Schläger, sondern eher an einen Athleten, einen Sprinter, der konzentriert in den Startlöchern sitzt und nur auf den Startschuss wartet. In diesem Fall das grüne Licht zur Abfahrt der Züge. Denn schnell und leistungsstark wie ein Athlet waren und sind die *Gebrochenen Nasen*.

Alle Lokomotiven haben ihre Namen, und die Eisenbahner sind deren Dichter. Wenn man die verschiedenen Kosenamen hört, entsteht vor dem inneren Auge eine

eigene Welt. Ein wahres Schauspiel mit vielen Figuren und endlosen Geschichten. Ein wahres Drama. Oder doch eine Komödie?

Ja, eher das. Ein amüsantes Lustspiel. Vor allem, wenn es um die Triebwagen geht, mit denen man Europa auf Tausenden von Schienenkilometern durchqueren kann. Und mit denen ich selbst gerne unterwegs bin. Von Lomnice nad Popelkou nach Stará Paka im Böhmischen Paradies. Von Sanok in Ostpolen über die Karpaten nach Medzilaborce in der Ostslowakei. Von Jesenice nach Nova Gorica in Slowenien. Von Arth-Goldau nach St. Gallen in der Schweiz. Von Linz-Urfahr nach Aigen-Schlägl in Oberösterreich. Von Stendal nach Tangermünde in der Altmark. Von Aszód nach Balassagyarmat in Ungarn. Von Siena nach Sinalunga in der Toskana. Von Toulouse in Frankreich nach Barcelona in Spanien.

Wo auch immer man unterwegs ist, bei den Namen der Triebwagen waren und sind der Fantasie keine Grenzen gesetzt. Und so geht meine Reise durch Europa mit einem *Wackeldackel* los, doch da warten schon die *Schwabenschaukel* und im nächsten Bahnhof ein *Ferkeltaxi* auf mich. Der Schaffner schüttelt bei dem Namen den Kopf und spricht von *Blutblase* oder *Eierfeile*, und ich traue mich nicht nachzuhaken, warum er die Lok so nennt. Zum Glück brummt der *Bienenschuss* vorbei, begleitet von der *Knatterkiste*. Nach kurzer Fahrt habe ich ein bisschen Angst, in den *Sarg* umzustei-

gen, doch immerhin kann man das Fenster aufmachen, und die Reise durch Böhmen ist darin genauso schön wie im *Fachwerkhaus* oder in der *Seifenkiste*. Auf jeden Fall ergeht es mir hier besser als später in der *Rüttelplatte* oder im *Schwitzkasten*.

Jetzt muss ich aber schnell den immer gut gelaunten *Eierkopf* und die zwei immer traurigen *Heulbojen* grüßen ebenso wie den großen Meister *Picasso* im Bahnhof von Cannes. Viel Zeit zum Gespräch über Surrealismus, Eisenbahn, Kunst und *Talent* haben wir leider nicht, denn gleich geht's mit der *Nähmaschine* weiter, und ein *Desiro* wartet auch schon auf die Abfahrt. Hoffentlich verwandelt sich der Triebwagen auf der Strecke zwischen Dresden und Görlitz nicht ins *Desastro*. Na ja, wenn das passiert, spielen wir ein wenig mit *Tamagotchi* und versöhnen uns dann in Österreich zwischen Krems und St. Pölten in der *Blechkistn* beim *Bierfass* und lästern schließlich im *Arbeiter-Pullman* in Zürich zusammen mit *Hurvínek* aus Prag, *Lolek* und *Bolek* aus Bielsko-Biała in Polen, *Sandmann* aus Berlin-Mahlsdorf und dem Berggeist *Rübezahl* aus dem Riesengebirge über *Tatzelwurm*, *Lahme Ente*, *Landplage*, *Kartoffelkäfer* und *Seuche*.

Manche Eisenbahner haben auch eine musikalische Neigung, so wie Lokführer Pavel, der Gleisgitarrist. In Ungarn trifft man oft auf eine *Doremi*. Es geht um die bei Lok-

Links: Pure Eisenbahnromantik in der Toskana. Rechts: Eine Rangierlok in Prag auf dem Hauptbahnhof. Die Eisenbahner sagen *Bügeleisen* zu ihr.

Bologna, Italien. Im Hintergrund eines der monumentalen Stellwerke.

führern sehr beliebte E-Lok, die man in Deutschland, Tschechien oder Österreich sonst *Taurus*, Stier, nennt. Diese Lok beziehungsweise die erste *Taurus*-Generation kann tatsächlich singen, also die Tonleiter erklingen lassen und die Bahnhofshallen, wo die Akustik meist sehr gut ist, in Konzerthäuser verwandeln. Oft bleibe ich am Bahnsteig in Berlin, Wien, Prag oder Budapest vor der Lok stehen und warte auf die Abfahrt – und da bin ich nicht der Einzige. Denn ich möchte dem kurzen Konzert der Stromrichter lauschen. Das kleine Stück Musik entsteht durch deren Steuerung und während der Umwandlung des Stroms auf dem Weg von der Oberleitung zu den Drehmotoren. Das Konzert dauert nicht länger als fünfzehn Sekunden.

Wenn die *Doremi* abfährt, spielt sie die Tonleiter hinauf: Do, Re, Mi, Fa, Sol, La, Si, Do.

Wenn die *Doremi* hält, spielt sie die Tonleiter hinunter: Do, Si, La, Sol, Fa, Mi, Re, Do.

Jedes Mal eine kleine Bahnmusik, die das Herz eines jeden Eisenbahnmenschen dahinschmelzen lässt. Vielleicht sogar als Klingelton fürs Mobiltelefon, wie man ihn sich mittlerweile auf der Seite der ÖBB herunterladen kann.

Daheim ist daheim. Noch eine *Brotbüchse* aus Lomnice.

Die Lust, Lokomotiven als lebende Wesen zu betrachten und sie mit Kosenamen zu versehen, ist bis heute ungebrochen. Zum ICE sagt man zum Beispiel *Mehlwurm* oder *Weißer Hai*. Doch am besten finde ich *Fliegende Weißwurst*, vor allem, wenn ich auf der Schnellstrecke von Berlin nach München fahre. Da bekomme ich gleich Lust, ein paar Weißwürste zu essen. Und das tue ich dann am Münchner Hauptbahnhof. Natürlich verzehre ich sie mit süßem bayrischen Senf.

Das hätte sicher auch William Wilson, dem englischen Ururururgroßvater aller deutschen Triebfahrzeugführer, gefallen. Immerhin blieb er bis zum Ende seines Lebens 1862 nahezu dreißig Jahre in Nürnberg, wo er auch begraben liegt. Nach ihm wurde sogar eine Straße in der Stadt benannt. Eigentlich ist es eher ein banaler Seitenweg, doch er verbindet die Rangierbahnhofsiedlung mit dem Rangierbahnhof.

Senfbecher ist übrigens der Kosename für eine alte Rangierlok aus der DDR. Doch da gefällt mir *Goldbroiler* besser. Gute Reise. Und guten Appetit.

86
0
H
HLB

Vierzig Stunden Eisenbahn. Ein Experiment

Ich habe schon einige verrücke Eisenbahnfahrten gemacht. Doch die verrückteste war diese Reise quer durch Deutschland. Vierzig Stunden Eisenbahn, 2600 Kilometer, vierzehn Züge, hundert Geschichten. Ein Experiment. Hier ist unser Tagebuch.

00:34 Leipzig Hbf

Die Eisenbahnkathedrale von Leipzig ist wie leer gefegt und überflutet von einem weichen gelben Licht, das alles ganz sanft in die Arme nimmt. Bahnsteige und Gleise, Züge und Lokomotiven, Sitzbänke und Aschenbecher, die wenigen Reisenden.

Kurz vor der Abfahrt eilen zwei untersetzte, verschwitzte Männer auf uns zu. Sie kommen aus Rumänien, haben 180 Euro für die Fahrkarten ausgegeben und wollen nach Stuttgart. Doch dieser Zug fährt nicht nach Stuttgart, er fährt nach Wien. Sie sind verwirrt und verloren. Schnell die Verbindung in der App überprüfen. Natürlich, in Nürnberg gibt es einen Anschluss. Die Männer beruhigen sich und rauchen schnell noch eine Zigarette. So schnell, dass es vor der Abfahrt noch für eine zweite reicht. Wir fragen, warum sie nach Stuttgart fahren. Doch sie verstehen uns nicht und sagen nur: »Stuttgart.« Wir steigen ein. Die Tür schließt sich. Der IC95 *Wienerwald* fährt pünktlich ab. Vor uns liegen fünfunddreißig Stunden Eisenbahn. Eigentlich sind es insgesamt fast vierzig Stunden. Jeder von uns hat die Reise schon früher begonnen, jeder an seinem Ort. Und jeder von uns ist gestern nach der Ankunft mit der Straßenbahn durch Leipzig gegondelt, was auch als Bahnfahren zählt. Mit einer der alten, aber unsterblichen tschechoslowakischen Tatrabahnen, die hier noch immer ihre Kreise ziehen, so wie sie es auch in vielen anderen

Willkommen in Bad Salzschlirf:
Formsignale, Fahrdienstleiter, Dieseltriebwagen.
Die gute alte Eisenbahn in Deutschland.

Städten zwischen Leipzig und Wladiwostok tun, wohin man sie vor der Wende verkauft hat. Seit Langem wollten wir diese Eisenbahnreise machen. Der Treffpunkt hieß von Anfang an Leipzig Hauptbahnhof. Der gute Soldat Švejk aus dem Roman von Jaroslav Hašek möchte sich um sechs nach dem Krieg im *Wirtshaus Zum Kelch* mit seinen Kumpanen auf ein Bier treffen. Wir haben uns gesagt, dass wir uns an einem Samstag nach der Pandemie in Leipzig treffen und Eisenbahn fahren. Richtig viel Eisenbahn. So viel Eisenbahn, wie es nur geht.

Wir drei sind: Micha und Michi aus Dresden und ich aus Berlin. Wie ich lieben die beiden die Eisenbahn, Züge und Fahrpläne. So hat jeder von uns dreitausend Bonuspunkte bei der Deutschen Bahn gegen eine Netzkarte für die erste Klasse getauscht. Und jetzt sitzen wir oben im Doppelstockwagen Richtung Abenteuer.

Der Fahrschein gilt den ganzen Samstag von null Uhr bis Sonntag zehn Uhr in allen Zügen und auf allen Strecken in Deutschland. In den Regionalbahnen, im Intercity, in Schnellzügen, im ICE, in den Straßenbahnen, U-Bahnen und S-Bahnen. Eine einmalige Gelegenheit also, so viele Züge wie möglich auszuprobieren. Und so viele Verbindungen, wie einem nur einfallen. Doch das ist nicht leicht. Denn es gibt immer so viele Möglichkeiten, wohin man reisen kann.

Die Schaffnerin schaut sich die Fahrkarten an. Sie lacht und fragt, wohin die Reise geht. Wir möchten Berge sehen und im Meer baden. Wir möchten die drei schönsten Flüsse Mitteleuropas auf einer Eisenbahnbrücke überqueren. Die Donau, den Rhein, die Elbe. Wir möchten in München Weißwurst und Weißbier frühstücken. Und ein Fischbrötchen an der Ostsee.

»Ach so«, sagt die Schaffnerin und wünscht uns eine gute Fahrt. Und gute Nacht.

01:12 Halle (Saale) Hbf

Ein Geist geht durch den Zug. Er geht nicht, er schwebt über den Boden. Man hört ihn nicht. Man sieht ihn nur. Barfuß, in verschlissener Hose und zerfetztem Hemd. Der Geist ist dünn und noch sehr jung, doch sein aschgraues Gesicht hat schon in viele Abgründe geschaut. Der Geist steigt aus. Wir fahren weiter. Der Geist steht auf dem Bahnsteig und schaut dem Zug nach.

01:43 Naumburg (Saale) Hbf

Die Toilette im nächsten Wagen funktioniert nicht. Man muss etwas weiter gehen. Der Zug ist sehr voll, damit haben wir nicht gerechnet, doch die nette Schaffnerin sagt, eigentlich sei er heute gar nicht voll. Manchmal sitzen und schlafen die Fahrgäste überall, auch auf den Treppen. Die Fahrscheine seien sehr günstig, meint die

Schaffnerin. Sie kennt Menschen, die mit diesem Zug fast jede Nacht von Berlin bis nach Wien pendeln. Sie kennt Menschen, die in Zügen leben, weil es günstiger ist, als Miete zu bezahlen.

02:15 Jena Paradies

Der Bahnhof mit dem besten Namen in Deutschland. Die deutschen Romantiker freuen sich. Ein Pärchen kuschelt unter der Decke. Wenn jemand sein Kind im Zug zeugen will, sollte er lieber aufpassen. Das Kind wird später sicher zur Eisenbahn gehen wollen. Die Tür geht kurz auf. Die Nacht riecht nach blühenden Bäumen und Blumen. Und der Saale.

Es gibt auch andere Bahnhöfe und Haltepunkte mit bemerkenswerten Namen. Wir drei mögen zum Beispiel alle Güterglück. Oder Herzberg. Und Klitzschen, Rosenwinkel, Blumenthal, Vogelgesang, Taubenheim und Annaburg. Elend und Sorge. Schwarzkollm und Altefähr. Irrenlohe und Sterbfritz. Himmelreich und Höllsteig. Lieblos und Pflaumloch. Oder eben Amerika in Sachsen. Doch nach Amerika fahren heute leider keine Züge mehr. Nach Güterglück schon.

02:21 Jena-Göschwitz

Die Nachtzüge fahren langsam. Sie lassen sich Zeit, denn sie meinen es gut mit den Reisenden. Sie wollen nicht, dass die Fahrgäste zu früh aus dem Bett müssen. Doch der IC *Wienerwald* führt keine Schlafabteile, nur Sessel und ein paar Sitzbänke. Und so schlafen die Reisenden, wie und wo es nur geht. Mit dem Kopf auf der Tischplatte. Über zwei Sitze ausgestreckt. Zwischen den Sitzen. Viele junge Menschen sind unterwegs, aber auch Großfamilien, mit noch ganz kleinen Kindern. Auch einzelne jüngere und ältere Männer und Frauen, die wahrscheinlich von Deutschland nicht nach Wien, sondern noch weiter in den Osten fahren, wo ihre Familien leben. Wir trinken Bier und wollen schlafen, so wie die anderen schlafen, doch leicht ist es nicht. Der Intercity *Wienerwald* ist nun mal kein richtiger Nachtzug, er ist nur ein Intercity, der durch die Nacht fährt.

02:49 Saalfeld (Saale)

Irgendwo über uns muss es diese legendäre Brücke geben, von der man die besten Bilder von Saalfeld machen kann. Vom Bahnhof. Vom Bahnbetriebswerk. Von Zugausfahrten. Jeder Eisenbahnmensch kennt diese Aufnahmen. Nächstes Mal steigen wir aus und verbringen den ganzen Tag auf dieser Brücke über den Schienen und Weichen.

Auch lange nach Mitternacht herrscht im Zug der strenge Tag. Im Gegensatz zur samtenen Leipziger Kathedrale ist das Licht hier so weiß und so grell, dass man sich fast wie bei einem Polizeiverhör fühlt und alles auspacken möchte. Die Dunkelheit und die Sterne bleiben draußen, und auch von den nächtlichen Landschaften sieht man nicht viel. Schade eigentlich. Denn der *Wienerwald* fährt durch den Frankenwald. Der Zug nimmt die alte Strecke, er rast nicht auf der neuen Schnelltrasse, wo die Reise durch die endlosen Tunnel nicht viel anders ist als eine Fahrt mit der Berliner U-Bahn. Als wir aus dem Fenster schauen, sind wir jetzt allerdings auch geblendet vom Licht. Aber wir stellen uns die Landschaft draußen vor, den Wald und die Nacht. Und auch die Saale.

03:48 Lichtenfels
Irgendwann schlafen wir doch ein. Und wachen gleich wieder auf. Und schlafen wieder ein. Und wachen wieder auf. Wie so oft auf dieser Reise.

04:22 Bamberg
Raucherpause. Hier riecht die Nacht nach Hopfen und Malz. Wir stehen auf dem Bahnsteig und haben Lust auf ein Bier, so wie immer, wenn wir durch Bamberg kommen. Doch das Gasthaus *Zum Sternla* hat noch zu und das *Schlenkerla* auch, und ein Bahnhofsrestaurant gibt es hier auch schon lange nicht mehr. Ich bin gerne in Franken. Einmal habe ich hier eine Eisenbahnbiertour durch die Fränkische Schweiz gemacht. Ein Bahnhof, eine Brauerei, ein Bier. Dann weiter mit dem nächsten Zug zum nächsten Bahnhof und zum nächsten Bier.

Auf dem Gleis gegenüber steht ein Zug nach Würzburg, Abfahrt kurz vor fünf. Im Abteil der ersten Klasse sitzt ein Koloss mit einer Bierflasche in der Hand, nimmt immer wieder einen Schluck und redet mit seinem Gegenüber. Sein mächtiger Bauch bewegt sich dabei mindestens so sehr wie sein Mund.

Der Koloss spricht und poltert und gestikuliert wild herum: »Was? Ich, ich, ich war da nicht.«

Dann lacht der Koloss und nickt: »Jaja, du hast recht, genau, genau, so war es, sie hat mich geliebt!«

Und plötzlich schluchzt der Koloss und ist nicht zu beruhigen. »Lass mich, lass mich, lass mich«, weint er.

Doch wie aus dem Nichts fängt der Koloss wieder an zu poltern und zu lachen, und sein Bauch geht die ganze Zeit hoch und runter, so wie die Wellen im Fränkischen Meer.

Erst dann, aus einem anderen Blickwinkel, merken wir, dass es kein Gegenüber gibt. Der Koloss von Bamberg redet nur mit sich selbst. Jetzt sehen wir auch, dass er kein Bier in der Hand hält, sondern eine Flasche mit der lokalen Cola, die aber aussieht wie eine Bierflasche.

04:44 Erlangen

Im Halbschlaf fahren wir durch den ältesten Tunnel in ganz Bayern. Oder durch den neuen Tunnel, den man gleich daneben vor ein paar Jahren gebaut hat. Richtig gesehen haben wir es nicht.

04:55 Fürth (Bay) Hbf

Wir sind schon wieder wach und stoßen mit unserem Bier auf die erste deutsche Eisenbahn an, die Nürnberg und Fürth verbunden hat. Wir stoßen auch auf das Flügelrad an, das zum ersten Mal auf einer Medaille zu sehen war, die anlässlich der Jungfernfahrt herausgebracht wurde. Die Medaille zeigt die allegorische Frauengestalt namens Industrie, wie sie sich mit ihrer göttlichen Hand an dem Flügelrad anlehnt. Wir stoßen auf alle Flügelräder an, die bis heute noch die Bahngebäude schmücken, nicht nur in Deutschland, sondern auf der ganzen Welt. Wir stoßen auf William Wilson an, der hier mit seiner *Adler* unterwegs war, dieses Traumpaar aus England. Wir stoßen auch auf den ersten Güterzug in Deutschland an, der kurz nach der ersten Eisenbahnfahrt zwei Bierfässer von Nürnberg nach Fürth brachte. Wie hat das Bier wohl damals geschmeckt? Und existiert die Brauerei Lederer immer noch? Kann man noch was von der alten Strecke finden? Lauter Fragen. Morgendämmerung. Vogelgezwitscher. Müdigkeit.

06:00 Nürnberg Hbf

Wir stehen fast eine Stunde. Viel zu kurz, um ins DB Museum zu gehen. Wahrscheinlich hat es auch noch zu.

Wir sind wach und schauen uns unsere Vorräte an. Wir haben Bier, und wir haben Stullen. Wir haben eine große Eisenbahnkarte von Deutschland, auf der wir unsere Reise eintragen werden. Und natürlich haben wir auch viel Eisenbahnlektüre. Ein altes Kursbuch der Deutschen Reichsbahn aus der DDR und ein altes Kursbuch der früheren Bundesbahn. Die letzte Ausgabe vom *LOK Report*, den wir alle abonniert haben, weil es in diesem Magazin immer etwas Interessantes über die Eisenbahnstrecken in Mitteleuropa zu lesen gibt. Und auch den Roman *Netzkarte* von Sten Nadolny hat jeder in der Tasche. Unsere Ausgaben sind schon richtig zerlesen, denn wir lieben diese Ode an das Eisenbahnfahren und die gute alte Bundesbahn.

Der Debütroman von Nadolny ist 2021 vierzig geworden, und doch liest das Buch sich auch heute noch so leicht, als wäre es erst vorgestern erschienen. Nadolnys Protagonist Ole Reuter ist ein sympathischer Versager. Ein gescheiterter Lehrer, der die Liebe und sich selbst sucht, sich eine Netzkarte kauft und sich ohne Plan mit der Bahn durch das Land treiben lässt. Eine große Inspiration für unsere Bahnreise. Für alle Bahnreisen.

07:14 Regensburg Hbf

Kurz vor Regensburg überqueren wir die schwarzblaue Donau und sehen die blauschwarzen Gipfel des Böhmerwalds. Und dann steigen wir aus.

Auch hier hält der *Wienerwald* für ein paar Minuten. Wir bleiben erst mal auf dem Bahnsteig, setzen uns auf eine Bank und beobachten die Tauben. Sie suchen nach Körnern und Krümeln. Auch drei verlorene Pommes finden sie spannend, aber dann lassen sie sie doch liegen. Auch die Bahnhofstauben von Regensburg wissen, dass Pommes ungesund sind.

Neben uns trinken zwei Männer Dosenbier, rauchen und sprechen Ukrainisch, oder besser, sie lallen mehr, als dass sie sprechen. Die Hände rau und schwarz und wie vernarbt. Neben ihnen das ganze Bauarbeiterleben in zwei Rollkoffer gepackt. Plötzlich steht der eine auf und sagt: »Unser Zug!«

Er geht zum Zug, mit dem wir angekommen sind. Der andere steht auch auf, hält ihn zurück und sagt: »Nein. Das ist nicht unser Zug.«

»Doch, doch, unser Zug.«

»Na, dann fahr, wenn du willst. Ich bleibe hier.«

»Wir müssen fahren.«

»Ich bleibe hier.«

»Aber …«

»Was aber … Was aber …«

»Aber …«

»Dann fahr, du aber!«

»Aber …«

Sie streiten sich und vergessen darüber den Rollkoffer. Der rollt und rollt und rollt über den Bahnsteig in Richtung Zug, doch dann bleibt er an der Bahnsteigkante stehen. Die beiden bemerken es weiterhin nicht, setzen sich wieder auf die Bank. Und begrüßen den Morgen mit dem nächsten Bier. Sie streiten sich nicht mehr. Sie

trinken und schauen stumm und müde über die Gleise. Der Himmel ist blau. Die Sonne steht schon hoch. Es wird ein schöner Sommertag in Regensburg.
Wir holen uns Kaffee und Brötchen und frühstücken vor dem Bahnhof. An dem schlichten Gebäude hängt eine kleine Tafel: »Erbaut 1886–1891. Zerstört 1944–1945. Aufgebaut 1946–1955.« Die kurz gefasste Geschichte vieler Bahnhöfe in Deutschland. Und in Europa.

08:16 Neufahrn (Niederbay)
Wir sind pünktlich. Wir reden über die Zeit und über Gott. Und wir müssen wieder daran denken, was uns neulich ein Fahrdienstleiter erzählte: wie man Punkt acht überall in Deutschland die Bahnhofsuhren mit der sogenannten Mutteruhr vergleichen muss. Und wie das auch heute noch jeder Fahrdienstleiter in das Tagebuch seiner Station handschriftlich notiert. Wo die Mutteruhr zu finden ist, das wusste er leider nicht. Doch eins wird klar. Es gibt keinen Eisenbahngott. Es ist eine Eisenbahngöttin. Und sie heißt Bahnzeit. Die Mutteruhr. Seit diesem Gespräch suchen wir unsere Göttin.

08:52 Freising
»Ich fahre nicht deshalb mit dem Zug, weil ich dadurch alles so schnell erreichen kann, sondern weil alles dadurch so schnell vorüber ist«, schreibt Nadolny in der *Netzkarte*. So machen wir es auch. Dieser Regionalexpress ist der einzige Zug auf unserer Route, in dem man auch

Vierzig Stunden Eisenbahn. Auch so kann man Deutschland kennenlernen. Szenen aus Leipzig, Bamberg und Regensburg.

heute noch die Fenster aufmachen kann. Was für ein tolles Gefühl. Der Fahrtwind tut uns gut. Er lässt den neuen Tag ins Abteil hineinströmen und die Brille beinahe wegfliegen.
Aus dem Fenster sehen wir grüne Wiesen und Felder und auch die Brauerei Weihenstephan bei dem gleichnamigen Kloster auf dem gleichnamigen Berg im gleichnamigen Teil der Stadt. Hier kann man die bayerische Braukunst studieren. Braumeister ist auch ein toller Beruf, aber vorher wollen wir drei doch noch Lokführer oder Fahrdienstleiter werden. Wir sind nicht mehr müde. Wir haben Lust auf ein Bier, so wie immer, wenn wir in Freising sind.

09:19 München Hbf

Unser zweites Frühstück wird serviert. Weißwurst, Weißbier, Brezel. Die schlichte, flache Bahnhofshalle erinnert eher an eine Markthalle als an eine Kathedrale. Ganz besonders ist aber das imposante Stellwerk, das wie eine Festung ausschaut.
Auch in München sehen wir wieder, dass jeder große Bahnhof einen nächsten großen Sehnsuchtsraum öffnet, eine neue Welt. Am Bahnsteig steht der Eurocity nach Bologna und Rimini, gleich gegenüber der Railjet nach Wien und Budapest. Man kommt auch nach Prag. Eine wunderbare, langsame Fahrt über den Böhmerwald und Pilsen, die heute fast immer noch so lange dauert wie vor mehr als hundert Jahren, als Franz Kafka zu seiner Lesung von Prag nach München reiste, der einen von überhaupt nur zwei öffentlichen Lesungen, die er gab. Die Reise zieht sich ein wenig. Der Zug muss oft die Richtung wechseln. Und die Lokomotive.
Deutlich schneller geht es heute auf der elektrifizierten Strecke nach Zürich, obwohl die internationalen Züge nicht mehr den Bahnhof Lindau-Insel anfahren, der wegen der Lage und der Anfahrt auf dem langen Bahndamm ein wenig an die Einfahrt in den Bahnhof Venezia Santa Lucia erinnert. Aber ein Regionalexpress fährt nach Lindau-Insel.
Wir stehen vor der Anzeigetafel. So viele Abfahrten. So viele Züge. So viele Möglichkeiten. Doch wir fahren nicht nach Budapest oder Rimini. Wir fahren nach Stuttgart.

10:17 Augsburg Hbf

Hier habe ich mal im ehemaligen Bahnbetriebswerk gelesen, und diese Lesung werde ich nie vergessen. Ich habe gelesen zwischen den abgestellten Dampflokomotiven und ausrangierten Wagen. Es hat auch nach den vielen stillen Jahren immer noch nach Ruß, Kohle und Schmieröl geduftet, nach diesem wunderbaren Eisenbahnparfüm, das man in keiner Parfümerie der Welt kaufen kann. Ich habe gelesen, und draußen wurde rangiert.

Nach der Lesung sprach ich kurz mit einem Mann, der alle Lokomotiven den Geräuschen nach kennt. Er sagte, bei den Dampfloks sei es ganz einfach, bei den Dieselloks sei es auch nicht schwer, nur bei den E-Loks habe er manchmal Probleme, vor allem bei den neueren. Die Motoren der E-Loks spielten fast alle die gleiche Musik, da müsse er sich schon sehr anstrengen. Doch er schafft es immer, herauszufinden, um welche Lok es geht. Der Mann war blind. Und trotzdem sah er alles. Und wusste viel. Zum Beispiel, dass das Flügelrad als Symbol auf den Uniformen der Eisenbahn zum ersten Mal hier, bei der München-Augsburger Eisenbahn-Gesellschaft, getragen wurde. 1840 war das. Dreizehn Jahre später wurde das Flügelrad zum Symbol der Eisenbahnen in Preußen. Und bald in Österreich. Und dann auf der ganzen Welt.

11:03 Ulm Hbf

Wir sitzen im Bordbistro und sind ein wenig traurig darüber, dass sich die Deutsche Bahn schon längst vom Flügelrad verabschiedet hat. Schon aus der Ferne sehen wir eine Kathedrale. Diesmal keine Kathedrale des Verkehrs. Was wir sehen, ist aber auch mehr als ein altes Gotteshaus. Das Ulmer Münster ist die größte evangelische Kirche Deutschlands und reckt den höchsten Kirchturm der Welt dem Himmel entgegen. Dagegen kann der Hauptbahnhof im Vergleich nur bescheiden wirken.

11:59 Stuttgart Hbf

Wir fuhren durch die Wälder und Täler der Schwäbischen Alb. Wir waren in Kuchen und wir waren in Süßen. Leider ist unser Intercity ohne Halt durchgerollt. Jetzt also Stuttgart, eine der deutschen Städte, die an der nicht heilbaren Krankheit Bauwut leiden. Und so wird hier gerade der alte monumentale Hauptbahnhof zu Grabe getragen. Die neue Station entsteht aber auch in einer Grube. Irgendwo tief unter uns. Wir stehen auf dem Bahnsteig, und die Erde zu unseren Füßen zittert und ächzt.

13:25 Karlsruhe Hbf

Was für ein sympathischer, schlichter Bahnhof. Was für eine schöne Bahnhofshalle. Wie eine Kirche mit mehreren Schiffen, wo jeder willkommen ist. So angenehm kühl, so ruhig. Erst wenn man hier endlich aussteigt, sieht man, wie groß der Bahnhof eigentlich ist. Kurzer Blick ins Kursbuch. Die nächste europäische Möglichkeit eröffnet sich. Oder gleich mehrere. Von Karlsruhe kommt man nach Interlaken, Zürich oder Chur. Aber auch nach Lyon, Paris, Marseille.

15:20 Mainz Hbf

Wir überqueren den Rhein, der heute aschgrau ist, so wie das Gesicht des Geistes aus Halle. Wir sitzen im EC 8, im sogenannten Panoramawagen der SBB, mit hohen, bis zum Dach verglasten Fenstern. Einfach perfekt für diesen Abschnitt, eine der bekanntesten und ohne Zweifel auch beeindruckendsten Flussstrecken Europas. Ganz großes romantisches Eisenbahnkino.

Wir lesen wieder in der *Netzkarte* von Nadolny. Wir lachen. Wir weinen. Wir sehen uns die Burgruinen an und die kleinen Dörfer. Alle Häuser hier haben Bahnblick. Und den Blick auf den Rhein. Ganz laut muss es hier sein, wenn man an der Bahnstrecke wohnt. Wir sehen die schwarzen Felsen und steilen Weinberge und vergleichen diesen Abschnitt der Strecke mit der Reise durch das Elbtal von Dresden nach Prag, der uns vielleicht sogar noch dramatischer vorkommt. Wir haben die Plätze zur Flussseite reserviert. Das sollte man tun, denn diese Zugfahrt ist bei Besuchern aus der ganzen Welt äußerst beliebt.

Einer von uns hat hier zwei japanische Touristen erlebt, die von ihrer Europareise so derangiert waren, dass sie im Speisewagen den doppelt doppelten Espresso bestellten und trotzdem kurz nach Mainz einschliefen und die Loreley verpassten. Sie waren so traurig darüber, dass sie in Köln ausstiegen und zurück nach Mainz fuhren. Denn ohne ein Foto von der Loreley darf man nicht nach Japan heimkehren.

Heute sitzen keine Japaner im Panoramawagen. Auch keine anderen Touristen. Der Zug ist leer, und im Speisewagen kann man keinen doppelt doppelten Espresso bestellen. Der schweizerische Speisewagen ist leider geschlossen.

Heinrich Heines Gedicht von der Loreley lernt jeder in der Schule. Nicht nur in Deutschland, sondern auch in Tschechien. Heine war ein großer Lyriker und Schriftsteller, doch kein Eisenbahnmensch. Die neue Erfindung sah er eher skeptisch, oder vielleicht mit einem ironischen Abstand. Heine, der in seinem Leben viel gereist ist, war dabei, als die ersten Züge von Paris nach Rouen und Orléans fuhren, und er empfand dabei ein »unheimliches Grauen«. »Durch die Eisenbahnen wird der Raum getödtet, und es bleibt uns nur die Zeit übrig. Hätten wir nur Geld genug, um auch letztere anständig zu tödten! In viereinhalb Stunden reist man jetzt nach Orléans, in ebensoviel Stunden nach Rouen. Was wird das erst geben, wenn die Linien nach Belgien und Deutschland ausgeführt und mit den dortigen Bahnen verbunden seyn werden! Mir ist, als kämen die Berge und Wälder aller Länder auf Paris angerückt. Ich rieche schon den Duft der deutschen Linden; vor meiner Türe brandet die Nordsee«, schreibt Heine. Doch ist dem tatsächlich so? Wird durch die Eisenbahn der Raum getötet?

Wir sprechen darüber und glauben, dass sich dank der Eisenbahn die Räume eher öffnen und erschließen. Dass es die Eisenbahn war, die es den Menschen ermöglichte, auch weit entfernte Räume aufzusuchen. Und zwar allen Menschen. Den Reichen wie den Armen, obwohl die einen in nobleren und gepolsterten und die anderen eher in einfacheren Wagen und Abteilen unterwegs waren. Auch heute haben wir im Zug eine erste und eine zweite Klasse, manchmal gibt es noch eine Businessklasse, wie im österreichischen Railjet oder bei den Expresszügen in Italien. Und doch war und ist die Eisenbahn eine wahre demokratische Institution, die allen das Reisen möglich macht. Es war die Eisenbahn, die es den Menschen gestattete, ihre bisherigen Räume und Orte viel einfacher zu verlassen und sich an neuen Räumen und Orten niederzulassen.

Wir sprechen also über Heine und Reisen und Freiheit und sehen aus dem Zug neben dem deutschen Rhein auch die deutschen Linden, die Buchen und Eichen. Und die Nordsee wird später noch dazukommen, zumindest ein wenig, in Hamburg.

Dass man heute von Frankreich nach Belgien reisen kann und von Belgien nach Deutschland, ist einfach wunderbar. So eine Rundreise kann man sogar an einem einzigen Tag schaffen. Was aber tatsächlich bleibt, ist die Zeit, die über alles und alle herrscht. Die Göttin Bahnzeit.

Das bayerische Frühstück und Sten Nadolny, unser literarischer Reisebegleiter. Nicht nur in Bayern, sondern auch in Karlsruhe, an der Lahn und überall. Sein Roman *Netzkarte* ist Kult.

16:11 Koblenz Hbf
Wieder so viele Möglichkeiten. Wieder öffnet sich ein neuer Raum. Wir waren noch nicht in Trier. Wir sind noch nicht mit der Regionalbahn auf der anderen Rheinseite gefahren. Vor dem Bahnhof sitzen die Gestrandeten dieses Tags, dieses Jahrs, dieses Jahrhunderts. Es ist warm, wie es der Morgen in Regensburg versprach, schon Sommer Ende Mai, und doch haben die zwei Männer und die eine Frau Winterjacken an, als wäre noch der tiefste Winter. Sie frieren in Koblenz und teilen sich eine Pizza und viele Geschichten und Bier. Und füttern die Tauben.

17:33 Bad Ems
Nach Koblenz rattern wir noch einmal über den Rhein. Die alte Rheinstrecke ist schön, doch die Reise mit der Lahntalbahn vielleicht noch mehr. Die Bahntrasse führt durch viele kurze Tunnel und berührt immer wieder den Fluss, in dem sich der Triebwagen widerspiegelt, so wie die Bäume und Felsen und Weinberge.
Irgendwann kommt Bad Ems mit der kleinsten Bahnhofshalle in Deutschland. Doch eine Halle aus Glas und Stahl macht aus einem kleinen Bahnhof einen Hauptbahnhof. Wir lieben auch Bahnhofshallen. Wo steht die schönste? Da sind wir uns nicht einig. In Kiel? In Hamburg Hbf? In Dresden Hbf? In Dresden-Neustadt? In Gera? In Leipzig Hbf? In Prag? In Amsterdam Centraal? In Antwerpen-Centraal? In Wrocław Główny? In Budapest? Aber dann wo in Budapest? In Keleti oder Nyugati? Oder eher in Lwiw in der Ukraine? In Milano Centrale? In Barcelona-França? Im Gare de Lyon in Paris? Oder ist es dort doch d'Orsay, obwohl das jetzt gar kein Bahnhof mehr ist, sondern ein Museum?

17:43 Nassau (Lahn)
Ist das noch die richtige Eisenbahn oder schon eine Illusion? Fahren wir jetzt auf einer Modelleisenbahnanlage? Kaum zu glauben, dass man diese malerische und romantische Strecke als einen Teil der sogenannten Kanonenbahn baute, die nach dem Krieg 1870/71 Berlin mit den ins Reich einverleibten Metz und Elsaß-Lothringen verbinden sollte. Wenn man hier mit dem kleinen, wendigen Triebwagen fährt, den ruhigen Fluss, die Menschen am Ufer und die Weinberge betrachtet, denkt man nicht an einen Krieg, Soldatenzüge und Kanonen. Hier findet jeder Frieden.

18:23 Limburg (Lahn)
»Meine Art des Reisens ist ideal: Ich komme immer rechtzeitig zum Zug, ganz gleich, wann ich eintreffe«, schreibt Nadolny in der *Netzkarte*. Das kennen wir jetzt

auch gut. Es kommt immer ein Zug, der uns weiterbringt. Alle Richtungen sind offen. Wir treffen nicht die Entscheidung, es ist die Bahn, die für uns entscheidet. Die Zeit. Die Mutteruhr. Wir waren in Laurenburg und Balduinstein. In Fachingen und in Diez. Und jetzt fahren wir nicht nach Frankfurt, wie wir zuerst gedacht haben, sondern nach Fulda.
Wir möchten zum Sonnenuntergang noch die gute alte Eisenbahn genießen. Die alten Formsignale, die Drahtzüge, die Stellwerke, die Fahrdienstleiter und die Schranken, die man noch per Hand hochkurbeln muss. Viele Eisenbahnmenschen fahren deswegen nach Slowenien oder Ungarn. Doch man kann sich auch in der RB45 von Limburg nach Fulda drei Stunden lang treiben lassen.

19:47 Gießen
Kurz raus. Dieser Bahnhof ist keine Eisenbahnkathedrale und auch keine Eisenbahnkirche. Dieser Bahnhof ist eine neoromantische Burg. Eine Festung aus Sandstein. Das Bühnenbild für eine Oper von Richard Wagner. Warum nicht für Siegfried, unseren Lokführerfreund Pavel?

19:56 Großen-Buseck
»Ich liebe diese Strecke«, sagt der Schaffner. Er sagt es verträumt und schaut dabei verträumt aus dem Fenster.

20:09 Saasen
»Ich liebe die Eisenbahn«, sagt der Schaffner.

20:12 Göbelnrod
»Ich liebe meinen Beruf«, sagt der Schaffner.

20:15 Grünberg (Oberhess)
»Wenn du Probleme im Privatleben hast, geh zur Eisenbahn«, sagt der Schaffner.

20:18 Lehnheim
»Kein Privatleben, keine Probleme«, sagt der Schaffner.

20:22 Mücke (Hess)
»Auf dieser Strecke kenne ich jeden Baum«, sagt der Schaffner. Die gelb-rot glühende Sonne geht langsam unter und nimmt uns mit in die Nacht.

20:25 Nieder-Ohmen
»Du liebst Züge? Komm zu uns. Wir nehmen alle«, sagt der Schaffner.

20:43 Zell-Romrod
»Ich sag's dir, in acht Monaten wirst du Lokführer, auch wenn du blind bist«, sagt der Schaffner.

21:13 Angersbach
»Corona ist einfach scheiße«, sagt der Schaffner.
»Mehrere Tage, nein, mehrere Wochen war ich ganz allein im Zug, und das stundenlang. Wenn da vorne noch ein Lokführer sitzt, der sich absperrt, dann fühlst du dich schon ein wenig einsam und allein.«

21:21 Bad Salzschlirf
»Raucherpause«, sagt der Schaffner.
Das Ausfahrsignal steht auf Rot, wir warten auf den Gegenzug und bewundern die rot-weißen Flügel der schlanken Formsignale und auch den Weihnachtsbaum. Dann merken wir, dass der ganze Bahnhof weihnachtlich dekoriert ist. Wer schon jetzt Weihnachten vermisst, der kann gleich nach Bad Salzschlirf aufbrechen. Hier feiert man Weihnachten das ganze Jahr.

22:12 Fulda
Die Zeit der Nachtgestalten im Bordbistro. Und der Selbstgespräche.
Außer uns drei sind mit dabei: ein Musikkomponist, ein Bahnexperte, ein Betender, ein Schnapstrinker. Und noch ein anderer Trinker, der Romantiker, der ganz hinten im Speisewagen sitzt, ein Bier nach dem anderen wegkippt und etwas erzählt, was nur er verstehen kann. Wir entschlüsseln nur einzelne Wörter. Es geht um das Reisen und um die Welt. Um mehrere Berufe. Um Träume und Sehnsüchte. Um ein Haus. Und um mehrere Frauen und Städte. Und dann sagt der Mann: »Judith.«
Wir horchen auf. Judith? Hat der Mann Judith gesagt? Judith ist doch … Ja, Judith ist die Frau, die Ole Reuter in der *Netzkarte* von Nadolny kennenlernt und liebt und trifft und verlässt und immer noch liebt, und das Ganze macht ihn ganz melancholisch. Vielleicht ist der Mann ja wirklich Ole Reuter. Vielleicht sind wir alle Ole Reuter. Jeder von uns war mal in eine Judith verliebt. Obwohl sie vielleicht Hana oder Jana oder Dana hieß.

Der Romantiker sagt nichts mehr. Er ist müde. Und betrunken. Und dann sagt er doch noch etwas: »Wenn alle gesund sind, was passiert dann? Was geschieht mit uns, wenn wir alle gesund sind? Das macht uns doch nur alle wieder krank.«

Niemand hat eine passende Antwort. Wir drei nicht, und der Komponist nicht, der in seiner Partitur liest wie wir im Kursbuch und gerade dabei ist, sein Musikstück umzuschreiben, und die neu erfundene Melodie leise vor sich hin summt. Auch der Bahnexperte weiß nicht weiter, der Bier und Currywurst bestellt, alles über unseren Zugablauf zu wissen scheint, die Zwischenhalte Uelzen und Lüneburg am liebsten weglassen würde und uns eine Verspätung von zwei Minuten in Hamburg auf Gleis 14 prophezeit. Auch der Schnapstrinker weiß die Antwort nicht. Er will nur seinen Schnaps haben, doch im Bordrestaurant gibt es keinen Schnaps, nur Bier oder Wein. Er ist traurig und kauft gleich drei Flaschen Bier, denn er muss sich beeilen. Das Bordbistro schließt bald.

Plötzlich bremst unser ICE auf freier Strecke. Was ist los? Ein Unfall? Das war sehr scharf. »Es ist ein ICE und kein Trabi«, sagt der Romantiker, den wir für Ole Reuter halten. Dann fahren wir weiter.

Auch der Betende weiß nicht, was mit uns passiert, wenn wir alle gesund sind. Er kniet eine gute Stunde in der Ecke auf einem Handtuch, die Hände zum Himmel ausgestreckt. Und plötzlich knallt er dreimal hintereinander mit

Zwei Tage und zwei Nächte im Zug.
Der Speisewagen verwandelt sich irgendwann in der Nacht in den Schlafwagen.

dem Kopf gegen den Boden. Und hebt die Hände wieder zum Himmel hoch. Und wir fragen uns, ob er gesund oder krank ist. Vielleicht beides. So wie wir alle.

23:32 Göttingen
Und plötzlich ist es ganz still. In Göttingen sind alle ausgestiegen. Der Musikkomponist. Der Bahnexperte. Der Betende. Der Schnapstrinker. Ole Reuter. Und auch die Kellner und die Kellnerin aus dem Bordbistro. Jeder geht jetzt in sein Bett. Oder auch nicht.
Immerhin gehen wir aber auch schlafen. Der leere Speisewagen wird zu unserem Schlafwagen. Das Licht im ICE 1172 ist viel weicher und angenehmer als die Verhörstrahler im Wienerwald. Oder wir sind einfach müder. Der Schaffner lächelt und wünscht uns eine gute und erholsame Nacht, die nur ein paar Stunden dauern wird. Der ICE gleitet leise durch die Nacht, und jeder von uns träumt von seiner Judith. Hana. Jana. Dana. Seiner Göttin auf dem Flügelrad.

01:06 Hannover Hbf
Im Traum verschlafen.

01:28 Celle
Im Traum verschlafen.

01:52 Uelzen
Im Traum verschlafen.

02:09 Lüneburg
Im Traum verschlafen.

02:55 Hamburg Hbf
Die Brücke über die Elbe haben wir auch im Traum verschlafen. So wie vorher den Rangierbahnhof Maschen, den größten Verschiebebahnhof Europas und nach dem Bailey Yard in Nebraska den zweitgrößten Rangierbahnhof der Welt, wo Güterzüge geboren werden, die so lang sind, dass man zwar den Anfang, aber nicht das Ende sieht. Ja, genau so stellt man sich Amerika vor.
Vielleicht verschlafen wir im Traum alles, die ganze verrückte Reise. Wir wissen nicht, wo wir sind. Wir wissen nicht, wer wir sind. Wir wissen nicht, ob wir träumen oder wach sind. Wir wissen nicht, was wir hier machen. Warum wir in Hamburg und

Nur selten ist der ICE
so leer wie in der Nacht.

nicht in Bremen, Budapest oder Wladiwostok sind. Wir sind vollkommen derangiert und blicken hoch zu der großen und schweren Bahnhofsuhr. Vielleicht ist das die heilige Mutteruhr, die alles auf der Welt bestimmt? Vielleicht heißt sie Judith? Die heilige Judith von Hamburg? Wir sind tatsächlich mit genau zwei Minuten Verspätung auf Gleis 14 angekommen, wie uns von dem Bahnexperten prophezeit wurde.

Jetzt stehen wir auf einer Plattform hoch über den Gleisen und schauen auf den leeren Bahnhof. Auf die Bahnsteige, auf die Schienen, auf den Schotter. Wie oft waren wir schon hier, stundenlang haben wir auf die Züge geschaut. Dieser Ort ist ein perfekter Beobachtungsposten zwischen einem Café und einem Schnellrestaurant. Auch hier öffnen sich neue Räume. Von Hamburg kommt man nach Kopenhagen und, mit einem Nachtzug, nach Stockholm. Aber auch in die andere Richtung nach Prag oder Zürich oder Budapest.

Wenn in Hamburg am späten Nachmittag viel los ist, sehen die Menschenmassen von hier oben aus wie Meereswellen. Jetzt in der Nacht könnte man die leicht wirkende Hallenkonstruktion bewundern. Doch wir sind müde. Halb tot stehen wir da über den Gleisen und schauen stattdessen auf drei Tauben, die uns auch anschauen.

Ziel erreicht. Im Hafen von Kiel. Michi, Micha und ich. Und ein Geisterschiff im Nebel.

Die Nacht in Hamburg riecht nach Bier. Neben uns liegt ein junger Mann, eine Bierleiche. Zwei Freunde von ihm frühfrühstücken Burger und Pommes und sagen: »Wir passen schon auf ihn auf, keine Angst.«

Die nächste Bierleiche schläft im Fahrstuhl, ein Bein in der Tür. Die Tür geht auf und zu. Und auf und zu. Und auf und zu.

Dann die Abfahrt mit der Regionalbahn nach Lübeck. Alle Züge wollen anscheinend in dieser Nacht dorthin. »Wegen der hohen Streckenauslastung verzögert sich die Weiterfahrt des Zuges«, meldet der Lokführer kurz nach der Ausfahrt.

04:01 Lübeck Hbf

Umsteigen nach Kiel. Schnell die Holztreppe hoch und wieder runter. Die Tür schließt sich, und wir fahren gleich los. Man sagt, Lübeck ist die Stadt der sieben Türme. Wir sagen, Lübeck ist die Stadt der Holztreppen auf den Bahnsteigen, die an ein nobles altes Warenhaus erinnern. Das kennen wir nur aus Lübeck.

04:07 Bad Schwartau

Wir haben uns in Geister verwandelt, die durch Schleswig-Holstein irren. Durch den Nebel, der über dem flachen Land liegt und alles verhüllt. Die Bäume. Die Häuser. Die Wassergräben. Die Bahnstationen.

04:44 Plön

Wir sehen schon das Meer und möchten aussteigen. Doch wir sind noch nicht in Kiel. Was wir aus dem Zug sehen, ist der Große Plöner See. Die schweren Nebelschwaden liegen über der Holsteinischen Schweiz. Drei Jungs und ein Mädchen trinken am Bahnsteig das letzte Bier dieser Nacht. Die Bäume wachsen in Plön direkt aus dem Wasser.

05:17 Kiel Hbf

Endstation. Der nördlichste Punkt unserer Reise. Wir steigen aus und wecken einen jungen Mann, der mit uns aus Lübeck gekommen ist. Er sagt, er möchte zurück nach Lübeck fahren: »Ich hab heute frei«, sagt er noch und macht wieder die Augen zu. Ich denke an den Schriftsteller Feridun Zaimoglu. Er sagte mir, ich soll mich bei ihm melden, wenn ich in der Stadt bin. Ob er schon wach ist?

»In Kiel sehe ich nur Einzelgänger wie mich. Was soll ich in Kiel?«, fragt sich Ole Reuter in der *Netzkarte*. Der Morgen hier riecht nach der Ostsee. Vor dem Bahnhof sind heute nicht mal die Einzelgänger. Auch die Kaisertreppe ist leer, die einst für den deutschen Kaiser gebaut wurde, damit er schneller am Hafen war.

Nur drei Taxifahrer schauen uns verwundert an. Sie sehen die braunen Koffer, die wir tragen. »Wo möchtet ihr hin? Nach Paris?«

»Ans Meer.«

Das Taxi rast durch die schlafende Stadt und bringt uns zum nächsten Strand. Wie wir dann feststellen müssen, ist es kein Strand, sondern nur eine kurze betonierte Promenade mit Bänken und Sitzliegen, wo zu dieser Zeit keine Menschen liegen, nur leere Bierflaschen. Eigentlich sind wir noch im Hafen von Kiel. Ins Wasser führt nur eine lange gelbe Leiter. Es sieht gefährlich aus, und es ist auch gefährlich, doch einer von uns möchte unbedingt baden, wenn wir es schon bis zur Ostsee geschafft haben. Und so schwimmt Michi in der Bucht von Kiel, und wir passen auf ihn auf. Aus dem Nebel taucht ein riesiges Kreuzfahrtschiff auf. Im Schritttempo fährt es an uns vorbei. An Bord ist niemand. Oder nur Geister.

Mit dem Bus geht's zum Bahnhof zurück. Die Taxifahrer schauen uns ein weiteres Mal verblüfft an. »Was macht ihr schon wieder hier? Paris nicht erreicht? Wo fahrt ihr hin?«

»Nach Büchen.«
»Nach Büchen? Niemand fährt nach Büchen.«
»Wir fahren nach Büchen.«
Die Taxifahrer schütteln den Kopf und reden über Fußball. Wir essen Fischbrötchen und fahren los.

08:09 Lübeck Hbf
Schon wieder Lübeck. Und schon wieder ist es Zeit, sich bei der Mutteruhr zu melden, bei der heiligen Judith. Vielleicht versteckt sie sich hier in Lübeck? Zu Lübeck sagt man doch die Mutter der Hanse, oder? Aber vielleicht werden wir auch diesmal die Mutteruhr nicht finden. Sie nie finden. Vielleicht ist es auch gut so. Der Mensch hat seine Geheimnisse, das Leben auch. Und ebenso die Eisenbahn.

08:19 Lübeck-Flughafen
»Nächster Halt Lübeck-Flughafen, Bedarfshalt«, verkündet eine männliche Stimme vom Tonband. Aus dem Triebwagen sieht man den Flughafen und die lange, beleuchtete Landebahn, doch das Bedürfnis, auszusteigen oder einzusteigen, zeigt heute niemand. Hoffentlich wird es auch in der Zukunft so sein. Mehr Eisenbahn, weniger Autobahn und vor allem weniger Fliegen. Bedarfshalt Frankfurt-Flughafen, Bedarfshalt BER, das wäre toll. Die Hoffnung ist da.

09:15 Büchen
Wir machen ein Foto und schicken es an Herrn Peterka, den Oberkellner aus dem tschechischen Speisewagen, der dieser Tage freihat und in seinem Garten im Altvatergebirge sitzt.
Herr Peterka liebt diesen Bahnhof direkt an der ehemaligen deutsch-deutschen Grenze und hat über ihn mehrere Gedichte geschrieben. Statt eines Bahnhofsgebäudes steht hier nur ein hohes Stellwerk. Der kleine Laden, wo man sich sonst den Kaffee oder eine Zeitung kaufen kann, ist zu.
Der einzige Zug, der wirklich Verspätung hat, ist der EC 379 nach Prag, den wir kurz nach fünf in der Abstellung in Kiel noch im tiefen Schlaf gesehen haben. Doch jetzt ist er da, und vorne strahlt in der Sonne die nagelneue Vectron-Lok der Tschechischen Bahn. Wir haben Hunger, stürmen den tschechischen Speisewagen und bestellen ein Tschechisches, ein Englisches und ein Amerikanisches Frühstück mit zwei Spiegeleiern, Schnittkäse und Marmelade. Dazu natürlich Bier und den doppelt doppelten Espresso.

10:02 Wittenberge

Die Zeit ist um. Wir zeigen unsere Anschlusstickets.

Mit dem restlichen Bier stoßen wir auf unsere Reise an, auf vierzig Stunden Eisenbahn, 2600 Kilometer und hundert Geschichten, auf die vierzehn Züge, die wir genommen haben. Wir stoßen an auf die Regionalbahnen, Schnellzüge, Intercitys, Eurocitys und ICE. Wir stoßen auch an auf die Bahnzeit und die Mutteruhr, auf die Lokführer und Lokführerinnen und Schaffner und Schaffnerinnen und Fahrdienstleiter und Fahrdienstleiterinnen, die vierzig Stunden lang auf uns aufgepasst haben. Wir stoßen an auf Heinrich Heine und die Loreley und Sten Nadolny und die beiden Ole Reuters und die heilige Judith auf dem Flügelrad, die uns begleitet und beschützt hat.

Langsam wissen wir wieder, wer und wo wir sind. Langsam sind wir nicht mehr derangiert. Eine Nachricht erreicht uns. In Dresden wird dieser Zug von dem Lokführer Židlík übernommen und weiter nach Prag gebracht werden. Von Pavel, den wir Siegfried nennen.

11:21 Berlin Südkreuz

Ich steige aus, warte noch kurz auf die Abfahrt des Zuges und grüße meine Freunde, die bis nach Dresden im Speisewagen verweilen werden. Ich bin müde und will nach Hause. Doch dann setze ich mich auf eine Bank. Und schaue noch eine Weile den Zügen nach. Und den Tauben.

Wenn man so intensiv Bahn fährt, weiß man irgendwann nicht mehr, wo man ist, was man macht und wie man heißt. Und trotzdem ist es so toll.

Einsteigen und gleich bestellen. Der tschechische Railjet von Graz nach Berlin in Dresden Hbf.

Wirtshaus auf Schienen

»Wo ist der Speisewagen?« So lautet die wichtigste Frage, die man sich stellt, wenn der Zug am Bahnsteig einrollt. Wenn man Glück hat, ist ein Speisewagen dabei. Und wenn man noch mehr Glück hat, ist sogar jemand wie Herr Popović oder Herr Peterka dabei. Herr Peterka ist, wie schon gesagt, eine Legende auf der Strecke zwischen Prag, Berlin und Hamburg, manchmal auch bis nach Kiel. Herr Popović ist auch eine Legende, und zwar im Eurocity *Emona* zwischen Wien und Ljubljana, er ist ein Spezialist für die Südbahn.

Die beiden Herren kennen sich nicht. Und doch würden sie sich gut verstehen. Denn sie haben so viel gemeinsam. Seit mehr als zwanzig Jahren fährt Herr Popović auf der Route über den Semmering, einer der schönsten Bahnstrecken der Welt. Wenn er nicht an der Theke steht, ist sein Sohn da, der junge Herr Popović. Denn dieser Speisewagen ist ein Familienunternehmen, ein Wirtshaus mit Hausmannskost, das ausschließlich über die Berge zwischen der slowenischen und der österreichischen Hauptstadt pendelt. Es ist die einzige regelmäßige Verbindung mit einem slowenischen Speisewagen.

Herr Popović muss sich an Bord um alles kümmern. Das Kochen, Braten, Kaffeemachen und auch das Bedienen. Herr Peterka hat dagegen noch einen Koch zur Seite. Und einen zweiten Kellner, der mit dem Rollwagen im Zug unterwegs ist. Herr Peterka bringt auch oft seinen Sohn mit, manchmal sogar seine beiden Söhne, wenn im Sommer viel Betrieb ist. Dann verwandelt sich sein Eurocity in eine interkontinentale Verbindung, die viele Gäste aus Nord- und Südamerika oder Asien durch Europa bringt. Wegen seiner Gäste lernte Herr Peterka im Zug auch mehrere Sprachen. Deutsch, Russisch und Englisch, aber auch ein wenig Französisch, Italienisch, Japanisch und Koreanisch. Den Gästen bietet er die feinsten Speisen der böhmischen Küche. Ganz vorne mit dabei Svíčková, Lendenbraten in cremiger Soße aus Wurzelgemüse, serviert mit sechs Knödeln. Svíčková ist hier der absolute Renner, so wie das Schnitzel oder das langsam geschmorte

Herr Peterka. Sein Speisewagen ist seine Theaterbühne. Und er ein Star.

Kalbfleisch mit Linsensalat. Als während der Coronapandemie das Zugfahren eingeschränkt war, holte sich so mancher Stammgast diese Speisen am Bahnhof to go vom tschechischen Speisewagen ab, weil sie ihn so vermissten. Und auch Herrn Peterka.

Er liebt seinen Job, so wie Herr Popović es tut. Und das merkt man ihnen auch an. Ich weiß nicht, wie es bei Herrn Popović war, doch Herr Peterka wollte eigentlich – so wie ich – Lokführer werden. Dann bekam er – so wie ich – eine Brille, machte eine Ausbildung zum Koch und Kellner und stieg in den Speisewagen ein. Er liebt aber auch Theater und Film. Und Theater- und Filmwissenschaften hat er auch an der Uni im mährischen Olomouc studiert. Doch sein Wirtshaus hat er nicht verlassen. Denn das hier ist sein Theater. Kein Zufall, dass er seine Schichten als Vorstellungen versteht. Der Speisewagen ist seine Bühne. Die Landschaft hinter den Fenstern sein Bühnenbild. Die Zuggeräusche seine Musik. Er führt die Regie, und die Reisenden sind seine Zuschauer. Doch auch Schauspieler, die in seinen Stücken mitwirken. Nichts wiederholt sich, jedes Stück ist eine Premiere und eine Derniere zugleich. Denn so ist es bei einer Zugfahrt. Es treffen immer neue Menschen aufeinander. Mit immer neuen Geschichten, die sie erzählen.

Wegen des Theaters reist Herr Peterka auch in seiner Freizeit mit dem Zug, zum Beispiel nach Venedig. Einmal wollte er sich im Teatro La Fenice Verdis *La Traviata* anschauen, an dem Ort also, wo die Oper einst, im März 1853, eine miserable Premiere hatte. Und so fuhr er nach der Schicht in Prag einfach weiter. Nach Wien. Villach. Udine. Venedig. Und am nächsten Tag wieder zurück.
Herr Popović und Herr Peterka sollten sich einmal treffen und zusammen Theater spielen. Denn auch der immer freundliche Herr Popović hat etwas von einem großen Bühnenschauspieler. Während der Fahrt auf der kurvenreichen Semmeringbahn verwandelt er sich manchmal mit seinem Tablett zu einem Ballettmeister, so wie Herr Peterka auf den Weichen von Dresden-Neustadt. Die beiden können ihre Strecken auswendig. Jeden Tunnel, jede Brücke, jede Weiche. Herr Peterka sagte mir einmal, dass die Knie und Hüftgelenke manchmal sehr leiden und er Kollegen und Kolleginnen kennt, die deswegen aufhören und frühzeitig in Rente gehen mussten. So wie Balletttänzer oft auch sehr früh in Rente gehen.

Herr Peterka hat im Laufe seiner Karriere halb Europa aus seinem Wirtshaus gesehen. Damit war er in Bulgarien und Rumänien und immer wieder auch in Wien, Graz, Ljubljana oder Budapest. Während einer Dampflokparade servierte er Gulasch an der Gotthardbahn in der Schweiz. Er servierte Schnitzel und Bier im Eurocity nach Aarhus und verstand erst dort im Norden, warum die Tschechen »trinken wie ein Däne« sagen. Allerdings hat er auch von einem dänischen Fahrgast gelernt, dass man in Dänemark »trinken wie ein Schwede« sagt. Er wartet noch darauf zu hören, wie man dazu in Finnland sagt. Wahrscheinlich »trinken wie ein Russe«. Oder vielleicht doch »trinken wie ein Böhme«, denn oft bestellen die durstigen Tschechen in seinem Zug gleich zwei Bier auf einmal, weil in seinem Speisewagen das Bier nur in kleinen Gläsern ausgeschenkt wird und nicht in den großen Halbliterkrügen, wie es in Böhmen sonst üblich ist.
Als ich ihn bei Gelegenheit fragte, warum, sagte er: »Wir haben einfach zu wenig Platz für so viel Glas. Aber keine Angst, Bier haben wir immer genug.«
Und doch ist ihm einmal das Bier in seiner *hospoda*, seiner Kneipe, wie die Eisenbahner zum Speisewagen sagen, ausgegangen, als er von Hamburg nach Prag unterwegs war. Für einen Wirt, der Theater liebt, ist das natürlich eine Tragödie von antikem Ausmaß. »Bis heute weiß ich nicht, woran das lag. Der Zug war auch gar nicht so voll, es war auch nicht heiß. Doch die Deutschen hatten so einen Durst, dass schon in Dresden das ganze Bier alle war. Als hätten die Deutschen ein riesiges Feuer in sich, das sie mit Bier löschen wollen.« Sogar seine goldene Reserve, zwei Kästen Flaschenbier, war sogleich weg.

Herr Peterka zapft das beste Bier auf den Schienen.

Besonders die Fahrten ans Meer liebt Herr Peterka. Nach Rügen. Nach Sylt. Nach Kiel. »Uns Tschechen fehlt das Meer, das die Horizonte erweitert. Das einzige Meer, in dem wir baden können, ist das Meer des Bieres.«

Da haben die Slowenen wie Herr Popović mehr Glück. Ihre Adriaküste ist zwar nicht lang und das Eisenbahnnetz auch nicht groß. Und doch spürt man gleich das Meer und die Nähe zur Adria, wenn man in Maribor oder Ljubljana aussteigt. Oder woanders in diesem überschaubaren, wunderschönen Land, das nicht nur wegen der Landschaft einen Besuch lohnt, sondern auch wegen der tollen Bahnstrecken mit mechanischen Formsignalen und Fahrdienstleitern und Schranken, kurz wegen der guten alten Eisenbahn, wie die Eisenbahnmenschen sagen.

Auch viele vorzügliche Bahnhofslokale findet man hier bis heute. Eins davon betreibt auch Herr Popović. Seine *Pendolino Bar* findet man gleich am Bahnsteig in Maribor, woher er kommt. Wenn er mit dem Zug an seiner Bar vorbeifährt, kann er aus dem

Fenster seines Speisewagens sehen, ob alles in Ordnung ist. Dem ist immer so. Dort treffen sich Rangierer, Wagenmeister, Schaffner, Lokführer und Fahrgäste. Und der Kaffee ist genauso gut wie in seinem Speisewagen.
Benannt wurde seine Bar nach dem schnellsten slowenischen Expresszug, den man auch aus Italien, Finnland oder Tschechien kennt und der seinerseits benannt wurde nach der Neigetechnik, die seine Wagen geschmeidig schnell durch die Kurven gleiten lässt. Obwohl es inzwischen auch *Pendolino*-Reihen gibt, die nur noch dem Namen nach pendeln, auch wenn sich bei ihnen in den Kurven rein gar nichts mehr rührt. In Slowenien besteht er zudem nur aus drei statt acht oder neun Wagen. Ein kleiner Expresszug für ein kleines Land am nordwestlichsten Rand des einstigen Jugoslawiens.

Die Speisewagen sind meine Lieblingswagen. Wenn der Zug einen Speisewagen führt, freut man sich viel mehr auf die Reise, und man kann auf einen Fahrschein der ersten Klasse verzichten. Oder auf die Reservierung. Viel besser ist es, gleich nach dem Speisewagen zu fragen, direkt dort Platz zu nehmen, sich die Speisekarte bringen zu lassen und für das gesparte Geld ein wenig das Leben zu genießen. Und Europa zu erkunden. Die Speisewagen stehen für die Vielfalt auf Schienen in Mitteleuropa. Im Speisewagen kann man Speisen und Reisen ausgezeichnet miteinander verbinden.
Bei Herrn Peterka habe ich sogar meinen Stammplatz, gleich hinter der Tür. Hier reise ich gerne, hier schreibe ich, hier kann ich sogar auch mal kurz schlummern. Und gleich mit einem Espresso wieder wach werden. Hier kommen auch Geschichten zu mir. Denn hier lernt man Menschen kennen.
Ich bin nicht der einzige Stammgast von Herrn Peterka. Er und auch Herr Popović haben gleich mehrere. Schon auf dem Bahnsteig erkennen sie sie und wissen, aha, das Omelette, eine Cola und danach einen Espresso. Oder, aha, ein Schnitzel und drei Bier. Oder, aha, ein Salat und kein Bier mehr, denn hier wird auf die Leber aufgepasst. Bekannte von mir aus Wien treffen sich oft bei Herrn Popović zum Frühstück. Sie fahren mit dem *Emona* kurz vor acht in Wien los, essen eine Omelette, trinken zwei Kaffee und ein Mineralwasser und steigen im Bahnhof Semmering aus. Dort machen sie einen eher kurzen als langen Gesundheitsspaziergang und steigen wieder in den Zug, denn dann wird es langsam Zeit für ein Mittagessen. Das wird im österreichischen oder tschechischen Zug serviert, mit Vorspeise, Hauptgang und Dessert, wie es sich gehört. Kaffee und Kuchen gibt es danach im deutschen ICE. Für das Abendessen wird im polnischen oder ungarischen Wagen der Tisch gedeckt.

Meine Bekannten haben das große Glück, in Wien zu wohnen. In der Hauptstadt, wie wir Tschechen immer noch hin und wieder sagen. Die Österreicher und wir waren schließlich viele Hundert Jahre ein Land. In keiner Hauptstadt Mitteleuropas ist die kulinarische Vielfalt so groß wie in Wien, und das spürt man im Speisewagen. Hinzu kommen die vielen Sprachen, die diese Region so einzigartig machen und die man im Zug trainieren kann. Nicht nur aus dieser Sicht ist Wien die wahre Eisenbahnmetropole Mitteleuropas, gelegen zwischen Ost und West, Nord und Süd.

Ganz ehrlich, mehrmals habe ich mit dem Gedanken gespielt, deswegen auch nach Wien zu ziehen. Am besten in eine Wohnung gleich in der Nähe vom Hauptbahnhof, damit man es in die besten Lokale nicht weit hat. Ich mag Wien nicht nur wegen des Burgtheaters und der Albertina und des Museumsquartiers, wo ich gerne hingehe. Ich mag Wien nicht nur wegen Sigmund Freud und Karl Kraus und Thomas Bernhard, die ich gerne lese. Ich mag Wien nicht nur wegen des Zentralfriedhofs und den Katakomben unter dem Stephansdom und der Irrenanstalt Steinhof, wo ich gerne flaniere. Ich mag Wien auch wegen der Eisenbahn und der Lokale, wegen dieser ganzen Speisewagen, die hier als Überbleibsel der Donaumonarchie die Reisenden duftend locken. Eigentlich müssen die Wiener die glücklichsten Menschen in Europa sein.

Doch auch in Berlin kann man sich glücklich schätzen. Im Zug lässt sich hier deutsch, polnisch und ungarisch essen. Oder tschechisch. Wenn ich ein wenig Heimweh habe, frage ich bei Herrn Peterka nach, wann er wieder nach Hamburg oder Dresden fährt, und fahre die Strecke einfach kurz mit. Gerne besuche ich auch das Bordrestaurant eines ICE und freue mich über die wechselnden Saisonangebote. Oder einen deutschen Bistrowagen im IC nach Amsterdam, wo man stundenlang sitzen und bei einer Flasche Bier und zwei Buletten mit Kartoffelsalat mit Blick auf die wohltuend monotone Landschaft meditieren kann.

Auf die Fahrt im ÖBB-Wirtshaus von München nach Bologna freue ich mich auch immer, wo ich daran denken muss, was mir eine Freundin erzählte, die diese Strecke nach Italien oft nimmt: »Ab dem Brenner werden der Kaffee und vor allem der Wein immer besser. Es sind zwar immer der gleiche Kaffee und der gleiche Wein wie schon vorher in Innsbruck, doch dann kommt der Brenner und danach Bozen und Trient und Verona, und alles schmeckt von Bahnhof zu Bahnhof einfach viel besser als vorher. Und wenn du dann in Bologna aussteigst, fühlst du dich so gut und so glücklich. So wie immer in Italien.« Sie nennt die Verwandlung des Weins »Das Wunder vom Brenner«.

Essen mit Aussicht: im österreichischen Railjet von Zürich nach Wien.

Dieses magische Erlebnis war mir noch nicht vergönnt. Vielleicht hängt es auch damit zusammen, dass ich eher Bier statt Wein trinke. Und die Bierqualität bleibt auf dieser Strecke stabil. Doch ich verstehe die Freundin. Die Stimmung im Zug ist insgesamt sehr gut und heiter. Zumindest wenn man von Deutschland nach Italien reist. Auf der Rückreise werden viele Fahrgäste von Bahnhof zu Bahnhof melancholischer und verstummen langsam. Nicht mal der Grüne Veltliner hilft dabei. Wenn sie dann in München aus dem Zug steigen und in der Halle anstelle der großen Espressomaschinen nur noch die Kaffeevollautomaten wie auf einer Tankstelle sehen, wollen sie gleich mit dem Zug zurück Richtung Brenner und Italien flüchten.
Oder sich vor der Lebensrealität in der Schweiz verstecken, wohin man heute schnell von München über Bregenz und St. Gallen fahren kann. In der Schweiz lässt sich auch sehr gut im Zug essen, obwohl es natürlich ein wenig teuer ist. Doch die Schweizer Klassiker wie Rindsgehacktes mit Hörnli oder Risotto Tessiner Art schmecken im Speisewagen einfach köstlich. Und der Kaffee ist eigentlich auch ganz in Ordnung.

Herr Peterka und Herr Popović haben im Zug eine richtige Kaffeemaschine. Vor allem das rot lackierte Prachtstück von Herrn Popović erinnert an die unzerstörbaren Maschinen, die man aus den alten Kaffeehäusern in Triest kennt. Oder aus Ljubljana, denn überall in Slowenien, auch auf jedem Bahnhof, bekommt man einen großartigen Kaffee.
Doch den besten Espresso im Zug bekommt man tatsächlich in Italien, und zwar im Nachtzug von Palermo nach Rom. Kräftig, kurz und schwarz wie die Nacht während der Überfahrt mit der Fähre über die Straße von Messina. Auf dieses Wunder freut man sich schon seit der Abfahrt, so wie auf den starken Tee im ukrainischen oder russischen Nachtzug. Dazu wird dann im Abteil auch ein einfaches italienisches Frühstück serviert, wie es auch in anderen Nachtzügen meistens der Fall ist. Doch um das Essen geht es nicht. Es geht vor allem um diesen köstlichen Kaffee.
Das kulinarische Zugangebot in Italien ist, ähnlich wie in Frankreich, sonst sehr bescheiden. Im eleganten Expresszug *Frecciarossa* zwischen Bologna, Rom und Neapel findet man zwar ein kleines Bordbistro und bekommt ebenfalls guten Kaffee, so wie auch im französischen TGV. Aber in den italienischen Intercitys, die doch so leise und gemütlich sind, gibt es leider keine Speisewagen mehr. Daran muss man denken, wenn man in Rom kurz vor halb acht in den Tageszug nach Palermo steigt. Man braucht viel Reiseproviant. Doch in Roma Termini gibt es davon reichlich zu kaufen. Zum Beispiel frische Tramezzini.

Aber auch auf dieser langen, wunderbaren Strecke durch halb Italien findet man noch eine Art Speisewagen – auf der Fähre zwischen Villa San Giovanni in Kalabrien und Messina auf Sizilien, die von der italienischen Staatsbahn FS betrieben wird. Leider nur tagsüber gibt es hier eine einfache Bar mit gutem Kaffee und einer einzigen, doch köstlichen Mahlzeit im Angebot: Arancino. Ein typisch sizilianisches Gericht. Eine riesige, mit etwas Fleisch und Gemüse gefüllte, panierte Reiskugel, deren goldgelbe Farbe an Sizilien im Hochsommer erinnert. Und worin sich alle altgriechischen, arabischen, sizilianischen und italienischen Geschichten der Insel verstecken.
Das behauptet zumindest ein Freund von mir, der draußen am Deck mit dem Blick aufs Meer immer gleich zwei Stück verspeist. Und auf der Rückreise noch drei Stück für seine Frau und seine Kinder kauft, die ihn leider nicht so oft sehen, weil der Freund ganz schlimm an der Eisenbahn erkrankt ist und in der Freizeit nur im Zug sitzt, was Frau und Kinder nicht immer verstehen. Das macht meinen Freund so traurig, dass er dann aus Frust und Trauer auch noch die drei anderen Arancini verspeist, was wiederum dazu führt, dass ihm nach fünf Arancini schlecht wird und er fünf Verdauungspillen schlucken muss, da sich sein Bauch in ein einziges riesiges Arancino verwandelt hat, in Sizilien also, und er im Zug nach Rom immer Angst vor dem Tod bekommt. Seiner Frau und seinen Kindern, die er so liebt, kauft er in Roma Termini Schokolade.

Mitteleuropa, das sind für mich nicht nur Bier, Wein, Schnitzel und Würstchen oder alte Burgen und unsanft ruhende Schlachtfelder oder Züge, sondern auch Suppen, die man zum Mittag- und Abendessen, ja, selbst zum Frühstück im Speisewagen ebendieser Züge essen kann. Wie zum Beispiel die polnische Źurek. Eine aus Sauermehl zubereitete Suppe, die ich so mag, dass ich manchmal nur deswegen in Berlin in den Eurocity nach Warschau einsteige, die Suppe esse und in Frankfurt an der Oder wieder aussteige und mit dem Regionalexpress zurück nach Berlin fahre.
Jeder polnische Koch im Speisewagen bereitet Źurek auf seine eigene Art zu. Und jeder ist ein wenig stolz auf seine Źurek, die man in Polen überall bekommt. Sogar in den modernen blau-weißen polnischen Expresszügen des *Pendolino*, die seit ein paar Jahren auf einer Schnellstrecke Krakau und Wrocław mit Warschau, Gdańsk und Gdynia verbinden. Źurek ist trüb und schmeckt leicht säuerlich und sehr kräftig. Darin findet man mehrere Stücke Wurst und auch ein Ei. Eine wichtige Note verleiht der Źurek eine ordentliche Portion Majoran.
Selten habe ich im polnischen Speisewagen eine Gulaschsuppe bekommen, dafür aber im Sommer wunderbare kalte Suppen, wie den Chlodnik aus Roter Bete,

mit Sauerrahm und hart gekochtem Ei. Die Gulaschsuppe ist wiederum für viele andere Speisewagen typisch. Stundenlang kann man darüber diskutieren, welche Gulaschsuppe die beste ist. Die tschechische von Herrn Peterka? Die slowakische? Die österreichische? Oder die slowenische von Herrn Popović? Es ist schwierig, alle schmecken einzigartig. Als Vorspeise. Hauptspeise. Nachspeise.
Vermutlich ist die beste Variante aber doch die aus dem ungarischen Zug, dem Eurocity *Hungaria*. Die anderen Gulaschsuppen sind für ungarische Verhältnisse zu dickflüssig und deftig. Im ungarischen Speisewagen wird sie viel dünner und mit sehr viel Gemüse serviert, fast wie eine Fleischbrühe mit Paprika, Rindfleisch und anderen Gulaschelementen. Auf Ungarisch heißt die Suppe *gulyáslev*. Was wir in Tschechien, Österreich oder Deutschland unter Gulasch kennen, findet man auf der Speisekarte im ungarischen Zug als *pörkölt*. Auch eine gute Wahl.

Jeder Speisewagen serviert auch andere Würstchen. Herr Popović bietet die sehr fleischige Krainerwurst an. Immer zwei Stück. Wenn man sie vor Semmering bestellt, braucht man bis nach Triest nichts mehr zu essen. Bei der Deutschen Bahn gibt es als Klassiker zum Bier die Currywurst mit Pommes und manchmal die Nürnberger Bratwürste. Im Railljet der ÖBB esse ich gerne die feinen Sacherwürstel, die an die langen Schienenstränge erinnern. Im polnischen Speisewagen WARS bekommt man zum englischen Frühstück Würstchen der im Land beliebten Marke Sokołów. Und Herr Peterka serviert im tschechischen Speisewagen Spišské párky von einem kleinen Fleischer aus einem Prager Vorort. Benannt wurden sie nach Spiš, der von Deutschen besiedelten Gegend Zips in der Ostslowakei. Sie schmecken wie die ungarischen Debrecziner, die man aus Österreich kennt. Ganz Mitteleuropa duftet dann auf dem kleinen Teller, zum Frühstück gibt es gleich drei Stück. Das Frühstück sollte

man nicht überspringen, denn Herr Peterka und Herr Popović bereiten heute noch die Eierspeisen ganz frisch zu, so wie auch die Kollegen in Polen oder Ungarn.
Und dann kommt noch die komplizierte Schnitzelfrage. Hier hat jeder Reisende sein Lieblingsschnitzel. Und vielleicht ist Herr Popović der wahre Schnitzelexperte. Im *Emona* gibt es nicht nur ein Wiener Schnitzel, ein Naturschnitzel und ein Putenschnitzel, sondern auch noch ein Schnitzel, das so wenig auf der Speisekarte steht wie seine Namensgeberin auf dem Fahrplan, aber auf Wunsch zubereitet wird: das Pariser Schnitzel, nur in Mehl und Ei paniert. Serviert wird es mit Reis oder Pommes. Dazu bringt Herr Popović gerne auch einen gemischten Salat mit Gurken und Tomaten, die wie frisch aus seinem Garten schmecken. Auch je eine Flasche Olivenöl und Essig steht bereit auf dem Tisch, wie in jedem richtigen Restaurant. So einen tollen, frischen Salat habe ich sonst nur im bulgarischen Speisewagen auf der Strecke zwischen Plowdiw und Burgas gegessen, in diesem Fall als Schopska-Salat noch mit dem salzigen bulgarischen Schafskäse gekrönt.
Als Vorspeise würde ich bei Herrn Popović eine Platte mit dem luftgetrockneten Schinken empfehlen. Als Nachspeise Palatschinken. Auch den findet man nicht auf der Karte, doch hier wird jeder Traum erfüllt. Alles höchstpersönlich zubereitet vom »Cheffe«, wie Freunde von mir aus, ja, wieder mal, Wien zu Herrn Popović liebevoll sagen, der ihnen nach dem Essen immer den bitteren Verdauungsschnaps vorbeibringt.
Wenn man die Restaurants von Herrn Peterka und Herrn Popović oder ihren polnischen und ungarischen Kollegen besucht hat, bekommt man womöglich den Eindruck, dass oft viel Fleisch angeboten wird. Doch dem ist nicht so. Das vege-

Manchmal sitze ich die ganze Fahrt hindurch im Speisewagen. Ich freue mich auf den Lendenbraten, auf die Palatschinken oder auf das Schnitzel. Und natürlich auf das Bier.

tarische oder vegane Angebot ist in den Zügen sehr vielfältig, gerade im Sommer bieten die Deutsche Bahn oder die ÖBB leichte Kost. Auch Herr Peterka und Herr Popović haben immer etwas Vorzügliches da für all diejenigen, die kein Fleisch essen möchten.

Doch was sind nun die köstlichsten Speisen auf Schienen? Hier eine Auswahl:

— Tschechien: Svíčková – Lendenbraten; Amerikanisches Frühstück; mit Feta und Reis gefüllte, überbackene Paprika; Bier vom Fass
— Slowakei: Černohorský rezeň – Schnitzel paniert in Kartoffelpuffer
— Österreich: Backhendlsalat; vegetarische Saisonangebote
— Deutschland: Currywurst mit Pommes; vegetarische Saisonangebote
— Slowenien: Pariser Schnitzel; Wiener Schnitzel; Naturschnitzel
— Polen: Źurek – Sauermehlsuppe; Schnitzel mit Bratkartoffeln und Salat; russische Piroggen
— Ungarn: Paprikahuhn mit Nockerln
— Italien: Arancini auf der Eisenbahnfähre zwischen Villa San Giovanni und Messina
— Schweden: Räksmörgås – das belegte Krabbenbrot
— Finnland: Lohikeitto – Lachssuppe
— Schweiz: Risotto Tessiner Art mit Tessiner Merlot und Cherrytomaten; Rindsgehacktes mit Hörnli und Apfelmus

Herr Popović ist jeden zweiten Tag im Zug unterwegs, dazwischen ist immer sein Sohn dran. Herr Peterka bleibt für eine ganze Woche im Zug. Die nächsten sieben Tage verbringt er dann bei seiner Familie im Altvatergebirge, in der Gegend von Alois Nebel.

Wir sind schon lange befreundet. Herr Peterka hat auch immer ein Buch dabei, *Gastronomie auf Schienen* von Ludvík Losos und Michal Handrejch, er blättert gerne darin. »Schon 1880 war in Deutschland der erste Speisewagen unterwegs«, erzählt er. Schnell waren es viel mehr, und auch auf der Strecke, die er so gut kennt, zwischen Hamburg und Berlin: »Das Essen gab es sonst noch in den Stationen, im Fahrplan hatte man früher Speisepausen eingebaut. Man sprach sogar von Mittagsstationen im Fahrplan, wo der Zug für zwanzig Minuten gehalten hat. Man muss sich nur vorstellen, wie schnell es in so einem Bahnhofswirtshaus gehen musste.«

Bald wurden die Speisewagen zu wichtigen Teilen der internationalen Expresszüge, so wie auch die Schlafwagen. Der bekannteste war der Orient-Express, der zum ersten Mal 1883 Paris und Wien mit Konstantinopel, dem heutigen Istanbul, verband, obwohl man zuerst wegen der fehlenden Schienenstränge auf dem Balkan auch mit dem Schiff über das Schwarze Meer reisen musste. Erst 1888 wurde die Strecke durchgängig mit dem Zug befahrbar. In nur sechzig Stunden.

Auch diese Geschichte kennt Herr Peterka gut. Einmal schaute er sich sogar im Prager Hauptbahnhof den Orient-Express an – der als Nostalgieluxuszug heute noch durch Europa fährt –, als er am selben Bahnsteig auf die Abfahrt seines Zuges nach Hamburg wartete. Während der Führung musste er auch an Agatha Christie und ihren mehrfach verfilmten Eisenbahn- und Krimiklassiker *Mord im Orient-Express* denken.

Herr Peterka hat im Zug schon einiges erlebt, doch einen Mord zum Glück noch nicht. Sein Zug wurde auch noch nicht von Räubern überfallen, wie es den Passagieren des Orient-Expresses früher passierte. So wird es zumindest kolportiert. Sonst erlebte er schon alles, was man sich nur vorstellen kann. Hochwasser. Schneesturm. Entgleisungen. Auch Personenunfälle, bei denen sich dann meistens sein Wirtshaus schnell füllt mit besorgten Fahrgästen, die ein Bier nach dem anderen bestellen, um zu vergessen.

Viele schräge Gespräche und Geschichten hat sein Speisewagen schon gehört. Denn die Eisenbahn bringt Menschen zusammen, die sich vorher noch nie gesehen haben und sich nachher vermutlich auch nie wieder sehen werden. Und so öffnen sich manchmal die Herzen, und es werden Dinge erzählt, die man vielleicht sonst niemals irgendwem erzählen würde. Beim Bierchen im Speisewagen lockert sich schnell die Zunge, so wie in jedem Wirtshaus.

Manchmal wird es auch dramatisch, wie es in jedem guten Theaterstück sein soll. So hat Herr Peterka in seinem Speisewagen Trennungen mit vielen Tränen erlebt. Einen Mann, der nach einem Streit plötzlich aufstand, seine Tasche packte und statt in Hamburg schon in Wittenberge einfach ausstieg und seine verzweifelte Frau zurückließ, für die Herr Peterka seelische Erste Hilfe leisten musste.

Aber auch das Flirten und Entflammen von Liebschaften erlebte er. Zwei Fahrgäste haben sich in seinem Speisewagen kennengelernt und später geheiratet. Seitdem fahren sie jedes Jahr am Hochzeitstag zwischen Hamburg und Berlin in seinem Zug und bestellen zwei Schnitzel, Bier und Gurkensalat, genauso, wie sie es damals bestellt haben, als sie sich kennenlernten. Eine Szene wie aus dem Film *Der unsichtbare Dritte*, einem Klassiker von Alfred Hitchcock aus dem Jahr 1959, in dem sich Cary Grant und Eva Marie Saint im Speisewagen begegnen, flirten, essen und dann

Europa als Speisewagen. Alles schmeckt so toll. Räksmörgås – das schwedische belegte Krabbenbrot. Die verschiedenen Arten von Schnitzel. Pörkölt – das ungarische Gulasch …

… oder das Risotto aus dem Tessin, polnische Piroggen oder die Fleischbällchen mit Kartoffelbrei im finnischen Zug nach Lappland.

Restaurant
FS
93 85 6 503 019-5 CH-SBB

RAVINTOLaVAUNU
MAKUJA
MATKALLA

ICE
Bordrestaurant

zusammen im Schlafwagen verschwinden und nach vielen dramatischen Ereignissen heiraten.
Einmal erzählte mir Herr Peterka von drei Kollegen, die kurz nach Wittenberge in einen so heftigen Sturm gerieten, dass sie auf der Strecke strandeten. Der Orkan hatte die Oberleitung abgerissen, die Bäume umgestürzt. Stunden über Stunden blieb der Zug mit den Fahrgästen auf der Strecke stehen, umtost von Wind und bösem Wetter. In einer Untergangsstimmung wie auf der *Titanic* wurden die Gäste weiter mit Bier und Essen versorgt. Dann kam die Feuerwehr und evakuierte den Zug. Doch die drei Kollegen weigerten sich, den Speisewagen zu räumen und den Zug zu verlassen. Herr Peterka würde es genauso tun: »Als Oberkellner bist du wie ein Kapitän. Der trägt die volle Verantwortung für sein Schiff, ich für meinen Speisewagen. Ein Kapitän bleibt bis zum Schluss, egal, was passiert.«
Und so blieben sie wacker im Zug, drei Tage und drei Nächte lang auf der Strecke in einem Sturm, der kein Ende nahm. Erst dann kam eine Diesellok und schleppte den Zug in den nächsten Bahnhof. Die drei Kollegen von Herrn Peterka wurden als Helden gefeiert. Zum Schluss hatten sie zum Essen nur noch kalte Gulaschsuppe. Und zum Trinken nur warmes Bier.

Herr Peterka, Herr Popović und ihre Kollegen sorgen dafür, dass sich die Fahrgäste bei ihnen wie im Orient-Express fühlen. Alles ist gepflegt, die Tische sind mit Tischtüchern bedeckt, auch Blumen dürfen nicht fehlen, an den Fenstern hängen Gardinen und bei Herrn Popović an den Wänden sogar Gedichte. Alles Eisenbahnlyrik. Hier begegnet Nostalgie zeitloser Eleganz. Und einer sehr guten Küche mit sehr gutem Service.
Auf der Getränkekarte stehen nicht nur gut gezapftes Bier, sondern auch feine Weine oder Sekt. Und der Blick aus so einem Restaurant, das durch Mitteleuropa fliegt, ist einfach unbezahlbar. Man sieht die Ostsee und die Nordsee. Die Alpen und die Hohe Tatra. Den Karst und den Schwarzwald. Die Elbe und die Moldau. Die Donau und den Rhein.
Wenn man im Speisewagen nach dem Essen mit leicht müdem, aber glücklichem Blick in den Spätnachmittag schaut und ein wenig träumt und auf den Kaffee, ein Stück Kuchen oder die Palatschinken wartet, weiß man oft nicht, was sich bewegt. Die Landschaft? Der Zug? Der Speisewagen?

Schweiz, Finnland, Deutschland. Zum richtigen Zug
gehört auch der Speisewagen. So macht die Reise wirklich Spaß.

Richtung Sanok

Stumm und still steht er in Medzilaborce am Bahnsteig. Mit seinem schelmischen Lächeln salutiert er vor den Zügen und Fahrgästen. In seiner alten K.-u.-k.-Uniform. Mit seiner typischen Kappe. Mit einem riesigen Bierbauch, hinter dem sich ganz Mitteleuropa vor dem Unheil der Geschichte verstecken könnte. Wenn es nur so einfach wäre.

Jemand hat ihn hier, im Dreiländereck zwischen der Slowakei, Polen und der Ukraine, aus einem einzigen Stück Holz geschnitzt. Da steht er also höchstpersönlich, der Soldat Švejk aus dem Roman *Die Abenteuer des guten Soldaten Švejk im Weltkrieg* von Jaroslav Hašek. Einem Roman über den Ersten Weltkrieg, den Wahnsinn der Geschichte, den Untergang der Donaumonarchie. Doch das Buch ist auch ein großer Eisenbahnroman. Denn Švejk steigt im heißen Sommer 1914 in Prag in den Zug und fährt in diesen schrecklichen Krieg.

So haben auch wir den Zug genommen. Wir waren auf den Spuren von Švejk in Tschechien in Prag und Tábor. Wir standen vor der verlassenen Kaserne in České Budějovice und vor der alten Konservenfabrik in Bruck an der Leitha, die auch im Roman vorkommt. In Ungarn waren wir in Budapest, Hatvan und Sátoraljaújhely und marschierten von dort aus in der Mittagshitze eine Stunde lang nach Slovenské Nové Mesto, denn anders als 1914 fahren hier keine Züge mehr, und die Stadt wird durch eine Landesgrenze zwischen Ungarn und der Slowakei zerteilt, die es früher nicht gab. Wir waren auch in Humenné, wo Švejk in einem Zug eine Flasche Cognac austrank und an diese Heldentat ebenfalls eine Statue am Bahnsteig erinnert.

Und jetzt sind wir also in Medzilaborce, eine Stunde Zugfahrt von Humenné entfernt.

Im Roman beobachtet Švejk aus dem Zug die zerschossenen Häuser und Schützengräben. Er sieht auch die Züge mit den Kriegsverwundeten. Spätestens hier verwandelt sich dieser sonst so unterhaltsame Roman in eine düstere Erzählung. Auch heute noch kann man aus dem Zug die eine oder andere Ruine von damals sehen.

Wir haben noch ein wenig Zeit. Gleich neben der Statue von Švejk lockt uns eine kleine Bahnhofskneipe. Ein Mann sitzt beim Bier, liest Zeitung und grüßt die Fahrgäste, die auf den Zug warten. Die Falten auf seiner Stirn bilden ein schwarzes Kreuz, das sich ein wenig bewegt, wenn der Mann spricht. Und das tut er. Er spricht Slowakisch und Ruthenisch und Polnisch, so wie alle hier. Früher war er mal bei der Eisenbahn, erzählt er, dann ist er krank geworden. Doch auch heute kommt er jeden Tag zum Bahnhof, sitzt in der Kneipe und beobachtet durch die offene Tür die Züge. Der Mann erzählt von dem großen Eisenbahnunglück von 1916, als es ganz in der Nähe zu einem Zusammenstoß von zwei Militärzügen kam. Der eine war Richtung Krieg unterwegs und sollte Benzin an die Front bringen, der andere die Schwerverletzten von der Front zurück. Zwei Tage lang brannten die Züge und der Wald. Mindestens hundertvierzig Menschen kamen bei dem Unglück um. Und achtzig Pferde.
Der Mann erzählt auch von Andy Warhol, dessen Eltern von Medzilaborce nach Amerika ausgewandert waren. Heute wiederum pilgern Amerikaner nach Medzilaborce, wo es im ehemaligen Kulturhaus ein großes Warhol-Museum gibt.

Der gute Soldat Švejk: Bekannt aus dem Roman von Jaroslav Hašek, in dem Švejk auch auf dieser Strecke durch die Karpaten fährt.

Zusammentreffen in Humenné, Ostslowakei.
Gleich fahren alle Züge ab.

Der Mann erzählt von dieser armen, gottverlassenen Gegend und diesem merkwürdigen Ort, wo bis zum Zweiten Weltkrieg nur eine einzige Fabrik stand – ein Sägewerk. Die zweitgrößte Firma war ein Schnapsgroßhandel.
Auch von dem friedlichen Zusammenleben von Juden, Katholiken, Slowaken und Ruthenen in der Gegend erzählt der Mann, bis 1939 die slowakischen Faschisten kamen. Danach brach alles auseinander. Heute erinnert nur wenig an die ehedem große jüdische Gemeinde von Medzilaborce.
Der Mann würde uns noch viel mehr erzählen, doch unser Zug ist da. Wir dürfen ihn nicht verpassen. Er fährt nur im Sommer, nur am Freitag, Samstag und Sonntag und nur zweimal am Tag. Doch die Fahrt lohnt sich, das merkt man gleich, wenn man einsteigt. Der Zug mit dem Namen *Soldat Švejk* von Medzilaborce in der Slowakei über die Karpaten nach Sanok in Polen. In Galizien.

Wir sitzen in einem kleinen modernen Triebwagen, der uns zum Łupków-Pass schleppt. Der Wald ist so gesund und grün, dass man in diesem Blättermeer baden möchte. Alles alte und junge Buchen, hier und da eine Eiche oder Birke. So sah früher ganz Mitteleuropa aus.
Ein alter Lada parkt auf einem Waldweg. »Aha! Sie sind in den Pilzen. Sie sind klug, hier oben hat man keine Konkurrenz, ganz anders als unten im Tal«, sagt der polnische Schaffner. Er ist hager, lebendig, Ende fünfzig, kennt sich aus mit dem Wald und seinem Holz. Er schnitzt gern kleine Objekte, manchmal auch im Zug, wenn er leer ist. Er zeigt uns einen Löffel, den er gestern für seine Enkelin gemacht hat. Manchmal nimmt er sie auch mit im Zug.
Kurz vor dem Scheiteltunnel steht eine kleine Holzbaude. »Man kann Feuer machen und übernachten«, erklärt der Schaffner. Heute hat man hier Ruhe. Kein Krieg. Und keine Züge. »Früher war das anders«, fährt er fort. »Früher sind viele Züge gefahren, die ganze Strecke war sogar zweigleisig ausgebaut, eine Hauptbahn eben. Bis heute sind die Bahnhöfe so groß wie Schlösser, nur fast alle verlassen. Früher war diese Strecke eine wichtige Verbindung von Wien und Budapest nach Humenné, Sanok, Przemyśl und Lemberg. Früher war das alles hier ein einziges Land.«
Früher, früher. Noch 1914 war es so. Nach 1918 nicht mehr. Heute liegt Wien in Österreich, Budapest in Ungarn, Humenné in der Slowakei, Sanok und Przemyśl in Polen und Lwiw, das alte Lemberg, in der Ukraine.
Unsere Gedanken über das Europa von damals und heute werden rasch vom Dunkel des Tunnels umhüllt. Der Zug fährt jetzt langsam, als hätte er in der Düsternis Angst bekommen.

Der Zweite Weltkrieg ließ die Region erst recht nicht zur Ruhe kommen. Und das gilt auch für diesen alten Tunnel, Baujahr 1874. »Zum Schluss haben die deutschen Truppen ihn sogar gesprengt«, erzählt der Schaffner. »Die Russen bauten über den Pass eine steile Umleitung mit einer Spitzkehre, wo alle Züge die Richtung änderten. Dann wurde der Tunnel wiedereröffnet.« An dem Portal hängt heute noch eine Tafel aus sozialistischen Zeiten, also auch von früher: »Was der Zorn der Germanen zerstörte, baute die brüderliche Hand der Sowjetarmee wieder auf.«
Die Staatsgrenze verläuft in der Mitte des Tunnels, der etwas über vierhundert Meter lang ist. Die Röhre ist beleuchtet, doch man sieht trotzdem nicht viel, nur das Mauerwerk und die weißen Pfeile an den Seiten, die zum Ausgang führen. Und zu den kleinen Räumen, wo sich der Streckenläufer, der den Zustand der Schienen kontrolliert, vor dem Zug verstecken kann, sollte er zur Unzeit im Tunnel sein.
In diesem befindet sich auch der höchste Punkt der Strecke, die in der Vergangenheit so viel erlebte. »Noch nicht, noch nicht, noch nicht, noch nicht …«, zählt der Schaffner eine Art Countdown herunter. »Ja, ja, ja, genau, hier, hier ist die Grenze zwischen

Früher war es ein wichtiger Bahnhof. Heute fahren nicht mehr viele Züge hier. Der Bahnhof in Sanok.

der Slowakei und Polen. Hier ist die Mitte des Tunnels. Vielleicht auch die Mitte von Europa. Vielleicht versteckt sich hier sogar das Herz der Karpaten.«

»Wo?«, fragen wir.

»Na dort.«

Wir haben es verpasst.

»Na, dann auf der Rückfahrt.«

Ein junger Wanderer auf einem der Nachbarsitze erzählt, wie er mal durch den Tunnel ging. »Das war vor etwa fünf Jahren, damals sind hier keine Züge gefahren. Aber trotzdem hast du Angst, ich hatte nur eine kleine Taschenlampe. Im Tunnel ist es ganz kalt, und du hörst das Wasser tropfen, und es hallt so, dass es sich wie ein Wasserfall anhört. Am Ende des Tunnels sah ich plötzlich vor der Einfahrt ein Riesentier stehen. Mitten auf den Gleisen. Es war ein Hirsch. Er stand einfach da, zwischen den Schienen, und schaute in den Tunnel. Erst als ich draußen war, war der Hirsch weg.«

Der Schaffner nickt und setzt hinzu, nicht nur die Wanderer, sondern auch Tiere kürzten oft den Weg aus der Slowakei nach Polen durch den Tunnel ab. Er liebt diese Gegend, wo auch die Romane und Erzählungen des polnischen Autors Andrzej Stasiuk angesiedelt sind, dessen *Galizische Geschichten* wir zusammen mit dem Švejk-Roman im Rucksack haben. Der Schaffner liebt auch den guten Soldaten Švejk. Und daher auch diesen Zug, der genauso heißt.

Wir kommen in Łupków an, im ersten Bahnhof in Polen. Die Bahnanlage ist immer noch groß angelegt, doch die Gleise sind verrostet und verlieren sich im hohen Gras. Das mächtige Bahnhofsgebäude wirkt verlassen. Auf dem Bahnsteig stehen zwei Grenzsoldaten und mustern streng die wenigen Fahrgäste, die im Zug sitzen. Der Fahrdienstleiter kommt, spricht kurz mit dem Lokführer, dann hebt er den Befehlsstab hoch, und wir fahren weiter.

»Seht ihr den Hügel da?« Der Schaffner zeigt aus dem Fenster. »Hier wurde im Ersten Weltkrieg überall gekämpft, wir Österreicher gegen die Russen, wir waren damals doch alle Österreicher. Um jeden Hügel hier in der Gegend wurde gekämpft. Überall im Wald findet man immer noch die Schützengräben und Artilleriestellungen. Und auch viele Friedhöfe, manche liegen heute versteckt im Wald, der die Toten umarmt. Manchmal glaube ich, die Toten sind als Geister hier immer noch unterwegs. Jaja, die Karpaten können davon ganze Geschichten erzählen. Von hier bis weit hinein in die Ukraine.«

Eine ältere Dame hat Durst. Sie fragt, ob man sich in einem Bahnhof vielleicht etwas zu trinken kaufen kann. »Früher waren überall Bahnhofslokale, heute nicht mehr«, antwortet der Schaffner. Er bietet ihr sein eigenes Wasser an.

»Und Bier, haben Sie auch Bier?«, fragt ein anderer Fahrgast. »Der Švejk ohne Bier, das geht doch nicht.«
»Bier habe ich natürlich auch. Švejk würde sich freuen.« Der Schaffner lacht und zieht aus seinem Rucksack eine Trinkdose. »Doch Bier gibt's leider erst nach der Schicht.« Ein wenig traurig steckt er die Dose wieder in seinen Rucksack zurück.
Wir überqueren eine Straße, und auf einem Parkplatz sehen wir ein Warnschild. »Achtung, Bären«, steht auf Polnisch darauf geschrieben.
»Jaja, viele Pilze, viele Rehe, viele Wildschweine, viele Hirsche und viele Bären. Viel zu viele Bären.« Der Schaffner weiß, wovon er redet. Er kennt nicht nur die ganzen Geschichten, sondern auch die Berge, jeden Winkel in den dichten Wäldern. Wenn er nicht Zug fährt, ist er auf der Jagd. So wie viele Männer in der Gegend.
Es ist ein herrlicher Sommertag im August. Die Landschaft wirkt wild, aber auch einsam und daher sehr ruhig. Fast versöhnt mit der düsteren Geschichte. Aus dem

Zu einem Sommer in den Karpaten gehört auch ein ordentliches Gewitter.
Der gute Soldat Švejk bleibt entspannt.

Zug kann man sehen, dass hier früher überall viel mehr Menschen gelebt haben. Wir erblicken viele eingestürzte und verlassene Häuser und Ruinen, alte Obstbäume und Gärten, zugewachsene Feldwege. Und die alten Formsignale. Die Orte, an denen unser Zug immer nur kurz hält, heißen Komańcza, Rzepedź oder Wysoczany.
Und bald verwandelt sich die Berg- in eine Flussstrecke. Zuerst fahren wir an der Osława entlang; kurz nach dem großen Bahnhof von Zagórz, wo die alte, heute schlafende Strecke nach Chyriw und Lwiw und auch Przemyśl abgeht, kommt der San. Nach dem Fluss wurde die alte Garnisonsstadt Sanok benannt, die die Endstation des *Soldaten Švejk* ist. Der Bahnhof sieht wieder mal verlassen aus. Die Bahnhofskneipe *Semafor* gibt es leider nicht mehr.
Der Schaffner erklärt uns den Weg in die Altstadt. Und auch zum Geschäft mit der besten Bierauswahl weit und breit. Der Laden heißt Al Capone, nach dem berühmten Gangster aus dem Chicago der 1920er und 30er. Aber anders als in der amerikanischen Prohibitionszeit ist der Alkoholhandel hier keineswegs illegal, und neben Bier gibt es auch viel Wodka. Und laute Popmusik.
Wir gehen durch die Altstadt. Es ist sehr heiß und schwül, wir schwitzen. Wir schauen uns die Statue von Švejk an, der trotz der Temperaturen gut gelaunt und Pfeife rauchend auf einer Bank in der Sonne sitzt. Gleich nebenan hat er unter seinem Namen auch eine Kneipe eröffnet. Am Markt essen wir Kohlrouladen und Krautsuppe. Die Altstadt und das Schloss liegen auf einem Hügel, und als wir uns den Gottesdienstplan der beiden großen Kirchen anschauen, merken wir, dass der deutlich voller ist als der Fahrplan der Züge unten am Bahnhof.

Und dann stehen wir wieder auf dem Bahnsteig. Schaffner und Lokführer rauchen vor der Abfahrt noch eine Zigarette. Misstrauisch schaut der Schaffner zu den Bergen am Horizont. Den dichten schwarzblauen Wolken. Etwas braut sich über den Karpaten zusammen.
»Da kommt was runter«, sagt der Schaffner.
Der Zug macht sich auf den Rückweg, und es wird immer dunkler. Bald schon fängt es zu stürmen und zu regnen an. Wir sehen weiße Blitze, hören den Donner. Besorgt schaut der Schaffner aus dem Fenster. Wir auch. Schließlich regnet es nicht mehr, es schüttet. Die Bäume neben der Strecke werden von den Windböen gepeitscht. Aber wir rollen weiter.
Plötzlich kommt aus dem Funkgerät eine Warnung für unseren Zug. Eine Unwetterwarnung. Es könnten Bäume auf den Schienen liegen. Zu spät. Der Zug fährt langsamer, aber er fährt.

Doch kurz hinter Łupków kommt *Soldat Švejk* abrupt zum Halt. Eine Notbremsung. Der Schaffner springt hoch und rennt zum Lokführer. »Woda na torach«, ruft der. »Wasser auf den Gleisen.«

Aus dem Fenster sieht man es auf beiden Seiten des Zuges. Der wilde Wasserlauf rauscht und schäumt entlang des Gleisbetts. Der Lokführer entscheidet sich, langsam weiterzufahren.

Doch wieder bleibt der Zug stehen. Gleich sehen wir auch, warum. Ein Erdrutsch. Ein breites Stück Hang ist kurz vor der Tunneleinfahrt heruntergesaust, bis an die Schienen heran. Alles ist von Wasser und Schlamm überflutet. Wir hören, wie der Schaffner mit dem Fahrdienstleiter telefoniert. Der Lokführer entscheidet sich abermals für langsames Weiterfahren.

Der Tunnel ist unsere Rettung. Der Zug schiebt sich auf dessen Mitte zu, die Grenze zwischen Polen und der Slowakei. Die Mitte der Geschichte. Das Herz der Karpaten.

»Noch nicht, noch nicht, noch nicht … Jetzt! Jetzt! Jetzt!«, ruft der Schaffner.

Doch wir übersehen es auch dieses Mal.

»Was soll man bloß mit euch machen. Dann müsst ihr wohl wiederkommen.«

Als wir in Medzilaborce eintreffen, salutiert die Figur des Soldaten Švejk vor dem Zug *Soldat Švejk*. Wir verabschieden uns vom Schaffner, der sogleich wieder die Rückfahrt auf gleicher Strecke antritt. »Das wird nicht einfach«, sagen wir.

»Na ja. Es ist ja nur einmal hoch und einmal runter. Wenn wir es nach oben schaffen, dann schaffen wir es sicher auch runter!«

Wir verstecken uns vor dem strömenden Regen in der Bahnhofskneipe. Der Mann, der frühmorgens bei Bier und Zeitung saß, sitzt immer noch hier. Er schaut uns an. Und das schwarze Kreuz auf seiner Stirn bewegt sich wieder.

»Na, wie war's?«, fragt er.

Bahnzeit in den Bergen: Endstation Rigi Kulm in der Schweiz. Ein Muss für alle Eisenbahnmenschen.

Durch die Berge: zwischen Semmering und Gotthard

Im *Baedeker* von 1920 gehört diese Strecke zu den Höhepunkten einer Reise durch die Schweiz: die Gotthardbahn von Luzern oder Zürich nach Bellinzona und Lugano im Tessin. Über Arth-Goldau, Göschenen, Airolo und Biasca. Schon wenn man die Namen liest, hat man Lust zu verreisen. Die Bahnlinie verbindet den Norden mit dem Süden. Nicht nur in der Schweiz. Sondern auch in Europa.

»Die Gotthardbahn wurde 1872–82 für 271 Millionen Franken erbaut und ist 1909 in die Verwaltung der Schweizer Bundesbahnen übergegangen«, liest mein alter Freund aus seinem roten Reiseführer vor. »Ihr höchster Punkt (1154 Meter) liegt im Gotthardtunnel; die Steigungen (bis zu 26 ‰) werden zum Teil durch Kehrtunnel überwunden.«

Dorthin fahren wir heute. Richtung Gotthard, Göschenen, Airolo. Richtung Bergeisenbahn. Wir fahren auf der alten historischen Strecke, nicht durch den neuen Tunnel. Denn neue Tunnel und neue Strecken interessieren meinen alten Freund nicht. Und mir geht's ähnlich.

Mit dem frühen Zug fahren wir in Zürich los, schlummern noch mal kurz und wachen erst vor Arth-Goldau wieder auf. Hier steigen wir kurz aus und betrachten das Bahnhofsareal.

Die Bahnanlage sieht wie eine große Gabel aus. Und der Bahnhof wie ein Keil. Ein Keilbahnhof. Ein Trennungsbahnhof also, der den Reisenden auch an seine eigenen Trennungen erinnern kann: Man kommt zusammen an, steigt vielleicht sogar noch zusammen aus dem Zug aus. Doch dann passiert etwas, und jeder fährt in seiner Richtung allein weiter. Wenn man aber Glück hat, kommt man an so einem Bahnhof auch wieder aus zwei unterschiedlichen Richtungen zusammen und fährt dann zusammen weiter. Mindestens einen Teil der Strecke, bevor man sich wieder trennt.
Der silberne Schienenlauf aus Richtung Zürich fließt hier mit der Bahnstrecke aus Luzern und Basel zusammen. Alle paar Minuten rattert ein Zug in Richtung Süden oder Norden durch die Station. Die leisen, modernen, schlangenartigen Eurocity-Züge von und nach Mailand. Die Regionalbahnen. Und die schweren Güterzüge. Vor allem dafür wurde die Strecke einst gebaut. Um Güter von Norden nach Süden zu bringen und umgekehrt. Auch aus Deutschland nach Italien und umgekehrt. Die Kohle nach Süden. Die Südfrüchte nach Norden.
Zwischen den Gleisen thront wie eine Burg das Bahnhofsgebäude, wo man sich Kaffee und Zeitung holen kann. So machen wir es auch.
Von Arth-Goldau kommt man mit dem Voralpen-Express der Schweizerischen Südostbahn nach St. Gallen. Eine vielleicht weniger bekannte, doch malerische Bahnlinie. Auch eine Bergstrecke, doch das sind fast alle Strecken in der Schweiz. Mit der legendären Zahnradbahn geht's von Arth-Goldau auch auf die Rigi hinauf, von wo man das ganze Alpenpanorama vor Augen hat, ein Bild davon schmückt auch den alten *Baedeker*. Der Bahnsteig der Rigibahn liegt auf einer Brücke quer über den Gleisen der Gotthardstrecke. So ist der Bahnhof von Arth-Goldau nicht nur ein Keilbahnhof, sondern ein wenig auch ein Sattelbahnhof. »Eine Besonderheit«, sagt mein alter Freund.
Der *Baedeker* erzählt uns, dass die Stadt Arth-Goldau auf den Trümmern eines gewaltigen Bergsturzes errichtet wurde, der 1806 gleich vier Orte verschüttete. Noch heute erinnert man sich an eine der schlimmsten Naturkatastrophen in der Geschichte des Landes. Wenn man genau hinschaut, sieht man aus dem Zug immer noch die Spuren dieser Verwüstung. Einzelne Felsbrocken, mittlerweile mit Moos, aber auch Bäumen bewachsen, ruhen in der Landschaft, wirken aber nach wie vor bedrohlich. Man wird das Gefühl nicht los, dass die Trasse der Gotthardbahn an dieser Stelle den riesigen Steinen ausweichen muss und daher ein wenig im Zickzack verläuft. Auch hier passt sich die Eisenbahn der Natur an.
Wir sitzen am Bahnsteig, ein Containerzug aus dem Süden rattert vorbei. Mein alter Freund freut sich schon auf die vielen Tunnel, die auf uns warten. Er erkennt der

Richtung Tirano: Nirgendwo in Europa sind die Berge so hoch, so nah und so weiß wie hier in der Schweiz.

Dunkelheit und den Geräuschen und auch dem Luftdruck nach, in welchem Tunnel er sich gerade befindet. Die neue Röhre am Semmering kann er von der alten unterscheiden.

Er erzählt mir auch von den Tunnelkranken, die nach so einer Tunnelfahrt durch die Berge in der Irrenanstalt landeten. Überfordert von der Bewegung, der Schönheit der Bergstrecken. Aber vor allem erschlagen von der Dunkelheit und dem Lärm im Tunnel. Der alte Freund erzählt von Menschen, die auch heutzutage unter der sogenannten Tunnelangst leiden. Die zittern, nach Luft schnappen und im Schweiß baden. »Für die wäre das Licht am Ende des Tunnels mehr als nur eine bloße Redewendung. Das hat mir mal ein Psychiater erklärt. Er kennt viele Tunnelkranke.«

Doch mein alter Freund ist zum Glück nicht tunnelkrank. Er ist ein Tunnelliebhaber. Ein typischer Tunnelmensch, wie er sagt. Er kennt unter den Eisenbahnmenschen auch viele Brückenmenschen, die sich nur für die Brücken interessieren. Und auch viele Bahndammmenschen, Oberleitungsmenschen, Signalmenschen, Stellwerksmenschen, Schienenmenschen, Schwellenmenschen, Schottermenschen, Bahnhofsuhrenmenschen, Bahnansagenmenschen, Fensteraufmenschen, Weichenmenschen oder Schrankenmenschen, die unterscheiden können zwischen allen Bahnübergängen in Europa und nicht nur Schrankenbäume, sondern auch die Andreaskreuze anbeten, die die Bahnübergänge schmücken. Mein alter Freund macht sich ein wenig Sorgen um mich. Er findet es komisch, dass ich keine Bahnspezialisierung habe, dass ich nur ein normaler, langweiliger, durchschnittlicher Eisenbahnmensch bin.

Wir warten auf unseren Zug. Leider schaffen wir es nicht, zum Bahnbetriebswerk zu gehen. Natürlich würden uns vor allem die Lokomotiven interessieren, aber auch die

Fenster mit Schneeblick: zwischen Innsbruck und Garmisch-Partenkirchen auf der Mittenwaldbahn.

Eidechsen, die sonst nur an der Südseite der Alpen leben. Mein alter Freund erzählt, dass die Reptilien mit den Güterzügen aus dem Tessin hierhergekommen sind, als blinde Passagiere. Wer weiß, vielleicht gibt es sie demnächst auch in Prag. Oder in Berlin. Einen Zug kann man aufhalten, doch die Natur lässt sich niemals aufhalten. So wandern entlang der Bahnstrecken nicht nur Tiere, sondern auch Pflanzenarten.

Und dann ist unser Zug auch schon da. Wir steigen ein. Mein alter Freund liest wieder aus seinem *Baedeker*. Über die Eisenbahnen und die Dampfschiffe auf den Seen, aber auch die Fußwanderungen in den Bergen. »Wickelgamaschen, Schneebrille, Eispickel, Verbandszeug sind notwendig … Gut, dass wir im Zug bleiben, da kriege ich gleich Angst, wenn ich es lese. Und hier … Aus Gletscherwasser trinke man nicht ohne Beimischung von Kirsch, Rum oder dergleichen.«

Schnaps haben wir vergessen, aber vier Dosenbiere haben wir mit. Wir stoßen an. Im Rucksack hat mein alter Freund aber nicht nur Bier und *Baedeker*, sondern auch ein anderes Buch, *Die Überschienung der Alpen* von Amand von Schweiger-Lerchenfeld. Er liebt dieses Buch, doch vor allem liebt er das Wort Überschienung. In diesem sperrigen Wort spürt man es fast körperlich, wie mühsam, anspruchsvoll und auch gefährlich so eine Überschienung war. Die alten Strecken passen sich der Natur an, sagt mein alter Freund immer. Die alten Strecken stehen mit der Natur im Einklang. Die alten Strecken respektieren die Natur. Für die neuen Strecken spielt die Natur keine Rolle mehr. Für die Tunnelbauer von früher waren Berge eine psychische und physische Herausforderung, für die Computer und Maschinen von heute ist es nur noch Arbeit, sagt er.

Wir waren schon oft in den Bergen zusammen. Mein alter Freund liebt die Berge, so wie ich auch, doch im Unterschied zu mir hasst er das Wandern. Über Berge wandert er immer nur mit dem Zug, wie er sagt. Dafür aber so oft, wie es nur geht. Zusammen haben wir zwischen der Slowakei und Polen die Karpaten von Medzilaborce nach Sanok überschient. Die Hohe Tatra in der Slowakei. Die Pyrenäen von Toulouse über Latour-de-Carol nach Barcelona. Mit der Harzquerbahn den Harz, mit der Böhmerwaldbahn den Böhmerwald und mit der Schwarzwaldbahn den Schwarzwald, wo man einst die ersten Kehrtunnel baute, die in der Kurve eine Steigung der Bahnstrecke direkt im Tunnel ermöglichen.
Gleich drei Mal haben wir auch den Apennin zwischen Bologna und Florenz überschient. Zuerst durch die siebenundvierzig Tunnel und über die fünfunddreißig Brücken auf der Bahnstrecke *Porrettana* über Porretta Terme und Pistoia, die 1864 als die erste Eisenbahn Norditalien mit Mittelitalien verband. Und heute noch als Lokalbahn im Betrieb ist. Die Fernzüge stiegen 1934 auf die zweigleisige und schnellere Strecke *Direttissima* um und verschwanden schließlich 2009 im Keller tief unter dem Apennin, so wie die Expresszüge und auch Güterzüge im Keller unter dem Gotthard verschwanden. Die Bahnfahrt von Bologna nach Florenz dauert heute mit dem *Frecciarossa* nur noch siebenunddreißig Minuten, doch man sieht fast nur eins: den Tunnel.

Wir stoßen wieder auf die Bahnstrecken mit Bahnblick an und schauen wieder aus dem Fenster. Wir fahren durch Schwyz. Wir fahren unter mächtigen Felsformationen vorbei, dem Kleinen Mythen und dem Großen Mythen. Wir fahren durch Brunnen und kommen am Urnersee vorbei, dem tiefsten Teil des Vierwaldstättersees, der sich mit seinem türkisblauen Wasser wie ein Fjord durch die Zentralschweiz erstreckt. Für einen Moment glauben wir, in der Bergensbanen in Norwegen zu sitzen, wo mein alter Freund selbstverständlich auch schon war, ich leider noch nicht. Aber ich habe mir schon die sechsstündige Überschienung der Hardangervidda, der größten Hochebene Europas, auf YouTube angeschaut, wo man übrigens auch viele andere Bergstrecken findet und zusammen mit dem Lokführer ganz vorne sitzt.
Wie immer im Zug fahren wir nicht nur durch die Landschaft. Wir bewegen uns also nicht nur im Raum, sondern auch in der Zeit. Und wir fahren auch in der Zeit zurück, durch die Geschichte. Der Zug schiebt sich gerade am Fuß des Ortes entlang, an dem der Gründungsmythos des Alpenlandes entstand. Denn in genau dieser Gegend nahm 1291 die Geschichte der Schweiz ihren Lauf – auf dem Rütli, einer Wiese am Westufer des Sees. »Schade, dass das Rütli keinen Bahnanschluss hat«,

sagt mein alter Freund. Auch der Nationalheld Wilhelm Tell lebte hier einst, das gleichnamige Drama von Friedrich Schiller handelt somit ebenfalls in dieser Kulisse. Die berühmte Szene mit dem Apfelschuss spielte sich laut der Legende in Altdorf ab – auch durch das kleine Zentrum des Kantons Uri fährt später unser Zug.
Doch noch sind wir kurz vor Flüelen, an der Südspitze des Urnersees. Diesen Ort besuchten die beiden besten Freunde Max Brod und Franz Kafka im Spätsommer 1911, als sie aus Luzern kamen, wo sie im Casino vergeblich versucht hatten, das Roulettespiel zu erlernen. Die zwei reisten damals auch mit dem Zug an. »Von Bergen eingesperrt in Flüelen. Man sitzt gebückt, die Nase fast im Honig«, schrieb Kafka von hier auf einer Postkarte an seine Schwester Otla.
»Der arme Franz«, sagt mein alter Freund. »In Prag fühlte er sich in seinem Leben eingesperrt, und hier fühlte er sich auch eingesperrt. Doch das mit der Nase im Honig finde ich gut. Das wird oft vergessen, wie viel Humor in Kafka steckt.«
Von dieser dramatischen Landschaft entlang der Bahnstrecke hat sich Kafka bestimmt auch inspirieren lassen für die letzte Szene seines Romans *Der Verschollene*, bekannt auch als *Amerika*, der als Fragment zwischen 1911 und 1914 entstand. Denn in Amerika war Kafka nie. Auch die Landschaft in Böhmen, wo er lebte, sieht ganz anders aus als die Zentralschweiz. Sie ist sanft und viel weniger dramatisch.
Der Schriftsteller beschreibt in der tragischen Geschichte von Karl Roßmann, der als siebzehnjähriger Junge von seinen Eltern aus Prag nach Amerika vertrieben wird, genau das, was mein alter Freund und ich aus dem Fenster sehen: ein hohes Gebirge, bläulich-schwarze Steinmassen, die in spitzen Keilen bis an den Zug heranreichen, dunkle, schmale, zerrissene Täler, die sich vor dem Reisenden immer kurz öffnen und gleich wieder schließen, breite, eilende Bergströme mit großen Wellen, die sich unter die Brücken stürzen, über die der Zug fährt und die so nah sind, dass der Hauch ihrer Kühle das Gesicht erschauern macht, wie Kafka im Buch schreibt. Eine der eindrucksvollsten Eisenbahnszenen der Weltliteratur.

Mein alter Freund und ich waren auch schon oft über den Semmering unterwegs, über diesen – nicht nur für alle Tunnel- und Brückenmenschen, sondern generell alle Eisenbahnmenschen – heiligen Ort in Österreich. Denn die Semmeringbahn war die erste Überschienung der Alpen überhaupt und damit die erste Überschienung eines Hochgebirges in Europa. Ohne die Semmeringbahn, die heute zum UNESCO-Weltkulturerbe gehört, gäbe es keine Schwarzwald-, Brenner- oder Tauernbahn. Und keine Mariazellerbahn, eine Schmalspurbahn auch in Österreich, deren letzter Abschnitt mit den Brücken, die klingende Namen wie Sturzgrabenviadukt, Kuh-

Semmering, Österreich. Die sogenannte Semmeringbahn hat Carl Ritter von Ghega gebaut. Hier sein Denkmal.

grabenviadukt, Saugrabenviadukt oder Eselgrabenbrücke tragen, einen hochalpinen Charakter hat und den Reisenden mit den Kunstbauten an die Semmeringbahn erinnert.

Auch die Gotthardbahn wäre ohne diese kaum denkbar. Und ohne Carl Ritter von Ghega, Eisenbahnpionier und Erbauer der Semmeringbahn, dem viele zu Anfang nicht glaubten, dass man das Gebirge mit einer gewöhnlichen Adhäsionseisenbahn überwinden kann, einem Zug also, der seine Antriebskraft aus der Reibung zwischen den Rädern des Triebwagens und den Schienen bezieht. Doch von Ghega ließ sich nicht beirren. Sehr viel Mut und schwerste körperliche Arbeit stecken in diesem imposanten Bau der Ingenieurskunst. Mitte des 19. Jahrhunderts gab es nur Schießpulver, noch kein Dynamit. Die Natur, die Berge wehrten sich. Und doch wurden sie schließlich bezwungen und überschient.

Der erste Fahrgast war der österreichische Kaiser Franz Joseph, dem Ghega die fertig gebaute Strecke, diesen atemberaubenden Streifen aus dem Bergkino, vorführte. Zwei Monate später, am 17. Juli 1854, fuhren dann die ersten Personenzüge. Wenn mein alter Freund während der Fahrt mit der Gotthardbahn über diese historische Fahrt mit der Semmeringbahn erzählt, glaubt man fast, er sei dabei gewesen.

Mein alter Freund verehrt Louis Favre, der den Bau des Gotthardtunnels verantwortete. Doch noch mehr verehrt er Carl Ritter von Ghega. Wir haben sein Grab auf dem Wiener Zentralfriedhof besucht, das wie ein elegantes Stellwerk über diesen Bahnhof der Toten wacht, und legten dort Blumen nieder. Wir fuhren zusammen bis nach Triest, wohin es mit dem Eurocity *Emona* jetzt nach Jahrzehnten wieder eine direkte Verbindung aus Wien gibt. In der Bahnhofshalle legten wir vor dem kleinen Ghega-Denkmal auch Blumen nieder. Ebenso in Semmering, wo am Bahnhof ein

weiteres Ghega-Denkmal steht. Und es nicht weit davon, gleich am Bahnsteig, auch eine versteckte Wasserquelle gibt.
Mein alter Freund muss hier immer das Semmeringwasser trinken, da er glaubt, aus dieser Quelle habe schon der Ritter von Ghega getrunken. Und abgesehen von dieser Quelle bekommt man im Bahnhof Semmering nirgendwo mehr frisches Wasser. Das Bahnhofshotel ist schon lange zu, im ehemaligen Bahnhofsbuffet befindet sich ein kleines Museum der Bahnstrecke. Wer noch mehr wissen möchte, muss in das Südbahnmuseum nach Mürzzuschlag.

Doch jetzt sind wir mit der Gotthardbahn unterwegs. Nicht zum ersten Mal. Nicht zum letzten Mal. Ich zum ersten Mal kurz nach der Wende, als ich in Zürich ein Stipendium hatte. Und danach immer wieder, wenn ich in der Schweiz war, mit einer Tageskarte hin und zurück. Es ist eine der Strecken, die man zigfach fahren kann, und doch sieht man sie immer wieder mit anderen Augen. Ich war hier im Herbst. Im Winter. Im Frühjahr und auch im Sommer, so wie jetzt. Und auch mein alter Freund kennt alle Farben der Strecke.
»Im ganzen hat die Bahn 80 Tunnel (Gesamtlänge 46 km oder 18 % der ganzen Bahnlänge) sowie 324 Brücken …«, liest er aus seinem *Baedeker.* »In den Tageszügen meist Speisewagen, im Nachtschnellzug Schlafwagen. Von Luzern bis Amsteg rechts sitzen, dann links.« Der *Baedeker* hat recht. Wir wechseln die Seiten. Und genießen die Aussicht wieder. »Elektrischer Betrieb auf den Bergstrecken zum Sommer 1920 in Aussicht«, liest mein alter Freund weiter. Seit 1967 ist das gesamte Eisenbahnnetz der Schweiz unter Strom.
In Erstfeld steigen wir um. Hier wurden früher die Züge vorgespannt, hier beginnt die Nordrampe der Bergstrecke eigentlich erst richtig. Die ganz schweren Züge hatten vorne zwei Loks und hinten oft noch eine dritte, eine Schublokomotive. Vor der Elektrifizierung der Strecke war der Bahnhof oft in dichte Rauchwolken gehüllt. Heute ist es in Erstfeld viel ruhiger geworden. Die meisten Züge verschwinden kurz vorher schnell im neuen Gotthard-Basistunnel. Doch man kann noch erahnen, wie groß und bedeutend der Bahnhof früher war.
Erstfeld ist eine typische Eisenbahnerstadt. Hunderte von Männern arbeiteten an dieser Station. Als Weichensteller, Rangierer, Lokführer, Heizer, doch auch als Bremser. Für sie wurden eigens neue Häuser und Wohnungen errichtet. Und viele Kneipen eröffnet, wo sie den Ruß aus den Lungen ins Bier prusteten. Für die massiven Lokomotiven gab es auch ein Dach über dem Kopf, eine elegante Remise, die heute ein SBB-Museum beherbergt.

Kurz hinter Erstfeld beginnt die Bahntrasse gewaltig zu steigen, so wie es hinter Gloggnitz oder Mürzzuschlag an der Semmeringbahn der Fall ist. 26 Promille, das heißt 26 Meter auf einen Kilometer Strecke. Für eine gewöhnliche Straße wäre das zwar nicht sonderlich viel, doch für die Eisenbahn und die Lokführer ist es bis heute – trotz neuester Technik – eine wahre Herausforderung. Die Bahnstrecke steigt weiter und weiter an. Das Tal verengt sich immer mehr, die Hänge werden steiler und die Bergspitzen höher.

»Oberhalb Gurtnellen hat die Bahn eine ihrer merkwürdigsten Strecken«, steht weiter im *Baedeker.* Vergeblich suchen wir die alte Karbidfabrik, die in dieser Bibel des Bahnreisens erwähnt wird.

Noch ein langer Tunnel. Und danach erscheint hoch über uns die kleine Kirche von Wassen. Wir ziehen mehrere Schleifen um den Ort, mithilfe von Kehrtunneln. Die Kirche umkreisen wir so in kürzester Zeit auf drei verschiedenen Anhöhen. Einmal weit unten, dann bei der Durchfahrt am Bahnhof, wo zurzeit leider keine Züge halten, sowie ein letztes Mal hoch oben, wo man auf die zurückgelegten Schienenmeter blicken kann.

Ein wahrer Höhepunkt der Gotthardbahn und umso mehr ein Grund, warum man unbedingt diese alte Verbindung versuchen sollte. Durch den neuen Gotthard-Basistunnel ist man zwar viel schneller in Lugano oder Mailand, doch so entgehen einem genau solche einzigartigen Momente und Aussichten.

Nach mehreren weiteren Tunneln, Schluchten und Brücken sind wir dort angekommen, wo Kafka auf dem Bahnhof einen Jesuitengeneral beobachtete, wie er schreibt. »Göschenen (1110 m), unweit der Mündung des Gotthardtunnels, in malerischer Lage an der Vereinigung der beiden Reuß, wird als Sommerfrische besucht«, lese ich nun selbst im *Baedeker.*

Wir stehen auf dem Bahnsteig, der sich wie eine lang gestreckte Zunge vor uns ausbreitet. Der Regionalexpress verschwindet fast lautlos im Gotthardtunnel, der uns mit seinen zwei dunklen Augen, die aus den Portalen an der gewaltigen Felswand herausragen, streng entgegenblickt. Wir hören, wie unten die Fahrzeuge durch den Autobahntunnel rauschen. Um uns herum ruhen die grauschwarzen Berge. So wie es im Jahr 1920 war. So wie es sicher schon 920 war. So wie es sicher auch 2920 sein wird.

Im Bahnhofsbuffet ist niemand. Wir trinken ein Bier, doch es gibt sogar den tschechischen Sekt Bohemia. Warum, kann uns niemand erklären. Vielleicht wegen Kafka? Einst war dieser Bahnhof ein lebendiger Ort. Die Schlepptender der durstigen Dampfloks mussten in Göschenen nach der harten Arbeit wieder mit Wasser befüllt werden, die Gäste hatten Zeit, zu essen und zu trinken und sich umzuschauen. Einer der Wirte damals war ein Schriftsteller, er hieß Ernst Zahn. Heute ist er vergessen, doch noch vor dem Zweiten Weltkrieg war seine Alpenprosa äußerst beliebt, auch in Deutschland. Vielleicht hat er sich viele Geschichten auf dem Bahnhof geholt, so wie Adolf Branald in Moldava und Bohumil Hrabal in Kostomlaty.

Wir gehen ins Dorf und finden eine Bäckerei, bestellen Kaffee und Kuchen. Dann fragen wir, wie wir zum Friedhof kommen.

»Sie möchten wohl Louis Favre besuchen?«

»Ja. Woher wissen Sie das?«

»Da kommen einige, die unseren Louis besuchen möchten.«

Die Dame lacht, und wir lachen auch. Dann erzählt sie uns von dem Tunnelbauer, und es hört sich so an, als wäre er noch am Leben und käme oft in der Bäckerei vorbei. »Gehen Sie einfach über die Brücke, dann nach links und dann noch ein bisschen weiter, und dort ist auch schon der Friedhof. Grüßen Sie Louis ganz herzlich von mir«, sagt sie, als wir zahlen.

Mein alter Freund hat noch ein drittes Buch bei sich. Die österreichische *Enzyklopädie des Eisenbahnwesens*. Ein absoluter Klassiker aller Eisenbahnliebhaber, herausgegeben von Victor von Röll in Wien zwischen 1912 und 1923. Mein alter Freund schleppt natürlich nicht alle zehn Bände mit. Er ist zwar wirklich schon ein wenig alt, aber ein durchaus moderner Mensch. Er hat das Buch digital auf seinem Handy parat.

»Am 19. Juli 1879 wurde Favre, als der große Bau des 15 Kilometer langen Tunnels seinem Ende nahe war, der Richtstollen auf der Nordseite 7096 Meter, auf der Südseite 6460 Meter erreicht hatte, von einem Gang im Tunnel zurückkehrend, durch einen Herzschlag dahingerafft«, liest er vor, als wir auf der Terrasse der Bäckerei sitzen. »Favre platzte während eines Kontrollgangs im Tunnel die Aorta«, setzt er hinzu. Die Eröffnung des Gotthardtunnels 1882 erlebte der Eisenbahnpionier nicht mehr, er starb sogar noch vor dem sogenannten Durchstich.

Schließlich gehen wir los, über die Brücke. Wir sehen niemanden, wahrscheinlich sind wir gerade die einzigen Touristen hier. Das Gotthardtunneldorf, wie man zu Göschenen auch sagt, wirkt ein wenig verlassen. Als der Tunnel gebaut wurde, lebten fast 3000 Menschen hier, in den 1960ern waren es noch über 1200, viele verdienten damals das Geld bei der Eisenbahn. Heute sind es ein bisschen mehr als 400 Einwohner.

Mein alter Freund pflückt ein paar Wiesenblumen. Wir gehen noch eine schmale Straße entlang und stehen dann vor dem Friedhof. Hier ist es ganz still, und das hohe Denkmal für Louis Favre ist tatsächlich leicht zu finden. Wir legen die Blumen

an dem weißen, in der Sonne strahlenden Obelisken ab, wo auch an die anderen 199 Männer, die während des Tunnelbaus starben, erinnert wird. Erschlagen von Steinen und Felsen. Überfahren von Lokomotiven und Wagen. Zerfetzt von Dynamitexplosionen. Einer ist sogar ertrunken. Dazu kommen noch die vielen Verletzten und Kranken. Auch sie werden in der alten *Enzyklopädie des Eisenbahnwesens* erwähnt: »Die lange Zeit fortgesetzte Tunnelarbeit gibt den Menschen ein eigentümliches Aussehen, sie werden bleich und mager, öfters auch lungen-tuberkulös.«
Einer der Männer schaut stellvertretend als Statue zur Büste von Favre hoch. Er wirkt sehr erschöpft. Wie schwer und gefährlich die Arbeit an dem Tunnel war, kann man sich in den ehemaligen Vermessungsstollen anschauen. Hier entstand vor ein paar Jahren eine Installation über den Tunnelbau als Teil des Geschichtsparcours durch den Ort. Man hört Stimmen der Arbeiter. Man verliert sich im Dunkeln. Man wird von Explosionen erschreckt, dass man fast Angst bekommt, von den herabfallenden Steinen erschlagen zu werden.

Wir gehen zurück Richtung Bahnhof. Von der Kirche schauen wir uns die Brücken an, die zur Station führen. Im Laufe der Zeit sind gleich mehrere entstanden. Ein kleines geheimes Brückenmuseum.
Wir müssen uns nicht beeilen. Seitdem der neue Tunnel tief unter Göschenen gebaut wurde, fahren nicht mehr so viele Züge auf der alten Strecke. So stehen wir kurz danach vor dem verlassenen Bahnhofshotel, das im *Baedeker* von 1920 noch als

Die malerische Rittnerbahn in Südtirol.
Und das Denkmal von Louis Favre
in Göschenen.

Unterkunft empfohlen wird. Auf das Bahnhofshotel von Göschenen scheint kaum oder vielleicht niemals die Sonne. Das merkt man dem Gebäude auch an. Es sieht blass und ungesund aus. Man muss unweigerlich an die Arbeitergesichter denken, wie sie in der Eisenbahnenzyklopädie beschrieben werden. Und auch an Kafka. Denn hier fühlt man sich von den Bergen erst richtig eingesperrt. Nur der Honig, der Honig fehlt.

Das Tal von Göschenen ist steilwandig und sehr eng. Doch dieser Winkel scheint noch enger zu sein. Die kahlen Bergspitzen muten so nah an, dass man mit den Händen nach ihnen greifen kann. Und doch bleiben sie unerreichbar.

Unten am Bahnhofsvorplatz kommt gerade der Zug der schmalspurigen Matterhorn-Gotthard-Bahn an, der zwischen Göschenen und Andermatt pendelt. Auch dies ist für die Reisenden heute ein Grund, um in Göschenen aus dem Zug zu steigen. Die Fahrt lohnt sich sehr. Die kurze, steile Strecke der einspurigen Schöllenenbahn verbindet die Gotthardbahn nicht nur mit Andermatt, sondern auch mit den Alpenbahnen nach Disentis und Chur in Graubünden und Visp im Wallis.

Während dieser Fahrt wird jedem Reisenden noch viel klarer, wie schwer die Überschienung der Alpen wirklich war. Die Trasse der Zahnradbahn versteckt sich für einen längeren Moment in einer in den Berg gebauten Galerie. Doch immer wieder erblickt man die wilde, schäumende und tosende Reuss in der Schöllenenschlucht und die alte kurvige Gotthardstraße mit der Teufelsbrücke, die den Fluss überquert. Die Bahnstrecke nutzen heute vor allem Touristen, doch einst war sie auch von großer militärischer Bedeutung. Hoch oben um den Gotthardpass herum baute man Festungen, die die Schweiz im Kriegsfall beschützen sollten. Das Bunkersystem nannte man Réduit. Viele der ehemaligen Festungsanlagen kann man heute noch besichtigen.

Ich erzähle meinem Freund, wie ich irgendwann mal im tiefsten Winter in Andermatt strandete. Wegen des vielen Schnees und der Lawinen fuhren von dort aus keine Züge mehr weiter. Ich saß im Bahnhofsbuffet und beobachtete eine russisch sprechende Familie, die dort Tee trank. Wahrscheinlich hatten sie sich den Skiurlaub in der Schweiz anders vorgestellt.

Es war noch ein weiterer Gast dort, ein älterer Engländer, auch ein Eisenbahnmensch. Ein Schmalspurbahnmensch, wie sich herausstellte. Der Engländer fand die ganze Situation ganz toll. Eigentlich wollte er durch den Furkatunnel nach Brig fahren. Immer wieder ging er aus dem Bistro, um sich die Tafel mit den Abfahrten der Züge anzuschauen.

Entlang der Semmeringbahn kann man heute auch schön wandern.

»Richtung Brig, Strecke gesperrt, Lawinengefahr. Toll!«, freute er sich. »Richtung Disentis, Strecke gesperrt, Lawinengefahr. Toll! Und Richtung Göschenen wird sicher auch bald die Strecke wegen Lawinengefahr gesperrt. Ist das toll! Dann kommen wir hier nicht mehr weg. Toll. Toll. Toll. Das kannst du in England nicht erleben. Da haben wir keinen Schnee. Nicht mal in Schottland kannst du so etwas erleben. Das kannst du nur hier in der Schweiz. Strecke gesperrt! Lawinengefahr! So great!«

Ich wollte ihm sagen, dass man so was auch in Österreich erleben kann, sogar manchmal in der Slowakei, doch er hörte mir sowieso nicht zu.

Er schwärmte vielmehr, er würde sich freuen, wenn es ihn erwischte, wenn er im Zug von einer Lawine verschüttet werden würde.

Věra Chytilová, eine bekannte Filmregisseurin der tschechoslowakischen Neuen Welle, hat 1980 einen tollen Eisenbahnfilm gedreht, *Kalamitäten*, in dem es genau darum geht: Ein Zug wird unter einer Schneelawine begraben, die Fahrgäste erhoffen ihre Rettung. Trotzdem ist der Film vor allem eine Komödie. Das erzählte ich dem Engländer jetzt doch.

Da meinte er, den Film müsse er sich besorgen, denn sein ganzes Leben bestehe nur aus lauten Kalamitäten … Er erzählte mir von seiner ersten Frau, die seine Liebe für

die Eisenbahn nicht teilte. Er erzählte von seiner zweiten Frau, die seine Liebe für die Eisenbahn auch nicht teilte. Er erzählte von seiner dritten Frau, die seine Liebe für die Eisenbahn leider auch nicht teilt. Er erzählte auch von seiner Modelleisenbahn, seiner Kursbuchsammlung, seiner Liebe zu den Schmalspurbahnen. Und am Fenster saßen die Russen und tranken ganz langsam und leise ihren Tee.
Dann fuhr ich mit dem Zug zurück nach Göschenen. Es schneite stark. Am Bahnhof sah ich nichts mehr, nur eine weiß verschneite kalte Wand. Und plötzlich stand der Zug vor mir. Wie ein Spuk. Ich fuhr nach Zürich, und der Engländer blieb in Andermatt. Mit seinem Traum, bei einer Zugfahrt von einer Schneelawine begraben zu werden.

Wir sitzen jetzt am Bahnsteig. In Göschenen ist schon lange kein Fahrdienstleiter mehr zu sehen. In Semmering auch nicht. Doch den letzten Fahrdienstleiter von Semmering haben wir noch erlebt, mein alter Freund und ich.
Es war ein sehr nachdenklicher, ruhiger und leicht melancholischer Mann, so wie viele Eisenbahner, die ich kenne. Das ganze Arbeitsleben verbrachte er in Semmering mit Blick auf den Bahnhof und die dunklen Augen der beiden Tunnelröhren, in denen sich der Scheitelpunkt der Strecke befindet. 898 Meter über der Adria, wie es in Österreich auch heute noch heißt, obwohl das Land seit 1918 keinen direkten Zugang zum Meer mehr hat. Doch auch heute noch beziehen sie das Höhensystem in Österreich auf den Molo Sartorio im Hafen von Triest, der mit der Hauptstadt Wien 1857 durch die Südbahn verbunden wurde, deren schönster Teil die Semmeringbahn ist.
Seine letzten Jahre im Beruf war der Fahrdienstleiter einzig und allein damit beschäftigt, auf die Schranke zwischen dem ersten und zweiten Bahnsteig aufzupassen. Viel zu wenig Arbeit für einen so erfahrenen Eisenbahner, der uns viel von dem Leben auf der Strecke erzählte. Von den langen Güterzügen nach Triest und Koper und viel zu kurzen Gleisen. Wie die Lokführer auf den steilen Bergstrecken mit viel Vorsicht fahren müssen. Nicht nur bergauf, sondern auch bergab. Bremsen. Die Bremsen loslassen. Wieder kurz bremsen, wieder die Bremsen kurz loslassen. Das braucht viel Übung. Und viel Gefühl. Der Fahrdienstleiter erzählte uns auch von den schlimmsten Feinden der Eisenbahn. Von Schnee und Eis, die nicht nur auf den Bergstrecken zu jedem Winter gehören.
Einmal schauten mein alter Freund und ich uns auch den ganzen merkwürdigen Ort Semmering an. Die alten Hotels und riesigen Paläste wie das Südbahnhotel, einer meiner Favoriten unter den sogenannten Eisenbahnhotels, das heute leer und verlassen in dieser märchenhaften Landschaft steht und auf die Gäste wartet, die nie

Dichte Zugfolge: Alle paar Minuten rollt ein Zug durch den Bahnhof von Semmering. Nach Wien. Nach Triest. Nach Graz. Nach Villach. Nach Venedig. Oder nach Prag.

wieder kommen. Wir wanderten auch entlang der Strecke, standen dann stundenlang auf einem Aussichtsturm und schauten auf die Tunnel und Brücken und steilen Felswände und Schleifen, mit deren Hilfe die Strecke steigen kann. Mein alter Freund war sichtlich bewegt.

Selbstverständlich kennt er auf der Semmeringbahn jeden Tunnel. Schön der Reihe nach, wie sie dort stehen. Sie haben Namen wie Klamm-Tunnel oder Gamperl-Tunnel oder Weinzettelwand-Tunnel. Und es macht ihn immer etwas wütend, wenn jemand die Namen durcheinanderbringt. Und alle zum Teil mehrstöckigen Brücken und ihre Namen kennt er auch, Höllgraben-Viadukt, Rumplergraben-Viadukt, Kalte-Rinne-Viadukt, obwohl er immer sagt: »Ich bin ein Tunnelmensch, kein Brückenmensch. Die Brücken bringen dich nur über einen Fluss oder ein Tal, doch die Tunnel verändern alles, vor allem Scheiteltunnel wie der Semmeringtunnel. Solche Tunnel bringen dich in eine andere, neue Welt. Nach der Durchfahrt eröffnet sich eine ganz neue Perspektive. Das Licht verändert sich. Und auch das Wetter und das Klima und die Fauna und Flora und die Farben. Überall ist es so. Das gilt für den Semmering und auch für den Gotthard.«

Dann kommt unser Zug, wir steigen ein. Und fahren durch den Gotthardtunnel, das Herzstück dieser Strecke, wie mein alter Freund sagt, auf die andere Seite der Berge. Nach Airolo. Ins Tessin. In Ticino.

In Göschenen spricht man deutsch. In Airolo italienisch. Und auch der Tunnel spricht. In erster Linie laut. Im Zug verstehen wir manchmal kein Wort. Wir können uns nicht hören. Müssen uns wiederholen. Unsere Gedanken neu formulieren.

Fast müssen wir uns anbrüllen. Vielleicht sind wir aber auch einfach nur müde und unkonzentriert. Vielleicht kommt daher der alte Schweizer Spruch »Göschenen–Airolo«, reden, ohne zuzuhören. Ein Satz rauscht wie ein Gotthardzug in das eine Ohr rein und aus dem anderen wieder raus. Göschenen–Airolo. Airolo–Göschenen. Im *Baedeker* für die Schweiz von 1920 wird auch diese Tunnelfahrt genau beschrieben: »14 998 Meter lang, 8 Meter breit und 6,5 Meter hoch, zweigleisig und durchweg ausgemauert. Der höchste Punkt (1154 m) liegt in seiner Mitte. Durchfahrt: Schnellzüge 14–20 Minuten, Personenzüge 21–25 Minuten. Von 1000 Meter zu 1000 Meter sind Laternen angebracht. Jenseits des Tunnels rechts oben und unmittelbar am Ausgang links Festungswerke.«

In Wirklichkeit ist der Scheiteltunnel fünf Meter länger. Doch Lichter von Laternen sehen auch wir vorbeischnellen, gefühlt alle paar Meter. Als der damals längste Tunnel der Welt gebaut wurde, musste man auch Wächter ausbilden. Zu zweit inspizierten sie viermal am Tag die Strecke. Die Luft war feucht und dreckig. Alles nass und kalt. Die Wächter des Gotthardtunnels waren die wahren Helden der Unterwelt. Und sind es bis heute. Denn auch heute muss man diesen Tunnel, so wie die anderen, regelmäßig kontrollieren.

Eine der Lieblingseisenbahnerzählungen meines alten Freundes ist *Der Tunnel* von Friedrich Dürrenmatt. Sie spielt zwar nicht unter dem Gotthardmassiv, sondern auf der Bahnstrecke von Bern über Olten nach Zürich. Doch man kann sich die ganze Szene auch hier gut vorstellen. Ein junger Student bemerkt, dass die Fahrt durch den kurzen Tunnel ungewöhnlich lang ist. Der Zug wird immer schneller, aber der Schaffner versichert dem Gast, dass alles in Ordnung sei. Doch der Lokführer ist längst abgesprungen, der Führerstand leer. Der Zug rast immer schneller in Ungewissheit und Dunkelheit. Es gibt keine Hoffnung mehr.

Mein alter Freund genießt die Fahrt. Er schaut aus dem Fenster, obwohl man eigentlich nichts sieht. Er erzählt, dass er andere Tunnelmenschen kennt, die sich sogar wünschen, dass die Fahrt im Tunnel nie aufhört. Die sich im Bauch des Berges behaglich fühlen, wohl und sicher wie im Mutterleib. Doch er möchte, dass der Tunnel aufhört. Und dann sagt er noch etwas, aber die Fahrt ist sehr laut. Göschenen–Airolo.

Plötzlich kommt das Licht. Wir sind im Tessin. Fast Italien. Wir steigen aus. Mein alter Freund hat recht. Ein Tunnel verändert alles. In Airolo ist es deutlich wärmer als im Norden. Und auch das Licht ist anders, die Sonne scheint gleich viel intensiver.

»Airolo, 1145 m, deutsch Eriels, Dorf von 1700 Einwohner, 1877 nach einem Brand, 1898 nach teilweiser Zerstörung durch einen Bergsturz vom Monte Sasso neu erbaut, beliebte, besonders von Italienern besuchte Sommerfrische … Reiche Alpenflora«, liest mein alter Freund in seinem *Baedeker*.

Hier wird an die Toten am Gotthard gleich am Bahnhof erinnert. Es ist möglicherweise das traurigste Eisenbahndenkmal, das man sich anschauen kann. Auf dem Relief des Granitblocks wird ein schwer verletzter, vielleicht längst toter Arbeiter auf einer Bahre aus dem Tunnel getragen. Doch auch die Männer, die ihn herausbringen, wirken erschöpft, fast wie Geistergestalten. Man kann die Dunkelheit erahnen. Den Rauch und den Staub und die Hitze fast spüren. Und den Tod.

Wir gehen durch den Ort. Airolo scheint noch ruhiger zu sein als Göschenen. Auch hier gibt es einen Friedhof. Auch hier steht ein Denkmal, noch ein Denkmal für Louis Favre und die Toten am Gotthard.

Im unteren Teil des Friedhofs lebt plötzlich die Eisenbahngeschichte des Ortes auf. Wir schauen uns die Gräber der Verstorbenen an. Die Namen wiederholen sich. Lombardi. Filippi. Peduzzi. Viele waren bei der Eisenbahn, die Arbeit hierhergebracht hatte. Auf den kleinen Porzellanbildern am Grabstein tragen sie ihre SBB-Uniform und eine Mütze mit dem Flügelrad. Der eine war vielleicht Weichensteller, ein anderer Fahrdienstleiter, der mit dem Schnurrbart Lokführer und dieser da Tunnelwächter. Stolz auf ihren Berufsstand schauen uns die Eisenbahner von Airolo aus ihren Grabsteinbildern heraus an. Man hört die Züge auch hier oben auf dem Friedhof, man sieht sie sogar kurz, wenn sie unten am Berghang vorbeifahren. Friedhof mit Bahnsicht. »Wenn ich

Die Bergstrecken erzählen viele Geschichten.
In Südtirol, in der Schweiz oder auch in Italien.

mal tot bin, möchte ich auch auf so einem Friedhof liegen. In der Nähe von einem Tunnel«, sagt mein alter Freund. »Kannst du es mir versprechen, dass du dich darum kümmerst?«

Am Abend, nach Pizza und Weißwein im Restaurant gleich gegenüber dem Bahnhof, stehen wir wieder auf dem Bahnsteig und warten auf den letzten Zug über Göschenen zurück nach Zürich. Seit Langem gibt es auch im Bahnhof von Airolo keine Eisenbahner mehr. Im Gebäude befindet sich mittlerweile eine Molkerei. Statt Fahrkarten bekommt man heute Käse und Milch.

Kafka beschreibt in seinem Reisetagebuch Frauen in Bahnwächterhäuschen, die er aus dem Zug beobachtete, als er von Flüelen weiter nach Lugano fuhr. Doch die wohnen hier auch schon lange nicht mehr. Die Strecke wird von der Zentrale ferngesteuert und überwacht. Man braucht die vielen Bahner nicht mehr. Was würden wohl die Männer von Airolo in den Eisenbahnuniformen dazu sagen, die jetzt auf dem Friedhof ruhen? Es würde sie sicher irgendwie traurig machen. Doch Hauptsache, die Züge fahren.

Wir sehen auf die Berge in der Abendsonne und hören dabei eine Durchsage auf Italienisch, die wie ein Sommerlied klingt. Ein Mann und eine Frau, die ihn zum Zug begleitet, erkennen unsere Versunkenheit und fragen uns auf Englisch und dann auf Deutsch, ob wir die Durchsage verstanden hätten. Haben wir nicht.

»Heute kommt kein Zug mehr. Doch von Biasca geht ein Zug nach Bellinzona. Und von Bellinzona können Sie durch den neuen Tunnel zurück nach Zürich fahren. Da kommt sicher noch ein Zug«, erklärt die Frau. Eine Freundin von ihr nimmt uns mit dem Auto mit.

Irgendwann später am Abend schluckt uns der neue Gotthard-Basistunnel, der gegenwärtig längste Eisenbahntunnel der Welt. Irgendwo über uns begeben sich Airolo und Göschenen zur Nachtruhe, die sich wohl nicht groß vom Tag unterscheiden wird.

»Eine der besten Bergstrecken findet man übrigens nicht in den Alpen, sondern im Norden von Deutschland, wenn man im Zug von Hamburg nach Kopenhagen sitzt«, erzählt mein alter Freund. Die Landschaft dort ist flach, und der Weg wird durch kein Gebirge gebremst, ein Hügel ist da nur wegen der Bahnstrecke entstanden, damit die Züge den Nord-Ostsee-Kanal überqueren können. So wurde auch eine imposante Stahlbrücke gebaut, eine der schönsten Eisenbahnbrücken in Deutschland. Die Hochbrücke ist Teil einer Schleife, mit deren Hilfe die Züge nach oben

kommen. Ähnlich den Schleifen der Semmering- oder Gotthardbahn. »Ich bin zwar ein Tunnelmensch und kein Brückenmensch, doch die Brücke auf der Bergstrecke bei Rendsburg ist einfach sagenhaft«, schwärmt mein alter Freund.

Nach zwanzig Minuten und siebenundfünfzig Kilometern spuckt uns der neue Gotthard-Basistunnel auf der Nordseite wieder aus. Etwa genauso lange dauerte 1920 die fünfzehn Kilometer lange Fahrt durch den alten Tunnel von Airolo nach Göschenen. Sicherlich beeindruckend, aber mein alter Freund fühlt sich ein wenig melancholisch und fragt sich, ob es nicht Zeit für eine neue Schweizer Redewendung wäre: »Bellinzona–Erstfeld.«

Immer weiter. Immer höher. Die Gotthardbahn und noch einmal die Rittnerbahn.

Angekommen in Nova Gorica, Slowenien.
Auf dem Bahnhofsvorplatz verläuft die
Staatsgrenze zwischen Slowenien und Italien.

Richtung Sežana

Bar Luna am Bahnhof Sežana in Slowenien. Aus den Boxen spielt jugoslawische Popmusik, und an der Wand hängt ein Kalender mit einem Bild des ehemaligen jugoslawischen Präsidenten Tito. Hier, an der Grenze zu Italien, scheinen das langjährige Staatsoberhaupt und die sozialistische Republik noch lebendig zu sein. Zumindest in dieser Bar mit dem poetischen Namen.

Die Kaffeemaschine allerdings ist neu und der Espresso schön kräftig. Geröstet wird der Kaffee in Triest, das nur ein paar Kilometer weiter liegt. Sežana ist eine der letzten Stationen der alten Südbahn von Wien nach Triest.

Nur ein einziger Gast sitzt auf der kleinen Terrasse mit Bahnblick und genießt an diesem Wintertag die Nachmittagssonne. Der Winter ist zwar noch lange nicht vorbei, doch die Sonne ist hier im Süden viel intensiver. Der Gast, ein älterer Herr in blauer Sportjacke, spricht uns an. Er fragt, woher wir kommen. Früher war er Eisenbahner in Sežana, noch heute kommt er jeden Tag zu seinem Bahnhof. Selbstverständlich spricht er nicht nur Slowenisch, sondern auch Italienisch. Und sogar ein bisschen Deutsch. »Das war früher normal bei der Bahn«, sagt er. »So wie es normal war, für die Jugoslawischen Eisenbahnen zu arbeiten. Nicht für die slowenischen oder serbischen oder kroatischen.« Er hält kurz inne. »Eigentlich fühle ich mich immer noch als Jugoslawe. Denn ich wurde in Jugoslawien geboren.«

Eine Schaffnerin kommt auf einen Kaffee vorbei. Wir erkennen sie, und sie erkennt uns auch.

»Was macht ihr denn hier?«

»Zug fahren.«

Schon vorgestern haben wir die Schaffnerin getroffen, sie begleitete uns von Jesenice bis Nova Gorica im Zug der Wocheinerbahn und hat uns viel über diese Strecke erzählt. Die sie sehr liebt und die im Sommer ganz anders ist als im Winter. Nur den Schnee, den vermisst sie in den letzten Jahren.

Heute drehen wir die nächste Eisenbahnrunde in diesem historisch so spannenden Grenzgebiet zwischen Slowenien und Italien. Wenn man in Sežana in der *Bar Luna* sitzt, fühlt man sich schon fast wie am Meer. Und das Meer ist auch nicht mehr weit. Man sieht es gleich, wenn man mit dem Zug nach Triest weiterfährt. Das Bild, wenn die Adria zum ersten Mal zwischen den Felsen und Bäumen auftaucht, vergisst man nie. So wie man die Einfahrt in den Bahnhof Trieste Centrale nicht vergisst. Vorbei an Schloss Miramare und dem gleichnamigen Haltepunkt, mit einem einfachen Bahnsteig, filigran gestaltet aus Holz und Glas, was eher einer Orangerie ähnelt als einem Bahngebäude. Und dann über das Viadukt von Barcola hinweg und unter dem Leuchtturm von Triest entlang. Vorbei an riesigen alten Lagerhallen.
Trieste Centrale hat bis heute sein K.-u-k.-Flair nicht verloren, so wie auch die ganze Stadt nicht. Das wird einem unmittelbar klar, wenn man vor dem Bahnhof steht, sich das Palais anschaut und auf einer Bank neben der Statue der Kaiserin Elisabeth, der noch heute bewunderten Sisi, eine böhmische Buchtel verspeist, die es hier beim Bäcker immer noch gibt. Das Rezept haben wahrscheinlich Hafenarbeiter aus Böhmen mitgebracht. So wie das Bier, Wellfleisch und Sauerkraut, die man hier in jedem Wirtshaus bekommt.

Triest ist ein außergewöhnlicher Ort. Ein Sehnsuchtsort. Mehrere Schienenwege führen dorthin. Man kann mittlerweile wieder den direkten Zug von Wien über Ljubljana nehmen, den EC *Emona*, der über die gesamte historische Strecke der Südbahn fährt. Man kann auch über Udine anreisen. »Doch die schönste Reise nach Triest ist die mit der Wocheinerbahn. Mit der Transalpina, wie man drüben in Italien sagt. Bohinjska proga, wie man hier in Slowenien sagt«, erklärt uns in der *Bar Luna* der alte Eisenbahner. Obwohl man nicht mehr wie früher im zweiten großen Bahnhof der Stadt, in Trieste Campo Marzio, ankommen kann, wo sich aktuell ein Eisenbahnmuseum befindet, das seit Jahren wegen Umbau geschlossen ist.

Als eine Hauptbahn band die Wocheinerbahn die Zentren der alten Monarchie besser an die Adria an, vor allem an Triest mit seinem damals so bedeutenden Hafen. Sie war auch die schnellste Verbindung zwischen Prag und Triest und daher eine der wichtigsten Strecken in Mitteleuropa. Doch rund ein Jahrzehnt nach der Eröffnung

Das wunderschöne Bahnhofsgebäude in Miramare, Italien.
Ljubljana. Von Wien gut mit dem EC erreichbar, der von hier weiter nach Triest fährt. Die Fahrt lohnt sich sehr. Aber das Aussteigen in Ljubljana auch.

war es damit auch schon wieder vorbei. 1914 brach der Krieg aus, 1918 wurden die Grenzen in Mitteleuropa rangiert. So wie gerade die Güterwagen in Sežana, wo wir mit der Schaffnerin und dem alten Eisenbahner in der Sonne sitzen und noch einen Kaffee trinken.

Ja, damals hat man die Grenzen rangiert. Nicht zum ersten und nicht zum letzten Mal in der Geschichte. So muss man heute in Sežana nach Triest umsteigen, wenn man aus Jesenice kommt. Oder schon vorher in Nova Gorica aussteigen, mit dem Kleinbus zum Bahnhof Gorizia Centrale im italienischen Teil der Stadt fahren und dort in einen anderen Zug einsteigen. Heute ist es viel komplizierter als zur späten Kaiserzeit. Und doch macht es großes Vergnügen, hier unterwegs zu sein.

Wir lieben die ehemaligen Hauptbahnen, die zu Lokalbahnen geschrumpft sind. So wie die Streckenteile der ehemaligen Preußischen Ostbahn, die heute in Deutschland, Polen und Russland liegen. So wie die Streckenteile der früher bedeutenden Amerikalinie, die von Berlin nach Bremen und zu den anderen Nordseehäfen führte. Auch hier fahren teilweise nur noch Triebwagen und keine Schnellzüge mehr. Und genauso ist es zwischen Jesenice, Nova Gorica und Sežana.

Wenn man mit der Wocheinerbahn reist, reist man gegen die Zeit. Man sieht die alten Flügelsignale, die Fahrdienstleiter, die Weichensteller. Das Tal wird enger und breiter und wieder enger, die Brücken mal höher, mal niedriger, die Tunnel mal kürzer, mal länger. Es sind viele, und der längste ist über sechs Kilometer lang – der Wocheinertunnel zwischen Bohinjska Bistrica und Podbrdo. Man sieht immer noch die großen Türen, mit denen man ihn schließen kann wie einen alten Schrank mit vielen Geheimnissen und Geschichten.

In Grahovo mussten wir vorgestern auf den Gegenzug warten. Wir sahen den Weichensteller, der auf ein Mofa sprang und neben den Schienen entlangraste wie ein Rennfahrer, um weiter vorne seine Aufgabe wahrzunehmen. Doch der Gegenzug hatte ein wenig Verspätung. So blieb es weiter ruhig in Grahovo. Ruhig und dunkel. Der Bahnhof liegt tief verborgen im Tal wie eine Perle am Meeresgrund. Die Berge sind hier so hoch und steil, dass die Sonne im Winter immer nur kurz zu Besuch kommt. Wir hörten den Wald und den Fluss rauschen, und der Fahrdienstleiter zeigte uns sein altes mechanisches Stellwerk. »Es ist genauso alt wie diese Strecke, also mehr als hundert Jahre«, sagte er. »Und es funktioniert! Wie viele Jahre schafft wohl mein neues Handy? Drei? Vier?«
Die Wocheinerbahn ist nicht nur eine malerische Bergstrecke, sondern auch eine pittoreske Flussstrecke. Eigentlich sind es gleich mehrere. Man fährt zuerst entlang der Save, die ganz in der Nähe dem höchsten slowenischen Berg Triglav entspringt. Dann kommen die Bača und danach noch der Isonzo aus den Julischen Alpen. Manchmal sieht man den wilden, ungezähmten Fluss, der in dieser mehrsprachigen kleinen Welt auch Soča, Sontig und Lusinç heißt, irgendwo in einer Schlucht unter sich.
Immer wieder heulte der Triebwagen vor einem Tunnel. Die Schaffnerin, mit der wir heute in Sežana in der *Bar Luna* sitzen und Kaffee trinken, verteilte Süßigkeiten. Es war doch Valentinstag! Ein Geschenk der Slowenischen Bahn? »Nein. Ein Geschenk

Die gute alte Eisenbahn: Mit der Wocheinerbahn unterwegs durch Slowenien.

von mir«, lachte sie. Es waren nicht viele Menschen im Zug. Die Schaffnerin kam immer wieder auf uns zu, um uns auf eine schöne Brücke oder eine andere Besonderheit aufmerksam zu machen. Zum Beispiel den Bleder See, wo Tito mal eine Sommerresidenz hatte.

Irgendwann wird der grüne Isonzo von einem eleganten Bauwerk überquert, das weiß im Tal erstrahlt: die Salcanobrücke, ein Wahrzeichen dieser Strecke. Doch wie so oft in Mitteleuropa täuscht die Fassade. Dahinter verbirgt sich auch oftmals eine böse Geschichte. Im Ersten Weltkrieg wurde in den Bergen entlang der Wocheinerbahn hart gekämpft. Gleich mehrere schwere Schlachten wurden dort geschlagen. Die Toten liegen überall begraben.

In der *Bar Luna* in Sežana spürt man davon nichts. Es ist anheimelnd hier, so wie an vielen anderen Bahnhöfen in Slowenien und Italien. Wie in Nova Gorica, wo man im Bahnhofslokal *Caffe Bordo* im Winter auf der Terrasse sitzen und sich in der Sonne baden kann wie in einem Kurort. Man schaut auf die Piazza della Transalpina. Genau in der Mitte des Platzes verläuft die Staatsgrenze zwischen Italien und Slowenien. Heute kann man sie einfach überqueren, bis 1989 sah man nur Stacheldraht. Heute bilden Nova Gorica und Gorizia wieder eine Stadt, eine Doppelstadt, 2025 sogar Kulturhauptstadt Europas.

In der *Bar Luna* sprechen wir mit der Schaffnerin jetzt über die Lipizzaner, die weltbekannten weißen Pferde aus dem Gestüt Lipica in Sežana. Und der alte Eisenbahner erzählt uns noch von Srečko Kosovel, in dem manche eine viel zu früh verlorene Hoffnung der lyrischen Avantgarde sehen. Mit nur zweiundzwanzig Jahren war der talentierte Dichter 1926 gestorben, der aus dieser Stadt stammte und auch hier begraben liegt. Er schrieb viele Gedichte über den Karst. Nach einer Lesung fuhr ihm der letzte Zug davon. Es war Februar, so wie jetzt, doch er musste die Nacht im kalten Warteraum eines Bahnhofs irgendwo an der Südbahn verbringen. Er verkühlte sich schlimm, es kam zu Komplikationen. »Wäre der Warteraum geheizt gewesen, wäre er nicht tot«, sagt der alte Eisenbahner.

Ein kurzes Gedicht hat Kosovel auch über einen Bahnhof verfasst. Der Zug kommt an und der Reisende steigt ein. Der Zug fährt ab und der Reisende schaut noch einmal aus dem Fenster zurück. Und sieht ein silbernes Haus. Vielleicht das Bahnhofsgebäude von Sežana. Oder die *Bar Luna*.

Überall in Slowenien gibt es tolle Bahnhofslokale und Cafés.
Auch in Nova Gorica und in Sežana.

bar LUNA
WC

Endstation für alle Personenzüge: Haparanda. Weiter nach Tornio in Finnland muss man zu Fuß oder mit einem Bus.

Die Eisenbahnkarte von Europa

Eigentlich wollte ich in Faenza nur schnell den Bahnsteig wechseln und zurück nach Bologna fahren. Ich war müde. Ich hatte eine herrliche, lange Eisenbahnrunde gedreht, so wie ich sie immer gerne drehe. Ich war von Bologna nach Prato und Florenz gereist und dann auf der wunderschönen Bahnstrecke zurück über die Berge hierher nach Faenza. Über den Apennin. Und durch die Toskana. Doch dann entschied ich, erst den nächsten Zug zu nehmen. Es gibt immer einen Zug, der den Reisenden weiterbringt. Früher oder später wird das Ziel einer Reise auch mit Sicherheit erreicht. Doch vielleicht bestehen das Ziel und der Sinn einer Reise auch im Nichtankommen. In der Reise an sich. Im ständigen Unterwegssein. Auch im Aussteigen. In der angenehmen Unsicherheit, dass man vielleicht zunächst doch gar nicht dort ankommt, wo man eigentlich hinfahren wollte, sondern ganz woanders.
Ich dachte mir, ich schaue mir den Bahnhof an, der im Krieg zerstört, aber gleich danach wiederaufgebaut wurde. Ein flacher, moderner Bau. Drinnen war es angenehm kühl. Ich dachte mir, vielleicht gehe ich in die Stadt und esse etwas. Doch schon vor dem Bahnhof blieb ich stehen. Gleich am Eingang hing an der Wand eine große Eisenbahnkarte von Europa. Diese Karte ließ mich nicht los. Ich weiß nicht, wie lange ich vor dieser Karte stand. Eine Stunde. Zwei? Oder sogar drei?

In meinen Gedanken bin ich auch jetzt noch dort. Es ist ein heißer Nachmittag. Ich bin in Faenza in Italien und schaue mir diese eindrückliche Eisenbahnkarte von Europa an. Und denke daran, wie oft ich irgendwo aussteigen wollte und doch weitergefahren bin. Es gibt so viele Orte. So viele Bahnhöfe. So viele Möglichkeiten.
Ich schaue mir die Strecken und Orte an, wo ich schon mal mit dem Zug unterwegs war. Nicht alle Strecken kann man auf dieser Karte finden. Man sieht eigentlich nur die Hauptlinien, doch die anderen Strecken, auch die kleinsten Nebenbahnen, sehe ich trotzdem.

Die Haupt- und Großstädte wirken auf der Karte wie kleine strahlende Sonnen mit einem dichten Netz um sich herum. Oder wie Organe eines pulsierenden Körpers. Sie sind verbunden mit den schnellen zweigleisigen oder sogar mehrgleisigen Magistralen, auf denen die Züge wie *Frecciarossa*, *Pendolino*, TGV, ICE oder ein Railjet dahinrasen. Ich schaue mir in Faenza die Eisenbahnkarte von Europa an und denke darüber nach, welche der europäischen Strecken die wichtigste Ader ist. Die wichtigste Eisenbahnaorta von Europa. Die superschnelle Magistrale von Amsterdam über Brüssel nach Paris vielleicht? Oder die Eurostarstrecke von Paris nach London? Vielleicht ist es auch meine Lieblingsstrecke von Hamburg über Berlin und Prag nach Wien und Budapest. Oder sind es die Rheintal- und die Gotthardstrecke? Die Semmering- und die Südbahn? Der Schienenstrang über den Brenner, verlängert von dort aus bis nach Hamburg im Norden und Bologna im Süden?
Vielleicht braucht so ein mächtiger Körper von Europa einfach mehrere Aorten. Denn Europa ist endlos lang, endlos breit und endlos groß. Und doch auch so klein. Alle diese Orte, die ich auf der Eisenbahnkarte in Faenza sehe, kann man mit dem Zug erreichen.

Faenza, Italien: Hier ist sie, die wunderschöne Eisenbahnkarte von Europa. Ein echtes Kunstwerk. Es sind die Schienen, die unser Europa zusammenhalten.

Ich schaue mir in Faenza die Eisenbahnkarte von Europa an und merke, wie ich zu einem Teil von dieser Karte werde. Wie sie mich verschluckt. Wie sie mich in irgendeinen Zug setzt und durch Europa treiben lässt. Und so denke ich über eine lange Fahrt nach, die ich gemacht habe. Und die ich auch auf der Karte sehen kann. An die Fahrt von Berlin über Marseille, Genua und Rom nach Palermo. Von Palermo über Rom, Bozen und München nach Berlin. Und von dort noch weiter. Nach Rovaniemi im finnischen Teil von Lappland. Über Hamburg. Über die Schleife von Rendsburg und die Weiche in Flensburg, wie diese an der Bahn liegenden Stadtteile tatsächlich heißen. Und weiter über Kopenhagen, Stockholm und Haparanda.

Ich war ganz allein unterwegs. Und doch nicht. Während so einer langen Fahrt hat man im Zug viel Zeit. Für sich. Für Geschichten. Für Gedankenspiele. Man trifft auch viele Menschen, kommt ins Gespräch. Man kann aber ebenso schweigen. Man kann nur am Fenster sitzen und aus diesem Fenster schauen und staunen, wie sich Europa während einer Fahrt von Sizilien nach Lappland verändert. Die Landschaft. Die Städte. Die Menschen. Und natürlich auch die Züge, Bahnhöfe und Signale. In Mitteleuropa halten die Züge oft an, und sie können sehr voll sein. Im Süden und Norden sind die Distanzen zwischen den Bahnhöfen viel länger, und manchmal steigt gar niemand ein. Es fahren dort auch weniger Züge, vor allem im Norden.

Die Farben verändern sich ebenfalls. Und das Licht. Die Sonne im Süden ist eine andere als die in Mitteleuropa oder die im Norden. Im Süden ist sie scharf und stechend, im Norden mild und weich, und im Sommer bleibt es lange hell. Auch die Luft verändert sich. In Sizilien ist sie trocken. In Bozen schwer und feucht. In Malmö leicht. In Rovaniemi spürt man schon die Nähe des Polarkreises.

Ich schaue mir in Faenza die Eisenbahnkarte von Europa an und sehe die ganzen Berg- und Tal- und Fluss- und Bach- und auch die Küstenstrecken. Wer die Küstenstrecken liebt, sollte von Marseille nach Palermo fahren und rechts im Zug sitzen. Beziehungsweise in den Zügen.

Man sollte möglichst oft aussteigen. Man wird von der ganzen Schönheit auch fast dazu gezwungen. Man möchte baden. Im Café sitzen oder in einer der vielen Strandbars, die man aus dem Zug sieht. In Cannes. Oder Nizza, wo die Decke der Bahnhofshalle blau bemalt ist. Man fragt sich, ob das der Himmel ist oder das Mittelmeer. Und ob man da oben Wolken sieht oder doch die Meereswellen. Vielleicht fließen hier über den Köpfen der Reisenden Himmel und Meer zusammen, so wie auch draußen in der Ferne das Meer mit dem Himmel zusammenwächst.

Auch in Ventimiglia möchte man immer aussteigen, im italienischen Grenzort. Direkt in der Bahnhofsbar bekommt man schon diesen tollen starken Espresso. Den ersten von vielen, die während der Fahrt durch Italien folgen werden. Und dann sitzt man wieder im Zug, der in einem langen Tunnel verschwindet, in den man hier die Küstenstrecke verlegt hat.

Zeit, kurz zu schlummern. Oder italienische Eisenbahnsongs zu hören, wenn man schon durch Sanremo fährt, wo das bekannte Musikfestival stattfindet. Doch auch der Bahnhof von Sanremo liegt heute im Tunnel.

Ich mag das Lied *I Treni A Vapore* von Ivano Fossati sehr. Fossati singt über die alte Liebe und über die alten Züge mit Dampflokomotiven, die von Tür zu Tür, von Bahnhof zu Bahnhof, von Schmerz zu Schmerz und von Regen zu Regen unterwegs sind. Und doch kommt während der Fahrt der Reisende zur Ruhe. Denn er weiß, der Regen und die Trauer und auch der Winter werden irgendwann vergehen.

Das erlebt man spätestens dann, wenn man aus der Dunkelheit des Tunnels wieder ans Licht kommt und im alten Bahnhof Genova Piazza Principe aussteigt. Und nach einem weiteren Espresso einen Bahnhofsrundgang macht, weil man noch ein wenig Zeit hat, bis der letzte Expresszug nach Rom abfährt.

Es ist heiß, doch die italienischen Züge sind so stark gekühlt, dass man eigentlich immer eine Jacke dabeihaben sollte oder einen Schal, damit man sich nicht verkühlt. Die italienischen Züge müssen mit der Hitze und dem heißen Sommer klarkommen, so wie die finnischen Züge mit der Kälte und dem Winter klarkommen müssen. Und die Züge in Mitteleuropa mit Wärme und mit Kälte. Mit Sommer und Winter. So ist Italien ein Land der weißen Schienen. Denn die Gleise und die Weichen werden hier weiß gestrichen, um sie besser vor der Hitze zu schützen. Im Norden muss man umso

mehr aufpassen, dass die Weichen ordentlich beheizt werden und selbst im tiefsten Winter nicht einfrieren.
Auch in Ligurien möchte man überall aussteigen. Vor allem, wenn der Schnellzug durch die Cinque Terre fährt, die Fünf Ortschaften, wie es auf Deutsch heißt, wo sich die Häuser auf kleinen Hügeln hoch über dem Meer auftürmen. Und wo sich zwischen den vielen kurzen Tunneln dramatische Landschaftsbilder entfalten.
Auch in Pisa möchte man aussteigen. Und bereut, dass man es nicht schon viel früher auf der Reise gemacht hat. Zum Beispiel in La Ciotat, diesem kleinen malerischen Bahnhof nicht weit von Marseille. Hier haben die Brüder Lumière den ersten Eisenbahnfilm der Geschichte gedreht: *Die Ankunft eines Zuges auf dem Bahnhof in La Ciotat* von 1896. Der Name des Streifens ist fast länger als der Film selbst. Nur eine knappe Minute dauert er, und doch hat diese knappe Minute im Publikum Schrecken verbreitet. Eigentlich war damals die Zeit der Angst vor der Eisenbahn schon vorbei, doch die Darstellung war so echt, so realistisch, dass sie in den Zuschauerreihen Panik auslöste.
So sollte es nicht sein. Mich beruhigen die Züge und das Zugreisen. Das Sitzen auf einem Bahnhof. Das Warten auf den Anschluss. Ich mag das langsame Reisen. Das planlose Reisen. Das Reisen ohne Ziel.

Ich schaue mir in Faenza die Eisenbahnkarte von Europa an und denke über die Liebe und die Melancholie des Reisens nach. Es gibt Menschen, die traurig sind und

Italien ist ein tolles Bahnland. Das ist aber auch Portugal.
Links: Ventimiglia, der Grenzbahnhof zu Frankreich. Mitte links: Genova Piazza Principe.
Beide rechts: der schönste Bahnhof in Portugal ist Sao Bento in Porto.

Musik hören, die ebenfalls traurig ist, weil traurige Musik sie mit der Trauer versöhnt und am Ende glücklich macht. Es gibt Menschen, die traurig sind und deshalb reisen. So habe ich im Zug von Palermo nach Agrigento eine Frau kennengelernt, eine Deutsche aus Hamburg. Vor einem Jahr ist ihr Mann verstorben. Ihr Lebensmensch und auch ein Eisenbahnmensch. Ihr Herzstück, wie sie sagte.

Eigentlich hat sich die Frau nie für die Eisenbahn interessiert. Aber sie reiste immer mit ihrem Herzstück mit, einem Kaufmann. So fuhren sie zusammen nach Wolsztyn in Polen, wo man noch Züge unter Dampf im Regelbetrieb sehen kann. Sogar bis nach Lissabon schafften sie es zusammen mit dem Zug. Zurück flog die Frau dann aber doch und wartete lange zu Hause auf ihr Herzstück, denn das hatte noch lange nicht genug vom Bahnfahren in Portugal, hatte sich in Porto in den Bahnhof Porto São Bento verliebt und schaute sich stundenlang die Azulejos an, die blau-weißen historischen Fliesenbilder von Jorge Colaço, die die Bahnhofshalle schmücken.

Gemeinsam waren die beiden aber auch oft in England unterwegs, wo man heute noch viel von der guten alten Eisenbahn bewundern kann. Und sie waren in Bozen wegen der Rittnerbahn, der Vinschgaubahn und vor allem der Laaser Marmorbahn, wo man noch vor Kurzem schwere weiße Marmorblöcke auf den Schienen beförderte, zuerst mit der Schmalspurbahn und dann weiter ins Tal mit einem Schrägaufzug. Ein Unikat unter den Bahnen.

Auch mit den Alpenbahnen in der Schweiz sind die beiden viel gefahren. Sie waren mit dem Glacier Express unterwegs von Zermatt nach St. Moritz, das letzte Stück ab Thusis mit der Albulabahn, die wie die Semmeringbahn heute zum UNESCO-Weltkulturerbe gehört. Und eine wahrlich wunderbare Strecke ist, die sich mithilfe von vielen Kehrtunneln und Viadukten ins Oberengadin hochwindet.

Doch die Frau und ihr Herzstück waren auch im Jura unterwegs, so wie ich gern. Diese bewaldete, hügelige Gegend kennt man viel weniger als das hochalpine Engadin, und deshalb sind hier auch viel weniger Touristen in den Zügen unterwegs. Wenn man von Neuchâtel nach La Chaux-de-Fonds fährt – mit seinem schachbrettartigen Jugendstilcharme schon das dritte Weltkulturerbe in diesen paar Zeilen –, hilft dem Zug eine Spitzkehre, die Steigung zu überwinden. Im Bahnhof Chambrelien muss der Zug die Richtung wechseln, um schneller nach oben zu kommen.

Die Spitzkehre von Chambrelien ist eine eisenbahntechnische Besonderheit der Schweiz. Doch es gibt noch eine zweite Spitzkehre. Und das ganz in der Nähe, im Bahnhof Combe-Tabeillon auf der Schmalspurbahnstrecke der Chemins de fer du Jura, der Jurabahnen. Die kleine Station Combe-Tabeillon liegt mitten im Wald.

Warten vor dem Bahnhof
in Agrigento, Sizilien.

Die Weichen stellt der Lokführer auch heute noch mit der Hand, wie vor hundert Jahren. Wenn der Zug anhält und der Reisende auf den Richtungswechsel wartet, herrscht hier für einen kurzen Moment eine so tiefe Stille, dass man in dieser Ruhe von Combe-Tabeillon für immer verweilen möchte.

Ich kenne Weichenmenschen, die sich genau für solche speziellen Eisenbahnorte interessieren wie Chambrelien oder Combe-Tabeillon. Wie wahrscheinlich auch der verstorbene Mann der Frau, die ich im Zug nach Agrigento kennenlernte. Sie erzählte mir weiter, dass sie beide schon immer mal mit dem Zug nach Sizilien fahren wollten. Doch dann war ihr Herzstück plötzlich tot. So sitzt sie jetzt allein im Zug und reist quer über diese glühende Insel. Vorbei an Palmen und grau glänzenden Olivenhainen. Später wolle sie auch mit der Schmalspurbahn um den Ätna fahren, erzählte sie mir noch, so wie ihr Herzstück es vorgehabt habe. Mit der Ferrovia Circumetnea, dem letzten Überbleibsel des einst gut ausgebauten sizilianischen Schmalspurbahnnetzes, von Riposto über Randazzo nach Catania. Manchmal sieht man aus dem Zug den Ätna wie eine Dampflokomotive qualmen. »Vielleicht ruhen

unter Sizilien in einem Ringlokschuppen alle italienischen Dampfloks, die dort auf den Einsatz warten, meinte mein Herzstück immer«, sagte mir die Frau.
Nach dem Aufenthalt in Agrigento standen wir wieder am Bahnsteig und warteten auf den Zug zurück nach Palermo. Die Frau schaute auf die Schienen und auch auf die Weichen. Sie erzählte, dass immer, wenn sie auf eine Weiche schaut, sie auch ihren Mann sieht. Denn die Mitte einer Weiche, wo die beiden inneren Schienen zusammenfließen, sich verbinden und eine Spitze bilden, nennt man in der Eisenbahnersprache genau so: das Herzstück.

Ich schaue mir in Faenza die Eisenbahnkarte von Europa an und sehe den Kontinent als ein lebendiges Wesen, dem es eigentlich ziemlich gut gehen muss. Manchmal ist es erschöpft, manchmal müde, manchmal verkatert. Doch es ist am Leben. Es sind die Bahnstrecken, die unser Europa zusammenhalten. Es sind die Züge, die Europa in Bewegung bringen, die das Leben durch die Adern treiben.
Und sind die Bahnlinien wirklich Blutgefäße, dann sind die Lokalbahnen die feinsten von ihnen, aber genauso wichtig wie die anderen. Sie sind wie die Arteriolen und Venolen und Kapillaren. Die Nebenbahnen. Die Stichbahnen. Die Verbindungsbahnen. Die Schmalspurbahnen. Die Vorstadtbahnen. Diese vielleicht sogar schönsten aller Bahnen, die bis in das entlegenste Gebiet hinein Leben, Güter, Menschen und Geschichten bringen. Und rückwärts funktioniert es auch.
Meine Lieblingslokalstrecke fängt in Linz an und endet dort. Einmal im Jahr, kurz vor Weihnachten, treffen wir uns hier, Christian Thanhäuser und ich, und fahren zusammen mit der Mühlkreisbahn von Linz nach Aigen-Schlägl hoch in den Böhmerwald. Christian ist Zeichner, Illustrator, Verleger und Grafiker. Und auch ein Chronist, der alles über dieses Dreiländereck zwischen Böhmen, Bayern und Österreich weiß. Auch über die Eisenbahnen. Wir nehmen immer ein Buch von Adalbert Stifter mit, dessen Geschichten mit dieser Gegend verbunden sind, und fahren los.
Die Mühlkreisbahn ist in Österreich eine Ausnahme. Sie ist eine sogenannte Inselbahn. Seitdem es in Linz keine Eisenbahnbrücke mehr über die Donau gibt, leben die Triebwagen und Eisenbahner auf dieser Strecke nur unter sich, wie in einem Schienenparadies. Es geht ihnen ganz gut. Vielleicht auch deshalb schmücken die Eisenbahner in Linz-Urfahr am Bahnsteig immer einen Weihnachtsbaum. Sie leben hier alle wie eine große Familie.
Christian erzählte mir von seinem Bekannten, der Schaffner ist. Und der von der Arbeit auf der Weststrecke von Wien nach Salzburg so erschöpft und gerädert war, dass seine Fahrt beinahe in einer Irrenanstalt geendet wäre. Doch dann kam die Ret-

tung: die malerische Mühlkreisbahn. Seitdem geht es dem Schaffner deutlich besser, denn mit der Mühlkreisbahn zu fahren tut der Seele gut. Auch ich weiß es schon. Das ganze Jahr lang freue ich mich immer auf unsere gemeinsame Fahrt.

Vielleicht liegt es nicht nur an der Aussicht, der wilden Natur, dem gesunden Wald und den wilden Bächen, sondern auch am guten Bier, das von hier kommt. Der Zug fährt an der ältesten Brauerei Österreichs in Hofstetten vorbei, die schon 1229 gegründet wurde. Mit Sicherheit hat auch Stifter das Bier getrunken. Und auch das Bier aus der Stiftsbrauerei Schlägl hat ihm sicher gut geschmeckt. Eine Sorte wurde sogar nach ihm benannt. Es ist ein schweres, halbdunkles Bier, das die Farbe der Bäche hat, die im Moor hoch im Böhmerwald entspringen.

An der Endstation bleiben wir immer kurz stehen und schauen Richtung Böhmen, wohin man die Eisenbahn verlängern wollte. Wir schauen auch Richtung Bayern. Auch dorthin war eine Verbindung geplant. Doch daraus ist nichts geworden, es kam der Erste Weltkrieg, und alles war anders.

Mit seinem Stift zeichnet Christian im Zug nicht nur kurze Schnappschüsse, er arbeitet auch als Seismograf. Dann lässt er den Stift einfach im Takt der Erschütte-

Bahnhofsszene irgendwo in Ungarn. Ein Fahrdienstleiter und zwei alte tschechoslowakische Triebwagen, die man hier *Bzmot* nennt.

2

rungen während der Fahrt auf dem Papier tanzen. So sieht man die ganzen Höhen und Tiefen und Wunden und Verletzungen der Strecke. Solche Eisenbahnzeichnungen sind auch auf anderen Strecken entstanden, wo wir zusammen unterwegs waren. In der Schmalspurbahn nach Mariazell zum Beispiel. Oder während der Fahrt mit der Salzkammergutbahn von Attnang-Puchheim zum Bahnhof Stainach-Irdning. Eine wunderbare Bergstrecke, die oft im oberen Abschnitt im Frühjahr vom Hochwasser und im Winter von den Schneemassen bedroht ist. Bis heute sieht man hier aus dem Zug kleine Häuschen. Kleine Festungen, die als Lawinenposten dienen.

Ich schaue mir in Faenza die Eisenbahnkarte von Europa an und sehe die Strecken, die ich mit meinem Freund Zoltán in Ungarn gefahren bin. Die Nebenbahnen nördlich von Budapest, das Paradies der sogenannten *Brotbüchsen*, der alten tschechoslowakischen Triebwagen, die man hier schlicht *Bzmot* nennt. Denn so heißt auch die ungarische Baureihe. Wir waren oft die einzigen Fahrgäste, da die Züge auf den alten Schienen sehr langsam fahren müssen. Im Auto oder Bus ist man schneller unterwegs. Und mit dem Fahrrad auch. Und trotzdem macht es so viel Freude, zwischen Galgamácsa und Balassagyarmat im Zug zu sitzen und auf das rote Meer von Klatschmohn zu schauen.

Einmal lud uns ein junger Lokführer in seine Kabine ein. Zusammen fuhren wir durch einen endlosen grünen Tunnel aus alten Eichen und Buchen und Linden. Holprig, lang und langsam war unsere Reise. Und als ich den Lokführer fragte, wie sich der tschechoslowakische *Bzmot* fährt, der ungefähr so alt ist wie ich, schaute er mich an und sagte: »Ganz ehrlich? Es ist scheiße.« Und lachte dabei herzlich. In diesem Moment stolperte der Triebwagen wieder über eine alte Schiene und sprang dabei in die Höhe, als ob er sich von dieser malerischen, aber kaputten Strecke endlich befreien und wegfliegen wollte.

Auch hier, zwischen Ungarn und der Slowakei, sieht man, was die ständigen Grenzverschiebungen in Mitteleuropa mit dem Eisenbahnnetz gemacht haben. So wurden 1918 und vor allem nach 1945 viele Verbindungen gekappt. Damals entstanden viele bis heute nicht geschlossene Lücken. Der Eisenbahnkörper von Europa hat einige schwere Verletzungen erlitten, die immer noch nicht geheilt wurden.

Oder aber man scherte sich von Anfang an nicht um sein Wohlergehen. Wie in Polen. Als man mit dem Bau der ersten Eisenbahnen begann, war das Land zwischen Preußen, Russland und Österreich geteilt. So dachte man vor allem an die schnellen

Die schönste Lokalbahn in ganz Österreich: die Mühlkreisbahn von Linz-Urfahr nach Aigen-Schlägel.

Verbindungen nach Berlin, Moskau oder Wien und nicht im Land selbst, das erst 1918 nach dem »Großen Krieg« wieder entstand, der dann doch nicht der letzte in Europa wurde, wie viele angesichts des nie gekannten Grauens gedacht hatten. Die alten Streckenführungen prägen bis heute das Eisenbahnleben in Polen.

Derweil gehen beim Nachbarn die Landesteile im Osten im Rauch und Nebel eines weiteren Krieges in Europa verloren, selbst in unserer Zeit noch. Ich denke an die Reise von Kyiv nach Lwiw, noch lange vor diesem Krieg.

Wir fuhren im Nachtzug, in einem Schlafwagen, der in der DDR gebaut worden war, so wie viele Schlafwagen im ehemaligen Osten. Geschlafen haben wir aber nicht. Wir sprachen über Europa, die Ukraine und Russland. Aßen kalten Braten und Eier und Gurken und tranken Zakarpatski-Cognac aus Uschhorod und Bier aus Tschernihiw, obwohl das Trinken in den ukrainischen Nachtzügen verboten ist. Wir lasen uns gegenseitig aus dem legendären russischen Eisenbahnbuch *Die Reise nach Petuschki* von Wenedikt Jerofejew vor, in dem es mehr um das Trinken geht als um die Eisenbahn, doch die Trasse und alle Bahnhöfe stimmen, wovon wir uns im Kursbuch überzeugten.

Es war eine tolle Fahrt. Doch seitdem weiß ich auch, dass man den Zakarpatski-Cognac aus Uschhorod mit dem Bier aus Tschernihiw nicht vermischen sollte. Als wir sehr früh am Morgen aus diesem endlosen Nachtzug ausstiegen, dachte einer von uns, wir seien nicht in Lwiw, sondern in Prag auf dem Hauptbahnhof, und wollte wieder einsteigen und weiterfahren. Tatsächlich ist die elegante Bahnhofshalle von Lwiw der in Prag ähnlich. Der ganze Bahnhof. Überhaupt die ganze Stadt, die auch noch so altösterreichisch geprägt ist.

Auch nach drei Tagen spürten wir die Folgen dieser Nacht noch. Als wir im modernen koreanischen Schnellzug saßen, der die polnische Grenzstadt Przemyśl mit Lwiw und Kyiv verbindet, schaute mein ukrainischer Begleiter traurig aus dem Fenster und sagte: »Die Ukraine ist ein Land der Nachtzüge. Tagsüber kann man dieses Land nicht verstehen. Die Ukraine kann man nur in der Nacht verstehen, vielleicht auch das ganze Europa. Wir müssen alle mehr Nachtzug fahren. Wir müssen mit diesen Geistern sprechen, die nur in der Nacht wach sind. Wir müssen nach Odessa. Wir müssen nach Donezk. Wir müssen nach Luhansk. Wir müssen nach Rom. Wir müssen nach Berlin. Wir müssen nach Lissabon.« Dann schlief er ein.

Ich schaue mir in Faenza die Eisenbahnkarte von Europa an und denke an Lars von Triers Film *Europa* von 1991 mit Jean-Marc Barr und Barbara Sukowa in den Hauptrollen. Dieser Eisenbahnfilm beginnt mit einer hypnotischen Nachtzugsequenz. Aus

einer Lok heraus sieht man in der Nacht nur Schotter, Schwellen und Schienen. Und dann ist man plötzlich da. In Europa. In Deutschland, kurz nach dem Zweiten Weltkrieg.
Jean-Marc Barr spielt einen deutsch-amerikanischen Nachtzugschaffner, der versucht, das zerstörte Deutschland aus den Zügen kennenzulernen und zu verstehen. Der Weltkrieg ist gerade vorbei, doch er wirft noch lange Schatten. Aus dem Untergrund tauchen die nationalsozialistischen »Werwölfe« auf und verüben Anschläge auf die Züge, auf das neue Land. Ein toller, sehr beunruhigender und immer noch aktueller Film.
Ich denke auch an den Roman *Der Reisende* von Ulrich Alexander Boschwitz. Eine Geschichte über einen Berliner, der sich im eigenen Land in den Zügen vor den Nazis verstecken muss, die ihn verhaften und umbringen wollen, weil er Jude ist. Die Grenzübergänge zwischen Deutschland und Europa sind für Menschen wie ihn schon geschlossen. Er wird zum Freiwild. Als er aus Aachen nach Belgien will, scheitert er. Und reist weiter durch Deutschland und wartet nur darauf, geschnappt zu werden.
Nun, auf der Eisenbahnkarte in Faenza, stehen die deutschen Namen auf Italienisch, und wenn man sie liest und ausspricht, ist man plötzlich in einem anderen Land unterwegs als dem, das man kennt: Monaco di Baviera, Augusta, Stoccarda, Francoforte sul Meno, Berlino, Amburgo. Man reist auch in einem anderen Europa. Antwerpen ist Anversa. Zagreb Zagabria. Rijeka Fiume. Marseille Marsiglia, Stockholm Stoccolma. Alles lässt sich so leicht singen. Man möchte über Europa gleich hier in Faenza ein Libretto für eine Eisenbahnoper schreiben. Doch Rovaniemi ist Rovaniemi. Und Helsinki Helsinki. Da muss man sich noch was überlegen.
Als Perkussionisten im Orchester würden sich die Wagenmeister aus Budapest oder Prag anbieten, die wie geschulte Musiker mit einem Klanghammer auf die Räder der Wagen schlagen. Wenn ein klarer, heller Ton erklingt, ist alles in Ordnung. Ein dumpfer Ton könnte einen Riss bedeuten. Der Wagen muss ausrangiert werden.
Und wer die Uraufführung dieser Eisenbahnoper dirigieren wird, das steht auch schon fest. Natürlich ein *dirigente movimento*, ein Fahrdienstleiter, aus Faenza.

Ich schaue mir in Faenza die Eisenbahnkarte von Europa an und erinnere mich an einen Mann, den ich einmal im Zug in Slowenien getroffen habe. Er war nicht nur ein Eisenbahnmensch, sondern auch ein Experte für Eisenbahnunglücke. Entgleisungen, Bremsversagen und Zusammenstöße, eingestürzte Brücken und unterspülte Bahndämme, berauschte und eingeschlafene Lokführer, falsch gestellte Weichen, Nebel auf der Strecke, Explosionen von Militärzügen.

Seine Lieblingsbücher und Geschichten waren *Das Eisenbahnunglück* von Thomas Mann, *The Signal-Man* von Charles Dickens, *Bahnwärter Thiel* von Gerhart Hauptmann und *Anna Karenina* von Leo Tolstoi, in dem zuerst ein Bahnarbeiter von einem Zug überrollt wird und zum Schluss auch die Hauptperson. Der schreckliche Tod von Anna Karenina ist vielleicht der berühmteste Eisenbahnselbstmord der Literaturgeschichte. Doch sein Lieblingseisenbahnunglück ereignete sich im Jahr 1895 am Gare Montparnasse in Paris, als einem Zug die Bremsen versagten, die Lokomotive die Fenster und Mauern des Bahnhofs durchbrach, aus der Höhe auf die Straße stürzte und eine Frau unter sich begrub, die kurz im Zeitungskiosk ihren Gatten vertreten hatte.
Dieser Experte fährt gern mit der Eisenbahn durch Europa. Er wartet auf sein persönliches Eisenbahnunglück. »Früher oder später wird es sicher auch dazu kommen«, sagte er, und ich musste dabei an den herrlichen Streit zwischen zwei anderen Eisenbahnexperten denken, zwei Eisenbahnbrückenmenschen, im Speisewagen zwischen Budapest und Bratislava.
Es ging darum, welches die schönste Eisenbahnbrücke von ganz Europa ist.
Die neuen, langen und spektakulären Überquerungen wie die Großer-Belt-Brücke in Dänemark oder die Öresundbrücke zwischen Kopenhagen und Malmö, die heute das Bahnreisen nach Skandinavien viel einfacher machen, zählten dabei nicht, denn da fahren auch Autos. Es ging vor allem um die alten Brücken. Das Negrelli-Viadukt in Prag. Die Brücken an der Semmering- und der Gotthardbahn. Das Landwasserviadukt in Graubünden. Die Elbebrücke bei Barby, wo heute keine Züge mehr fahren. Die Göltzschtalbrücke im Vogtland, die als die größte Ziegelbrücke der Welt gilt. Das aus der Ferne unglaublich filigran wirkende Mala-Rijeka-Viadukt auf der Strecke Belgrad–Bar, mit 198 Metern die höchste Brücke in Europa. Das Glenfinnan-Viadukt in Schottland, das jeder aus den Filmen über Harry Potter kennt. Und die ebenfalls in Schottland stehende Firth-of-Tay-Brücke, die 1879 in einem Sturm genau in dem Moment einstürzte, als ein Schnellzug über sie fuhr. Viele Menschen kamen ums Leben. Theodor Fontane schrieb darüber die Ballade *Die Brück' am Tay*, die wiederum der Experte für Eisenbahnunglücke mir im Zug vorgetragen hatte. Er erzählte mir auch noch, wie man die Lokomotive im Wasser gefunden, rausgefischt und gerettet hatte. Und sie danach mit dem Spitznamen *U-Boot* weiterfuhr. Ganz anders als die nagelneue Lok *Der Rhein*, die seit 1852 noch immer tief in ebendiesem ruht, nachdem sie bei Germersheim von einem Schiff in den Fluss stürzte und versank.

Stillleben in Malmö Centralstation,
kurz Malmö C, Schweden.

WC

Doch die beiden Brückenexperten interessierten sich nicht für die Geschichte, als ich sie ihnen erzählte. Denn sie konnten sich ja nicht einigen, welches die schönste Eisenbahnbrücke von ganz Europa ist. Sie stritten sich immer heftiger und kündigten einander schließlich die Freundschaft. Nicht einmal das fünfte Bier hat sie versöhnt.

Ich schaue mir in Faenza die Eisenbahnkarte von Europa an und denke wieder an die lange Fahrt vom Süden in den Norden. Von Palermo nach Rovaniemi, bis an den Polarkreis. Es ist eine sehr ruhige, ein wenig monotone Landschaft dort oben. Birken und Kiefern und Fichten und wieder Birken. Je weiter nördlich man kommt, desto kleiner sind die Bäume. Das Moorwasser ist dunkel und schwarz, die Flüsse sind breit und die Brücken lang.
In Dänemark musste ich lachen, als ich mich an einen Berliner Freund erinnerte, der die Eisenbahnreise durch dieses Land immer so beschreibt: »Nichts. Nichts. Wasser. Nichts. Nichts. Wasser. Nichts. Nichts. Wasser. Nichts. Kühe. Kopenhagen.« Ein minimalistisches Gedicht. Auch er mag aber den Hauptbahnhof von Kopenhagen,

auf Dänisch Københavns Hovedbanegård. Die Empfangshalle sieht wie ein Holzboot aus, das man umgedreht hat, damit es nicht reinregnet.
Die Fahrt über die Großer-Belt- und die Öresundbrücke gehört ebenfalls zu den Höhepunkten der Reise in den Norden. Endlos lang gleitet der Zug hoch über dem Wasser dahin. Man sieht große und kleine Schiffe und Windräder.
Und dann ist man in Schweden. In Malmö, wo am Bahnsteig schon der Expresszug nach Stockholm wartet. Ein grauer X2, ein in den 1990ern produzierter Hochgeschwindigkeitszug, der sich dank der Neigetechnik lässig in die Kurven legen kann und so wirklich sehr schnell nach ein paar Kilometern im Wald verschwindet. »Wald. Wald. Felsen. See. Rotes Holzhaus. Wald. See. Wald. Feld. See. Felsen. Wald. Feld. Rotes Holzhaus. Wald. See. Feld. Zwei rote Holzhäuser. Wald. Felsen. Tunnel. Brücke. Stockholm«, würde mein Freund dichten und sich darüber freuen, dass man im Wagen der ersten Klasse Kaffee, Wasser und Kuchen umsonst bekommt.

Im Sommer, spät am Abend. Warten an einem Straßenbahnübergang bei Stockholm.

Ich denke auch an Erik, der als Lokführer für die Schwedischen Eisenbahnen SJ arbeitet. Und vielleicht gerade jetzt, wenn ich auf die Karte schaue, im Zug von Göteborg nach Stockholm sitzt. Oder von Göteborg nach Oslo, denn das ist auch seine Stammstrecke. Erik gehört zu der Gruppe schwedischer Lokführer, die sowohl in Schweden als auch in Norwegen fahren dürfen, die nicht nur beide Sprachen sprechen, sondern sich vor allem nicht aus der Fassung bringen lassen, da das Eisenbahnleben jeweils anders funktioniert. In Schweden fährt man links, in Norwegen rechts. So stehen auch die Signale, die sich ebenfalls unterscheiden. »Bis heute sieht man, dass in Schweden die Engländer die Strecken gebaut haben, und die Norweger haben sich von den Deutschen beraten lassen«, erklärte mir Erik. Er liebt die Strecke nach Oslo. Die dramatische Landschaft.

Erik erzählte mir auch von seinem Lieblingsbahnhof in Hallsberg, obwohl er heute in Karlstad lebt. Aber er kommt aus Hallsberg, dieser Eisenbahnerstadt, wo sich sicher alle Güterwagen Europas schon einmal getroffen haben. Denn in Hallsberg befindet sich der größte schwedische Rangierbahnhof. Auch heute arbeiten hier viele bei der Eisenbahn. Und viele, die Züge mögen, kommen wegen der Eisenbahn hierher. Für die ist Hallsberg *heaven*, der Himmel, so Erik. Eisenbahn nonstop. Doch die schwedischen Eisenbahner sagen *Hellsberg*, Höllenberg. Am Abend kommen sie hier an, wo es außer der Eisenbahn nicht viel gibt. Sie gehen schlafen. Und gleich am Morgen fahren sie mit dem nächsten Zug weiter. Höllenberg heißt für die Bahner nur eins: schwere Arbeit.

Erik weiß sicher auch, dass viele Deutsche an einer schweren Schwedenkrankheit leiden. Sie lieben die milde Landschaft, die Seen, das weiche Licht, die roten Holz-

häuschen, die man aus dem Zug von Malmö bis nach Haparanda sieht. »Doch den schönsten Blick auf Schweden hat nur der Lokführer«, sagt Erik. »Als Lokführer kann man die Landschaft wirklich genießen. Die Felsen, die Seen, die Tiere.« Doch manchmal stehen Elche nicht nur auf einer Waldlichtung neben, sondern direkt auf den Schienen. Dann ist es nicht mehr so schön. Über zwanzig Elche hat Erik in fünfzehn Jahren überfahren. Und einen Menschen.

Aus dem Zug kennt Erik das ganze Land. Als Soldat diente er hoch im Norden und musste mit dem Nachtzug nach Umeå fahren, wo auch ich auf dem Weg nach Haparanda durchgekommen bin. Doch ich hatte ein unglaublich komfortables Schlafabteil, eines der besten in Europa. Erik reiste immer mit anderen Soldaten im Liegewagen.

Und dann erzählte er mir noch vom schwedischen Winter, den die deutschen Romantiker eher nicht kennen, weil sie im Winter nicht nach Schweden fahren und die roten Häuschen unterm Schnee liegen. An manchen Tagen habe man nur für ein paar Stunden Licht, und als Lokführer müsse er sich während der Fahrt sehr konzentrieren, so Erik. Er schilderte mir auch die Geschichte des Nachtzugs von Stockholm nach Narvik, der vor ein paar Jahren im Norden bei Kiruna im Schnee wie in einer weißen Gruft begraben wurde. Erst nach ein paar Tagen hatte man ihn aus den Verwehungen befreit. Doch den Fahrgästen ging's die ganze Zeit gut. Die Stromleitung war nicht abgerissen worden, in den Abteilen war's warm. Und im Speisewagen gab's Essen und Bier, als hätten Herr Peterkas drei sturmerprobte Kollegen den Laden geschmissen.

Durch Schweden mit dem Zug: von Malmö nach Stockholm.
Vor Stockholm Centralstation steht diese wunderschöne Bahnhofsuhr, geschmückt mit einem Flügelrad.

Und so denke ich auch an die junge Kellnerin im finnischen Speisewagen im Zug von Oulu nach Rovaniemi, die diese Arbeit nur als Ferienjob machte, um Geld zu verdienen. Eigentlich hatte sie gerade Theaterwissenschaften zu Ende studiert, das gleiche Fach wie Herr Peterka. Ich bestellte Fleischbällchen mit Kartoffelbrei und ein Karhu, wie das Bier heißt. Außer uns war niemand im Speisewagen. Die letzten Fahrgäste waren in Kemi ausgestiegen oder hatten sich in dem leeren Zug verlaufen. Und dann sagte sie: »Ich mag die Züge nach Lappland, denn das sind sehr ruhige Züge. Richtung Helsinki ist es mir manchmal zu laut. Viel zu viele Menschen.«
Die Kellnerin kam aus Pieksämäki, das ja auch eine Eisenbahnerstadt ist, so wie Hallsberg in Schweden. Natürlich kannte auch sie den berühmten Eisenbahnblues ihres Landsmanns Juice Leskinen über diesen Bahnhof. Doch das Dampflokomotivenlied der Liebe von Ivano Fossati kannte sie nicht. In Italien war sie noch nicht, sagte sie, als ich ihr erzählte, an welchem äußersten Ende Europas meine Fahrt hier herauf ans äußerste Ende Europas begonnen hatte. Aber ein Stück Italien ist in den Zügen nach Lappland immer dabei. Zu essen gibt es auch Pasta Carbonara. Doch die meisten Fahrgäste bestellen Fleischbällchen, die man auch im schwedischen Speisewagen essen kann. Und Lohikeitto, die cremige finnische Lachssuppe, die man wiederum in keinem anderen Speisewagen der Welt findet, so wie man in schwedischen Speisewagen den wunderbaren Räksmörgås, das belegte Krabbenbrot, essen kann. Ein Klassiker, den sich auch Erik immer gönnt, wenn er im Speisewagen sitzt und nicht vorne in der Lok.
Auch das frisch gezapfte Karhu schmeckt ausgesprochen gut. Karhu heißt Bär. In Finnland leben viele Bären, auch am Polarkreis. So wie Elche und Rentiere. Als ich endgültig nach Rovaniemi unterwegs war, kam eine Schaffnerin auf einen Kaffee vorbei. Sie stammte aus Oulu, der letzten großen Stadt vor dem Polarkreis.
»Rentiere sieht man hier im Sommer selten. Sie verstecken sich vor den Mücken und Bremsen tief im Wald. Ich sehe sie immer nur dann, wenn wir sie mit dem Zug überfahren«, sagte sie. Im Winter passiert das hier öfter. Im Wald liegt viel zu viel Schnee, und so laufen die Rentiere auf der Strecke, wo der Schnee geräumt wird. Wenn das passiert, ist es schlimm, es können viele Tiere auf einmal sein, die der Zug erwischt. Da kann der Lokführer nicht viel machen.
Als ich ihr meinen Interrail-Fahrschein zeigte und sie gesehen hatte, wo ich herkam, fing sie an zu lachen. »Palermo–Rovaniemi. Crazy.« Auch sie war noch nie in Italien. Von hier, aus Lappland, ist alles so weit weg. »Ich war nur zweimal im Ausland. Einmal in Tallinn und einmal in Haparanda. Aber Tallinn gefällt mir besser als Haparanda.«

Über diese schwedische Grenzstadt war ich nach Finnland gekommen. In der sich die Sprachen vermischen, in der die Einheimischen einen Dialekt sprechen, den nur sie verstehen. Viele Finnen aus dem Norden fahren nach Haparanda, weil sich hier direkt an der Grenze das nördlichste Ikea-Kaufhaus in Europa befindet. Und ein Busbahnhof, wo man zwei Uhren sieht. Eine mit der schwedischen und eine mit der finnischen Zeit. An der Grenze ändert sie sich. In Finnland hat man eine Stunde mehr als in Schweden.
So hatte ich das große Glück, in Tornio, der Stadt auf der finnischen Seite der Grenze, den Zug zu bekommen, der hier im Sommer nur zweimal in der Woche fährt: den Nachtzug von Kolari mitten in Lappland hinunter nach Helsinki. Auch so eine Besonderheit. Nur sehr langsam schleppen zwei Dieselloks diesen langen, schweren Zug bis nach Oulu. Er besteht, so wie viele Züge in Finnland, aus normalen und Doppelstockwagen. In Finnland gibt es nicht viele Berge, nur weit oben im Norden, aber dieser Zug bringt die Berge ins ganze Land. Er ist weiß und grün gestrichen und mit Elchen, Rentieren und Eulen bemalt. Ein Zug wie eine verschneite Gebirgslandschaft im Winter.

Ich schaue mir in Faenza die Eisenbahnkarte von Europa an. Und denke an eine der irrsten Eisenbahnreisen der Geschichte, die auch über den jetzt so gelungen sanier-

Oulu, Finnland. Die letzte Großstadt vor dem Polarkreis.
Und ein Nachtzug nach Süden.

Die schönste Bahnstrecke in Portugal ist diese Flussstrecke entlang des Douro. Der Zug der Linha do Douro verbindet Porto mit Pocinho.

ten Bahnhof von Haparanda führte, der wie eine kleine Festung aus roten Ziegeln dasteht. Viel zu groß für diese kleine Stadt, die eher wie ein Dorf aussieht.
Ich denke an Lenins Reise von Zürich nach Petersburg. Im April 1917 nutzte er die Trasse um den Bottnischen Meerbusen, um aus dem Schweizer Exil zurück nach Russland zu kommen. Er wählte diese unfassbar lange, aber doch überraschend schnelle Strecke ziemlich sicher nicht wegen der malerischen Landschaften. Der Weg über das neutrale Schweden war der einzig mögliche, um nach Russland zu gelangen. Denn Europa brannte im Krieg. Doch die Länge der Strecke war für Lenin nicht das größte Problem. Die Frage war eher, wie kam er über Deutschland nach Russland. Die Länder hatten doch gerade gegeneinander gekämpft. Es waren die Deutschen selbst, die Lenin halfen. Und ihn sogar mit Geld versorgten, da sie glaubten, die Revolution werde den Feind schwächen.
Etwa eine Woche waren Lenin und seine Genossen mit den Zügen von Zürich bis nach Petersburg unterwegs. Sie fuhren über Frankfurt und Berlin nach Stralsund. Auf Rügen setzten sie mit einer Fähre von Sassnitz nach Trelleborg über und reisten via Malmö nach Stockholm, Haparanda und Tornio, das in jenem April als Teil des Großfürstentums Finnland noch zum Zarenreich gehörte, wie das ganze Land aber kurz vor der Unabhängigkeit stand. Als eine der Folgen der durch Lenin ausgelösten Oktoberrevolution. Die britische Historikerin Catherine Merridale hat über die Reise ein Sachbuch geschrieben, das sich wie ein Roman liest: 2017, hundert Jahre nach den Ereignissen, als *Lenins Zug – Die Reise in die Revolution* auf Deutsch erschienen.
In der Schule, damals in der sozialistischen Tschechoslowakei, lernten wir, wie Lenin in einem verplombten Güterwagen reisen musste. Wie gefährlich die Reise war und wie mutig Lenin. Doch eigentlich verlief die Reise gemütlicher, als man denken würde. Sowohl der Ausgangspunkt Schweiz als auch das wichtige Transitland Schweden waren im vom Krieg geplagten Europa offiziell neutraler, sicherer Boden. Und es war auch kein Güterwaggon, sondern ein Schnellzugwagen. Viel Platz hatte man darin zwar nicht, und in Deutschland war er auch wirklich verplombt, aber nur dort.
In Zürich wurde am Hauptbahnhof vor der Abfahrt noch fein gespeist, in Deutschland wurden die Reisenden mit Bier und Stullen versorgt. Und später gab es Essen auch aus dem Speisewagen. In Deutschland hängte man den Waggon an gewöhnliche Reisezüge, als eine Art Kurswagen. In Schweden reiste man in ganz normalen Zügen. Für den Nachtzug von Stockholm ins nordschwedische Boden sammelten die Arbeiter sogar Spenden, und so konnte Lenin die Nacht gemütlich im Schlafwagen verbringen.

Ein Erlebnis. Die Eisenbahnfähre zwischen Messina und Villa San Giovanni.

Genauso bin auch ich über Umeå und Boden nach Haparanda gereist, denn nach vielen Jahren fahren jetzt wieder nicht nur Güter-, sondern auch Personenzüge in die Grenzstadt. Hier musste Lenin den Zug verlassen, um über den Fluss Torne älv nach Tornio zu kommen. Im Krieg wurde alles hier umgeladen, das kurze Gleisstück mit einer Brücke wurde erst 1919 gebaut.

Nicht nur der Bahnhof von Haparanda wurde vor Kurzem saniert, die Strecke dorthin wurde auch elektrifiziert und teilweise neu gebaut. Es sind nicht viele Züge, die Haparanda heute erreichen, doch sie fahren jetzt richtig schnell. Auf einer Seite des Bahnhofs, wo es sogar ein kleines Café gibt, sieht man auch schon die Breitspur, auf der die Züge in Finnland sowie in Russland fahren. Nach Ende der Ausbauarbeiten können dann alle Züge über die Brücke fahren. Jetzt sind es nur Güterzüge. Aber vielleicht kommen auch bald die Personenzüge aus Finnland nach Haparanda.

Lenin wiederum kam damals auf dem Finnischen Bahnhof in Petersburg an, sogar gleich zweimal. Zuerst mit dem Zug aus Deutschland im April 1917. Doch die Weltrevolution ließ auf sich warten. Und so musste sich Lenin vor der Verhaftung verstecken und reiste im Juli, getarnt als Heizer auf einer Dampflok, wieder nach Finnland. Zurück nach Russland kam er im Oktober, abermals als Heizer verkleidet. Es war der finnische Lokführer Hugo Jalava, der Lenin auf seiner Dampflok H2 293 im

Sommer aus und im Herbst zurück nach Petersburg schmuggelte, so wie er schon vorher illegale Zeitungen, Bücher, Waffen, aber auch Gold geschmuggelt hatte. Schmuggel in den Zügen gab es schon immer, nicht nur zwischen Finnland und Russland, und auch heute wird zwischen der Ukraine und der Slowakei oder Polen geschmuggelt, weshalb die slowakischen oder polnischen Grenzpolizisten immer nach Zigaretten oder Schnaps suchen.
Der Lokführer Hugo Jalava wurde zum Eisenbahnhelden der kommunistischen Bewegung. Und blieb in der Sowjetunion. Sechzig Jahre nach der Oktoberrevolution vertonte die österreichische Rockband Schmetterlinge seine Geschichte 1977 für das Projekt *Proletenpassion*, ein Rockoratorium über die Geschichte der Arbeiterbewegung. Im *Jalava-Lied* besingt man die Fahrt über die Grenze und die nackten Birken und den starken Oktoberregen und den starken Oktoberwind und einen Heizer, der was von Flammen und Dampfkesseln versteht. Sein Name ist Wladimir Iljitsch Lenin, der eigentlich Wladimir Iljitsch Uljanow hieß und mit der Oktoberrevolution 1917 die Welt auf den Kopf stellte. Gerecht war diese Revolution nicht, so wie keine Revolution gerecht sein kann. Ein Bürgerkrieg brach aus, viele Menschen wurden umgebracht oder vertrieben. Oder sie flüchteten aus Russland. Viele auch mit der Eisenbahn.

Ich schaue mir in Faenza die Eisenbahnkarte von Europa an und sehe auch die Bahnstrecken, die ich immer fahren wollte und bis heute nicht zu fahren geschafft habe. Nach Kiruna in Schweden und Narvik in Norwegen. Nach Corrour in Schottland. Nach Lissabon. Nach Belgrad. Nach Istanbul. Nach Moskau. Europa ist endlos. Endlos ist Europa. In einem Eisenbahnleben kann man es nicht schaffen, die ganzen Strecken abzufahren, überall auszusteigen, in jeder Bahnhofskneipe etwas zu essen und ein Bier zu trinken. Auch wenn man Züge liebt, wie es die Eisenbahnmenschen tun.
Aber vielleicht kann man es zumindest versuchen. Mein Freund Zoltán aus Budapest kämpft sich tapfer durch. Land für Land. Bahnhof für Bahnhof. Strecke für Strecke. Ungarn, Slowakei, Tschechien, Slowenien, Kroatien, dort war er schon fast überall, da hat er schon fast alle Strecken auf seiner Eisenbahnkarte markiert. In Deutschland kennt er auch schon viel, in Polen ebenfalls. Doch jetzt ist vor allem Italien dran. Und irgendwann ganz Skandinavien. Irgendwann kennt er aus dem Zug das ganze Europa, das ich mir hier in Faenza an diesem Sommerabend auf der Eisenbahnkarte anschaue.

99 7241-5

Richtung Elend und Sorge

Elend. So heißt der verschlafene malerische Ort tatsächlich. Wir sind die Einzigen, die vor dem geschlossenen Bahnhofsgebäude auf den Zug warten. Und wir sind auch die Einzigen, die kurz darauf im Zug sitzen. Wir und der Lokführer. Es ist ein kleiner Triebwagen, der uns auf der Schmalspur durch den Harz bringen soll.
Gleich nach der nächsten Kurve schluckt uns der hohe und tiefe Wald und hält uns lange in seinen Armen. Wir sehen ein paar Rehe und viele Hochsitze. Wir sehen Birken und Pilze und große und kleine Granitsteine und krumme, schwarz gekleidete Gestalten im Moor. Die Natur hat sie aus Ästen und Baumstümpfen gezaubert.
Der Lokführer pfeift und bremst vorsichtig vor den vielen Waldwegen, die die Eisenbahn kreuzt. Doch von Elend bis Sorge, wie der nächste Bahnhof heißt, muss er sich keine Sorgen machen. Niemand steht dem Zug im Weg. Und in Sorge steigt auch niemand ein. Wer Einsamkeit ohne Internet sucht, ist hier, in der Mitte Deutschlands, richtig.
Auf einer Weide sehen wir die braunen Harzrinder, über die wir im *Baedeker* von 1925 lesen.

Quer durch den Harz auf Meterspur. Und das unter Dampf. Wer Eisenbahnromantik sucht, ist hier, in der Mitte Deutschlands, richtig.

Bahnhof in Schierke. Der Zug Richtung Brocken ist abgefahren. Nun hat der Fahrdienstleiter eine kurze Pause, bis der nächste Zug kommt.

SCHIERKE

Nur die Ziegenherden, die dort ebenfalls erwähnt werden, haben sich wahrscheinlich während der vielen Jahrzehnte verlaufen. Geblieben ist diese Eisenbahnstrecke, die Harzquerbahn, die sich seit 1899 von Wernigerode nach Nordhausen langsam den Weg durch zahlreiche Kurven und Schleifen bahnt. Und durch einen einzigen kurzen Tunnel. Man braucht Zeit für diese Strecke. Doch dafür wird man belohnt. Man kann alle Fenster öffnen und die angenehm kühle Waldluft genießen. Ein Luftkurort auf Schienen.

Wieder verliert sich die Strecke im dichten Wald. Eine Steigung. Der Motor heult, und der Triebwagen stöhnt und zittert, als würde er mit dem Berg ringen, kurz ist nicht klar, wer gewinnt, der Berg oder die kleine Bahn, doch dann sind wir endlich oben, und plötzlich hört alles auf. Zack! Der Lokführer schaltet den Motor aus. Ganz sanft und nur von der Schwerkraft getrieben fährt der Zug das tiefe, enge Tal hinab. Man sieht einen schmalen Weg und einen wild schäumenden Bach. Der Zug fährt so leise, dass man aus dem Fenster die Vögel zwitschern und das Rauschen des Wassers an einer Stromschnelle hört.

Auf einer Lichtung bleibt der Wagen fast stehen, doch der Lokführer muss nichts weiter tun, denn er weiß genau, nach ein paar Metern fängt die Trasse wieder an, sich abzusenken. Der Triebwagen braucht keinen Antrieb, er gleitet wie ein Segelschiff leise durch die Waldeinsamkeit.

Bahnhof Eisfelder Talmühle. Wir steigen um, fahren mit einem anderen Triebwagen der Selketalbahn nach Quedlinburg. Zwei Männer setzen sich neben uns und stoßen gleich mit Bier an. »Prost!«

»Ich kann leider noch nicht«, sagt der Lokführer, der sie hört.

Er kennt die beiden schon länger. Der Wagen ist nicht größer als ein Wohnzimmer. Der Lokführer ist der Gastgeber, der ganz gemütlich vorne wie in einem alten Sessel vor dem Fernseher sitzt. Nur läuft statt Fußball Harz.

Wir fahren los.

Der Ältere von den beiden erzählt, er komme dreimal im Jahr mit seinem Freund hierher. Drei Tage lang fahren sie mit den Zügen der Schmalspurbahn. Quer durch den Harz auf Meterspur. Vom Morgen bis zum Abend. Sie trinken Bier, erzählen sich Geschichten, plaudern mit den Lokführern und streiten sich höchstens darüber, welche Bratwurst besser schmeckt. Die im Bahnhof von Schierke? Oder die in Drei Annen Hohne? Es kommt auch auf den richtigen Schnaps an, die Schaffner verkaufen ihn auf der Fahrt.

»Du musst natürlich Mephisto trinken, der hat ein Feuer in sich, so wie eine Dampflok, so wie Goethe, so wie der Faust!«

Er erzählt nun von seinem Leben. Von den Rallyes. Seinen Trophäen. Den Totalschäden. Den Verletzungen. Seiner Familie. Der Entschleunigung.

»Als Rallyepilot fährst du im Sportwagen auch mal zweihundert, hier oft nur zwanzig, manchmal sogar nur zehn.« Es ist vor allem die alte Technik, die ihn interessiert, die Dampfloks, die hier noch im Regelverkehr fahren. »Wo kannst du so was noch erleben? Technik, die hundert Jahre alt ist und immer noch funktioniert. Und womöglich auch noch in hundert Jahren funktionieren wird! Wenn du an der Plattform des ersten Wagens gleich hinter der Dampflok stehst, spürst du die Kraft, spürst du das Leben.«

Und dann erzählt er von seiner Krankheit.

Und dann erzählt er auch vom Tod.

Wir erreichen Stiege. Es gibt viele eisenbahntechnische Attraktionen im Harz, die Eisenbahnmenschen aus der ganzen Welt hierher pilgern lassen. Es ist nicht nur die gut besuchte Brockenbahn, sondern auch die Wendeschleife, die zu diesem Bahnhof gehört. Man hat sie erst 1984 gebaut, um den mit Braunkohle beladenen Zügen von Nordhausen nach Silberhütte die Durchfahrt zu erleichtern. So mussten sie hier nicht halten und die Lokomotiven rangieren, um die Richtung zu wechseln. Das tat auf fast magische Weise die Gleisanlage, die sie nach der Durchfahrt in die andere Fahrtrichtung schleuderte. Zwar rattern die Kohlezüge hier schon lange nicht mehr, doch die Schleife ist noch da.

Eisenbahnszenen im Harz: Wer Entspannung und Ruhe sucht, ist hier richtig.

»Ich bin noch nie die Schleife langgefahren«, sagt der ehemalige Rallyefahrer ein wenig melancholisch.
»Noch nie?«, wundert sich der Lokführer. »Na, dann machen wir es heute! Ein Geschenk. Nur für dich. Und ich kann sitzen bleiben und muss nicht den Sitz und die Richtung wechseln. Das tut die Schleife für mich.«
Der alte Rallyefahrer lacht und ist sichtlich gerührt.
Im Schritttempo rollt der Triebwagen durch die Wendeschleife. Der Motor brummt, die Räder ächzen in der scharfen Kurve, sonst ist es still, so wie vorher im Hochwald zwischen Elend und Sorge. Niemand sagt etwas, alle stehen hinter dem Lokführer und schauen auf die Schienen und die Schwellen und den Schotter. Wir alle schauen, wie die Schleife Meter für Meter unter dem Wagen verschwindet.
Die Schleife von Stiege ist wie das menschliche Leben. Man fährt los, man zieht einen Kreis um ein paar Birken, man kreuzt einen Bach und eine Landstraße. Am Anfang denkt man, es wird eine Ewigkeit dauern, man sieht lange das Ende der Strecke nicht, man wird ungeduldig, denkt gerade noch, alles geht zu langsam, bis man zum Schluss sieht, wie alles viel zu schnell dahinrast. Man hat gerade angefangen, und schon ist man wieder aus diesem Kreis, diesem Leben heraus. Auf einer Weiche. Auf einem anderen Gleis. Doch immerhin noch im selben Bahnhof.
Im Bahnhof von Stiege.
Unweit von Elend.
Unweit von Sorge.

Der Harz ist ein Dampflokparadies. Doch die Eisenbahnmenschen lieben auch diese alten Triebwagen. Und die kleinen Stationen, an denen die Zeit stehen geblieben ist.

99 6001

Bahnzeit
1144 117

Kathedralen, Kirchen, Kapellen

Einmal habe ich Juice Leskinen getroffen. Ich weiß, der finnische Sänger und Autor des endlosen Blues vom Bahnhof Pieksämäki ist schon lange tot. Doch ich habe ihn getroffen. Nicht in Finnland, sondern in Österreich, am Bahnsteig in Bischofshofen.

Ich trank Kaffee und wartete auf den verspäteten Eurocity nach Selzthal. Der Mann hatte die gleiche altmodische große Brille, den gleichen runden Kopf, die gleichen Augen, leicht angeschwollen von Alkohol und Trauer. Er hatte eine abgetragene Cordhose und eine Sportjacke an und sein Leben in eine Plastiktüte gepackt. Juice Leskinen, der große Bluesman von Finnland.

Er stieg mit mir in den Zug nach Selzthal ein. Er stieg mit mir in Selzthal aus. Und dann verschwand er Richtung Heizhaus, wie man in Österreich immer noch zum Lokomotivschuppen sagt. Ein Eisenbahner also. Vielleicht ein Lokführer. Oder ein Schlosser? Wagenmeister? Elektriker? Rangierer?

Aber vielleicht war es doch Leskinen. Im – leider schon aufgegebenen – Bahnbetriebswerk im brandenburgischen Falkenberg/Elster habe ich mal eine Sauna gesehen. Vielleicht haben sie in Selzthal wiederum einen Probenraum, wo sich tote Musiker treffen? Warum nicht. Die Eisenbahner sind und waren Kulturmenschen. Nicht nur in der ehemaligen Monarchie gründeten sie Musikvereine und spielten gemeinsam Theater. Und an manchen Orten machen sie es bis heute. Der Eisenbahnermusikverein Flugrad Wiener Neustadt, gegründet 1893, sucht gerade neue Mitglieder, habe ich dort am Bahnhof neulich gelesen. Warum also soll es nicht einen Probenraum in Selzthal geben?

Wenn man mit dem Zug hierherkommt, fährt man durch Ortschaften, die schon mit ihren Namen kleine Geschichten erzählen. Kalwang und

Bahnzeit in Selzthal. Der Bahnhof gehört zu den Inselbahnhöfen. Das Bahnhofsgebäude und die Bahnsteige liegen wie eine Insel im Meer von Schotter, Schwellen und Schienen.

Wald am Schoberpaß und Gaishorn am See. Klaus an der Pyhrnbahn, Windischgarsten. Sonntagberg und Gaflenz und Admont. Schladming, Pruggern und Stainach-Irdning. Alles Namen wie aus einem Theaterstück von Thomas Bernhard.
Auch Selzthal erzählt eine Geschichte. Die Geschichte der Eisenbahn. Orte wie Selzthal ziehen mich an und faszinieren mich. Die Eisenbahnerorte. Die Eisenbahnerstädte. Die Eisenbahnerdörfer.
Der Bahnhof in Selzthal gehört zu den Inselbahnhöfen. Das Bahnhofsgebäude und die Bahnsteige liegen wie eine Insel im Meer von Schotter, Schwellen und Schienen. Die Züge laufen wie Schiffe im Hafen von Selzthal ein und laufen wie Schiffe wieder aus. Der Ort selbst ist nur durch die Unterführung zu erreichen, durch einen schönen alten Holzvorbau. Das Erste, was man dann sieht, ist eine lange Reihe von einfachen Häuschen für die Eisenbahner. Alles im Ort dreht sich bis heute noch um die Eisenbahn. Um das Flügelrad, das in Rot das Stadtwappen schmückt.
In Selzthal gibt es nicht nur eine gewöhnliche *Bahnhofstraße*, die man in fast jeder Stadt findet, sondern auch einen *Rollbergweg* und einen *Heizhausweg*. Alles perfekte Adressen für einen etwas ausgeprägteren Eisenbahnmenschen.
Das Wort Heizhaus liebe ich, so wie ich das Wort Rollberg liebe. Im Heizhaus hat man früher die Dampflokomotiven gewartet und mit Kohle, Wasser, Öl versorgt. Und mit Sand, für die bessere Adhäsion beim Losfahren, aber auch beim Bremsen. Zum Rollberg sagt man oft auch Ablaufberg, und man findet ihn auf jedem Rangierbahnhof. Manchmal sind es sogar mehrere, die dann ein kleines Rangiergebirge bilden. Die Lok schiebt die Güterwagen auf den kleinen Hügel, dann wird abgekuppelt und abgedrückt, und die Wagen rollen in das lange Tal eines Rangierbahnhofs. So werden aus alten Zügen immer neue Züge geboren.

Stundenlang kann ich in Selzthal auf dem Bahnsteig sitzen und auf die Züge schauen. Auf die Rangierfahrten. Das Umsetzen von Lokomotiven. Und natürlich auch auf das Alpenpanorama, die steilen Berge, die das enge Tal umringen, fest im Griff halten und so bedrohlich wirken, als ob sie uns damit sagen wollten: Aus diesem Tal gibt es kein Entkommen. Wer hierherkommt, der bleibt für immer.
Warum nicht? Es ist so schön hier. Das enge Tal von Selzthal besteht fast nur aus blanken Gleisen. Die Luft ist auch im Hochsommer ein wenig kühl. Außerdem ist das enge Tal von Selzthal auch moorig, weil hier Palten und Enns zusammenfließen, so wie im Bahnhof die Gleise von Ennstalbahn, Pyhrnbahn und Rudolfsbahn zusammenfließen. Alles alte historische Namen wie aus meinem *Baedeker* für Österreich-

Ungarn von 1913. Alles Namen, die man in Österreich auch heute noch für diese Strecken benützt. Alles wunderbare Strecken im Schatten der hohen, kantigen, steilen Berge.
Ich mag hier auch die schweren Bahnhofsuhren. Auf deren Zifferblatt neben dem Logo der ÖBB schlicht nur »Bahnzeit« steht. Ja, Göttin Bahnzeit, die über alle und alles herrscht. Über die Züge, die Eisenbahner, die Reisenden. So streng, aber auch gerecht.
Ich muss dabei mal wieder an meinen Onkel Miroslav denken, den Fahrdienstleiter der alten Schule, der mir erzählte, dass die Eisenbahn nicht nur Menschen und Güter befördert, sondern auch die Zeit. Es war die Eisenbahn, die 1893 zur Einführung der Mitteleuropäischen Zeit in Deutschland beigetragen hat. Weil der 15. Längengrad auch Görlitz durchquert, sprach man damals von der Görlitzer Zeit. So gesehen liegt das Herz von Europa genau dort, in Görlitz.
Ich habe einen Freund, der von den Bahnhofsuhren fasziniert ist. Und darunter leidet, wenn eine nicht funktioniert oder sogar verschwunden ist. Er liebt vor allem die Nasenuhren, wie die im tschechischen Grenzbahnhof Dolní Žleb im Elbtal oder in Pieksämäki, wo auch eine solche alte Uhr zu finden ist. Er liebt aber auch die Bahnhofsuhren in der Schweiz, die regelrecht Kult sind. Eine von ihnen hängt sogar in seiner Küche. Der Sekundenanzeiger läuft wie ein kleiner roter Befehlsstab ein wenig schneller, und bevor die nächste Minute schlägt, bleibt er kurz vor der Zwölf noch einmal stehen. So hat man Zeit, in den Zug hineinzuspringen. Dann pfeift schon der Schaffner, und die Zugreise kann beginnen.

Wenn man in Selzthal aus dem Zug aussteigt, sieht man am Bahnhof mehr Weichen als Menschen. Selzthal ist ein perfekter Ort für Eisenbahnmeditation, für Eisenbahnyoga. Es stört mich dabei nicht, dass es hier schon lange kein Bahnhofslokal mehr gibt. Nicht mal ein kleines Café oder eine Bäckerei, nur zwei traurige Getränkeautomaten. Den Reiseproviant nehme ich immer mit und höre dann stets Helmut Qualtinger seinen *Bundesbahnblues* singen. Das wohl beste Eisenbahnlied von Österreich. Ein Blues, der sich eigentlich eher lustig als traurig anhört.
Dann denke ich über die Züge nach, die einst durch Selzthal fuhren und über die ich in alten Fahrplänen gelesen habe. Den Eurocity *Jože Plečnik* von Ljubljana nach Prag zum Beispiel, von dem Herr Peterka in seinem Speisewagen schwärmte. Auch heute halten in diesem Ort internationale Züge, wie der Eurocity *Transalpin* von Graz nach Zürich. Neben *Hungaria* und *Vindobona* ist der *Transalpin* einer meiner Lieblingszüge, der gleich mehrfach die Alpen überqueren muss.

Vielleicht gibt es im Selzthaler Heizhaus also wirklich einen Probenraum, wo sich alle toten Musiker treffen und gemeinsam musizieren. Juice Leskinen ist da, Gerhard Gundermann und Helmut Qualtinger. Auch der Autor des *Bundesbahnblues* kommt vielleicht vorbei, Gerhard Bronner. Und mit ihnen zusammen der Mann, dessen Geschichte Bronner beim Komponieren inspiriert hat: Louis Armstrong.

Der Legende nach war Satchmo 1956 auf Tour in Europa. Gerade saß er im Zug von München nach Wien, auf dem Weg von einem Konzert zum nächsten, und wie es im Zug vorkommt, bekam er irgendwann Hunger. So stieg er in einem Ort aus, den man vom Durchfahren und Umsteigen in Österreich gut kennt: Attnang-Puchheim. In Italien riecht man am Bahnsteig den Espresso, der den Reisenden zur Cafébar hinführt, in Frankreich die Croissants, in Österreich die Würstel. Der Duft vom Stand war so verlockend, dass Armstrong aus dem Zug stieg, um sich ein Paar Würstel zu holen. Doch inzwischen fuhr der Zug nach Wien ab, und so strandete Armstrong in Attnang-Puchheim, dessen Name nicht nur für einen Amerikaner nicht gerade leicht auszusprechen ist. Der Zug kam ohne ihn in Wien an. Man suchte ihn. Irgendwann fand man ihn.

Gerhard Bronner hat für Helmut Qualtinger darüber den *Bundesbahnblues* geschrieben. Wer ihn sich anhört, bereist mit der Eisenbahn das ganze Land. Von Bludenz bis Marchegg. Von Bruck an der Mur bis nach Bruck an der Leitha. Von Schruns nach Wulkaprodersdorf. Kein Zufall, dass nach Bronner jetzt eine Straße am neuen Wiener Hauptbahnhof benannt wurde.

Louis Armstrong war nicht der Einzige, der irgendwo falsch ausgestiegen ist. In Ljubljana passierte es dem Schriftsteller James Joyce. Er war von Zürich nach Triest unterwegs, und in der damals auch als Laibach bekannten Stadt stieg er einfach aus. Der Zug fuhr wieder los, Joyce musste die Nacht im Park auf einer Bank verbringen. Und reiste am nächsten Tag, etwas steif geworden, nach Triest weiter.

Ich bin gern in Slowenien. In Ljubljana, wo der Bahnhof keine richtige große Kathedrale ist, eher eine einladende Eisenbahnkirche, steige ich oft aus und treffe Aleš Šteger, den slowenischen Schriftsteller und Übersetzer. Aleš hat über die Reise mit der Südbahn Richtung Triest ein Eisenbahngedicht geschrieben. Und er erzählte mir die Geschichte über Tito und dessen letzte Reise: Der Präsident Jugoslawiens war im Mai 1980 im Klinikum in Ljubljana gestorben. Ein Trauerzug geleitete den Toten zum Bahnhof, wo auf ihn schon sein legendärer Luxuszug *Modri vlak* wartete, der ihn nach Belgrad brachte. Auch heute noch wird der *Blaue Zug* als Museumszug eingesetzt.

Abend in Bern, Schweiz. Kurz vor der Abfahrt in die Nacht.

Aleš berichtete mir aber auch noch von einem anderen Zug, der Jugoslawien zusammenhalten sollte. Vom »Zug der Brüderlichkeit und Einigkeit«, der Serben nach Slowenien und Slowenen nach Serbien brachte. »Viele Slowenen wurden im Zweiten Weltkrieg von den Deutschen nach Serbien ausgesiedelt, man hat viele von den damals entstandenen Freundschaften mit dem Zug noch bekräftigt«, erklärte mir Aleš. Der Zug war zwischen 1962 und 1989 einmal im Jahr auf der Strecke Kraljevo–Maribor unterwegs. Und doch brach Jugoslawien dann grausam auseinander.
Heute betreibt jeder Nachfolgestaat sein eigenes Eisenbahnnetz, und es ist gar nicht so einfach, mit dem Zug von Ljubljana nach Belgrad zu reisen. Oder nach Sarajevo, wo ich mit einem anderen Schriftsteller, Dževad Karahasan, einen Spaziergang machte, der uns auch zum Hauptbahnhof führte. Karahasan schaute sich die langen, leeren Bahnsteige an und sagte: »Von hier bin ich mit den Nachtzügen nach München oder Wien gefahren. Und durch das ganze ehemalige Jugoslawien. Es waren so viele Züge …« Heute gibt es in Bosnien-Herzegowina nur Lokalzüge. Aber die Reise nach Mostar ist sehr zu empfehlen.
Gut aus Ljubljana zu erreichen sind nicht nur Wien oder Triest, sondern auch Zagreb. Ich mag den Hauptbahnhof, Glavni kolodvor, wie es auf Kroatisch heißt, von wo man schon weiter ans Meer fahren kann. Nach Split. Oder Rijeka.
In Zagreb habe ich mal eine Freundin zum frühen Zug nach Wien begleitet. Ich dachte, ich lege mich danach noch mal hin. Doch dann saß ich da einfach am Bahnsteig und schaute auf die Züge. Und beobachtete die Reisenden und Eisenbahner. Gleich auf dem Bahnsteig trank ich einen Espresso. Neben der Bar öffnete sich die Tür einer Kapelle, wo ich eine Frau sah, die lange betete. Und ich musste an die alte Frau denken, die ich aus dem Nachtzug in Kysak in der Slowakei gesehen hatte, die dort vor einer kleinen Statue der heiligen Katharina auch betete.
»Sie kommt jeden Tag hierher«, erklärte mir ein Eisenbahner, der sich in der Bar auch einen Espresso holte. »Ihr Sohn war bei uns. Ein Rangierer …«
Die Bahnhofskapellen kenne ich gut aus dem benachbarten Italien. Triest. Palermo. Bologna. Hier überall werden die Bahnhöfe tatsächlich zu Kirchen und die Kirchen zu Bahnhöfen. Auch in Florenz findet man in einem Seitenflügel des Bahnhofs eine Kapelle. Über den Bahnhof hat der italienische Sänger Pupo ein Lied geschrieben, das viele in Italien singen können. Ein Lied über die Penner, die kein Zuhause haben, über die Eisenbahner, über Transvestiten. Und doch ist dieser Bahnhof vor allem eins: ein Fest.
Der schlichte, funktionalistische Hauptbahnhof Firenze Santa Maria Novella wurde nach der gotischen Basilika in der Nähe benannt, ähnlich wie die Stazione di Vene-

zia Santa Lucia, wo die Kirche dem Bau des Bahnhofs aber weichen musste und wo man an mehreren Stellen Gedenktafeln für die im Widerstand gegen die Deutschen gefallenen Eisenbahner sieht.
Auch das Läuten der Glocken hört man noch heute in vielen italienischen Stationen. An den Bahnhofsgebäuden sieht man kleine Läutewerke, die die Ankunft der Züge aus der einen oder der anderen Richtung ankündigen. Wirklich laut, wie es sich für richtige Glocken gehört.

Auch in Wrocław Główny, in dem sanierten Hauptgebäude, das wie eine alte romantische Burg aussieht, findet man eine Kapelle. Und gleich gegenüber die Galerie für moderne Kunst, wo man sich in einem Nebenraum die alten Bilder von einem der schönsten Bahnhöfe Mitteleuropas anschauen kann. Denn das ist Wrocław Główny. Wenn man mit dem Eurocity *Wawel* von Berlin nach Krakau fährt, sollte man hier einfach für einen Tag aussteigen. Für einen Tag. Und eine Nacht.
Ich mag diesen Bahnhof vor allem in der Nacht, so wie ich alle Bahnhöfe in der Nacht mag. Dann ist es auf ihnen sehr still. Erst dann sieht man die ganze Pracht dieser Bauten, dieser großen und hohen und sakral anmutenden Räume, wo der Himmel fast greifbar nah ist, weil die Dächer der Hallen oft verglast sind. Aber wie es so ist, die Hölle ist auch ganz in der Nähe. Jeder Bahnhof hat seine dunklen Ecken, wo man sich nicht hintraut. Wo es nach Schweiß, Bier, Urin, Sex und Blut riecht.
In der Nacht steht man ganz allein auf dem Bahnsteig und fängt sogar leise zu sprechen an, fast zu flüstern, damit man diese heilige Ruhe nicht stört und zerstört. Man ist dort allein mit der Bahnzeit der Bahnhofsuhren und mit den Anzeigetafeln und Signalen. Vielleicht ist es nur in der Nacht möglich, das alles zu sehen und zu entdecken und zu bewundern.
So war es, als ich in Roma Termini mit dem letzten Zug aus Mailand ankam, um morgens früh nach Palermo weiterzufahren. In Roma Termini, wo in der Nacht ein guter Bahnhofsfilm spielt, *Rom, Station Termini* von Vittorio De Sica aus dem Jahr 1953 über eine verheiratete Amerikanerin, die in Rom eine Affäre hat, diese aber beenden möchte, weil sie zurück nach Hause will. Und dann doch noch eine Nacht in einem abgestellten Wagen mit ihrem italienischen Liebhaber verbringt.
So war es, als ich in Taormina auf Sizilien auf den Nachtzug zurück nach Roma Termini wartete und nur die Grillen und das Meer hörte. So war es, als ich in Milano Centrale spät am Abend ankam, in diesem vielleicht monumentalsten Bahnhof Italiens, wo man sich nicht wie in einer Kathedrale, sondern wie in einem antiken Tempel fühlt. Und wo mich nicht nur das imposante Gebäude interessiert, das einen fast zer-

drückt, sondern auch die riesigen zweistöckigen Stellwerke, die sogenannten Reiterstellwerke, die über die Gleise ragen oder sie ganz überspannen. Cabina, so nennt man diese Kolosse in Mailand, die verwandt sind mit ähnlichen Kolossen in Bologna. So war es, als ich in Kemi auf den Nachtzug nach Turku wartete und mir als letzter Gast in dem Bahnhofscafé dann das Bahnhofsgebäude anschaute, klein und schlicht und aus Holz gebaut, so wie viele Bahnhofsgebäude in Finnland und Schweden.
So war es, als ich erst spät am Abend in Antwerpen-Centraal ankam, der alles andere als klein und schlicht ist, in der Halle stand und auf die hohe Kuppel über mir schaute. Auf die Bahnhofsuhr, die hier ganz oben wie auf einem Altar steht. Und mich an den Anfang des Romans *Austerlitz* von W. G. Sebald erinnerte, der genau in diesem Bahnhof beginnt.
Ich war viel auf den Spuren des Romans unterwegs. Auch in Paris, auf dem Gare de Paris Austerlitz, kurz auch nur Gare d'Austerlitz. Am Bahnsteig schaute ich mir die Weichen an und musste an einen Bekannten denken, der immer von den falsch gestellten Weichen der Geschichte erzählt und auch im Gare d'Austerlitz war. Nicht wegen *Austerlitz* von Sebald, aber wegen der Schlacht bei Austerlitz, die 1805 in Mähren in der Nähe von Brünn geschlagen wurde. Er hat über die Schlacht promoviert. So fuhr er mit dem Zug vom Bahnhof Slavkov, also Austerlitz, bei Brno über Österreich und die Schweiz nach Frankreich bis zum Gare d'Austerlitz in Paris und war sehr traurig, dass niemand in Slavkov, also Austerlitz, weiß, dass es in Paris einen Gare d'Austerlitz gibt. Und dass in Paris niemand weiß, wo Slavkov, also Austerlitz, eigentlich liegt. Noch trauriger aber war er darüber, dass man vor ein paar Jahren das Bahnhofsrestaurant Le Grenadier abgerissen hat, zusammen mit einem ganzen Bahnhofsflügel.
Von dort ist es möglich, nach Tours, Orléans, Toulouse oder Bourges zu fahren. Spät am Abend kann der Reisende auch in den Nachtzug einsteigen, der ihn in fast zwölf Stunden an die französisch-spanische Grenze bringt, bis nach Portbou. In dieser spanischen Eisenbahnerstadt nahm sich der verzweifelte Walter Benjamin auf der Flucht vor den Nazis das Leben.
Ich muss immer an ihn denken, wenn ich Sebald lese und im Zug sitze. An Benjamin, der über den Anhalter Bahnhof in Berlin als »Mutterhöhle der Eisenbahnen« geschrieben hat. Vom Anhalter Bahnhof fuhren die Schnellzüge nach Prag. Im Krieg leider auch mit einem oder zwei am Ende angehängten Wagen, die man als Kurswagen des Schreckens direkt nach Theresienstadt brachte. Jacques Austerlitz,

Cabina. So sagen die italienischen Eisenbahner zu diesen Stellwerken, die man aus Bologna oder Milano kennt.

St Pancras Railway Station. Vielleicht der schönste Bahnhof in London. Eine Kathedrale des Verkehrs.

Der britische Dichter John Betjeman hat geholfen, den Bahnhof St Pancras vor dem Abriss zu retten.

die Hauptfigur von Sebalds Roman, ist Kunsthistoriker, der sich auch mit der Architektur und Geschichte der Bahnhöfe beschäftigt. Und auf der Suche nach der eigenen Biografie ist. So reist er durch Europa. So kommt er nicht nur nach Antwerpen und Paris, sondern auch nach Prag. Und Theresienstadt.

Heute wird an den Ruinen des Anhalter Bahnhofs an die Züge nach Theresienstadt erinnert. Und auch im Prager Hauptbahnhof, der den Krieg unzerstört überstanden hat und den man sich wie ein großes, prächtiges Jugendstilmuseum anschauen kann, steht ein Denkmal. Ein Denkmal für Nicholas Winton, der 1939 fast siebenhundert jüdische Kinder aus Prag mit der Eisenbahn in Sicherheit nach England brachte und ihnen so das Leben rettete. Ein ähnliches Denkmal findet man auch in der Liverpool Street Station in London. Viele dieser Kinder haben ihre Eltern nie wiedergesehen. Eines von ihnen ist der kleine Austerlitz, die Romanfigur Sebalds.

Orte wie Portbou ziehen mich magisch an. Schicksalhafte Grenzorte und Eisenbahnorte. Städte wie Görlitz. Die elegante Glashalle über den Gleisen und die Länge der Bahnsteige können auch heute noch über die Schnellzüge und Nachtzüge erzählen, die von Berlin nach Breslau und von Krakau nach Dresden und weiter in den Westen durch Görlitz gefahren sind.

Früher war es eine Stadt, heute sind es zwei. Görlitz in Deutschland und Zgorzelec in Polen, die aber mit einem Eisenbahnviadukt über die Neiße verbunden sind und wieder zusammenwachsen.

Die Kathedralen des Verkehrs: noch einmal St Pancras in London, Gare de l'Est in Paris und Latour-de-Carol, der Grenzbahnhof zwischen Frankreich und Spanien.

Auch in eine andere geteilte Stadt zieht es mich immer wieder, nach Nova Gorica in Slowenien und Gorizia in Italien, die im alten *Baedeker* von 1913 noch eine Stadt bilden, die Görz heißt. Auch Grenzorte wie Haparanda in Schweden und Tornio in Finnland haben eine ihnen eigene Atmosphäre. Wie auch Frankfurt an der Oder und Rzepin in Polen. Oder Padborg, der erste Bahnhof, den man sieht, wenn man von Deutschland nach Dänemark kommt. Oder der Grenzbahnhof Gyékényes zwischen Ungarn und Kroatien, wo die ungarischen Grenzsoldaten mit Hunden den Reisenden verbieten, den Zug nach Zagreb zu verlassen, der hier die Richtung wechselt und kurz danach durch ein Tor im vor ein paar Jahren errichteten Grenzzaun fährt, was im Reisenden die Erinnerung an die Zeit des Eisernen Vorhangs weckt.

Oft stehe ich hoch auf der Galerie im Hamburger Hauptbahnhof, der genauso alt ist wie der Bahnhof von Lomnice nad Popelkou, nur ein wenig größer und frequentierter. Auf keinem Bahnhof in Deutschland treffen sich heute so viele Menschen wie in Hamburg.

Der Hauptbahnhof dort gehört ebenfalls zu den Reiter- oder auch Sattelbahnhöfen, wo das Gebäude wie ein Brückenbau über den Schienen steht, die dann unten in der Tiefe glänzen wie in einer Schlucht. Ähnlich ist es in Utrecht Centraal oder in Kopenhagen, wohin aus Hamburg die *Gumminasen* fahren, die dänischen Zugeinheiten IC3, die mit dicken schwarzen Gummiwülsten geschmückt sind. Die *Gumminasen* sieht man in Deutschland nur hier im Norden.

Das Eisenbahnleben im Hauptbahnhof Hamburg kann man aus der oberen Etage der sogenannten Wandelhalle bewundern. Sie hat wirklich etwas von einer Promenade in einem mondänen Kurort. Statt Heilwasser werden Kaffee, Fisch- oder Franzbrötchen serviert. Und natürlich Bier.

Ich mag diesen Ort und bin froh, wenn ich beim Umsteigen ein wenig Zeit habe oder sogar den Anschluss verpasse. Schade, dass man hier keine Sessel oder ein Sofa hat. Ich schaue auf Züge, Menschen und auch auf die Tauben. Die Bahnhofstauben sind meine Helden. Graue, bläulich schwarze, aber auch ganz weiße Tauben habe ich gesehen, die in der Nachmittagssonne wie kleine Engelchen durch die laute Eisenbahnkathedrale von Hamburg flogen.

Wahrscheinlich ist das Füttern der Tauben in den Bahnhöfen verboten, doch ich habe immer eine Kleinigkeit für sie dabei, für meine Tauben von Hamburg, Prag oder Zürich.

Manche der Vögel sind als Pärchen unterwegs, manche leben in kleinen Gruppen, viele sind einsam. Bei einigen sieht man, dass sie schon so manches erlebt haben. Sie

Portbou
353M
Rodalies
Portbou

Bahnzeit in Portbou, dem letzten Bahnhof in Spanien an der Grenze zu Frankreich. Der Regionalexpress verbindet Portbou mit Barcelona.

sehen wie alte Krieger aus, Veteranen, die niemand mehr braucht, mit nur einem Bein, einem Auge, einem Flügel. Ich habe auch viele tote Tauben gesehen. Von den Zügen überfahren. Von Ratten gefressen. Vom Sekundentod überrascht und einfach umgefallen.

Immer wenn ich in České Budejovice in Tschechien bin und auf den Anschluss nach Pilsen oder Linz warte, gehe ich in die alte österreichische Empfangshalle, bleibe in ihrer Mitte stehen und schaue nach oben. Durch die kleine Glaskuppel sieht man das Licht und den Himmel. Doch man sieht auch Schatten von kleinen Körpern mit ausgebreiteten Flügeln. Hier werden die Tauben begraben. Sie liegen dort in einem Grab aus Licht, zwischen Erde und Himmel. Ein so trauriges Bild, dass ich danach immer ein Budweiser trinken muss.

Die Tauben sind nicht die einzigen Vögel, die in den Bahnhöfen leben. Ich habe auch Turmfalken gesehen, die sich durch die Bahnhofshalle wie kleine schnelle Jagdflieger auf die Taubenkinder stürzen. Wahrscheinlich wohnen sie ganz in der Nähe, vielleicht in dem hohen Uhrturm hoch über den Gleisen, hoch über den Menschen, hoch über der Stadt, und versorgen den Nachwuchs.

Auch Spatzen und Amseln sieht man oft. Sie lauern nicht nur auf die Krümel, die die Tauben übersehen, sie warten geradezu ungeduldig auf die Ankunft der Speisewagen der besonderen Art. Ähnlich wie die Eisenbahner müssen auch sie das Kursbuch gut kennen, denn das feinste Fressen kommt erst spät am Abend nach Hamburg, mit dem *Hungaria*, der ihnen halb Mitteleuropa an der Frontseite der Lokomotive wie auf dem sprichwörtlichen Silbertablett serviert. Wespen aus Ungarn, Schmetterlinge aus der Slowakei, Hornissen aus Mähren, Fleischfliegen aus Böhmen, Mücken aus Sachsen, Blumenfliegen aus Berlin, Bremsen aus Brandenburg und Nachtfalter aus Niedersachsen. Eigentlich ist es kein schöner Anblick, diese schwarze Masse toter Insekten. Doch die Vögel freuen sich. Bevor man ins Bett geht, wird noch anständig gegessen. Allerdings sehr hastig, denn der Zug fährt nach kurzer Pause noch weiter, nach Altona.

In den Bahnhöfen leben auch Mäuse und Ratten, Katzen, Hunde, Füchse. In Italien oder Slowenien habe ich in mehreren Bahnhöfen Eidechsen beobachtet. Wenn der Zug kam, verschwanden sie. Als der Zug weg war, gehörte der Bahnsteig wieder nur ihnen.

Wespen und Hornissen siedeln sich gerne in den verlassenen morschen Gebäuden an. Auch Wildbienen habe ich mal an einer Haltestelle in der Slowakei gefunden. Doch jetzt gibt es auch richtige Eisenbahnbienen. Die ÖBB baut entlang der österreichischen Strecken rote Bienenstöcke auf. Wie kleine summende Stellwerke der Natur.

Und dann sind es natürlich auch Menschen, die in Bahnhöfen leben. In den Hallen. In Schächten. In abgestellten Wagen. Oder in der Nähe der Bahnhöfe, so wie bei Roma Termini, wo im Sommer um das Bahnhofsgebäude herum viele Menschen auf dem Gehsteig schlafen. Die Gestrandeten und Verlassenen. Die Verlorenen, die auf einen Anschluss warten, auf die Züge, die nicht im Kursbuch stehen. Die meisten Passanten gehen an ihnen vorbei und sehen sie nicht. Und doch sind sie da. Mit ihren Geschichten, die sie loswerden, wenn man sie anspricht. Und weit über ihnen, in einem Lichtkegel über dem Bahnhof Roma Termini, über dieser großen, alten Stadt Rom, fliegen kreischend im Kreis nicht Tauben, sondern Möwen. Die ganze Nacht lang, bis der Morgen sie vertreibt.
Vielleicht verwandeln sich auf den Bahnhöfen Tauben in Menschen und Menschen in Tauben. So sagte es mir mal ein alter Mann. Nur in Roma Termini verwandeln sich Menschen in Möwen und Möwen in Menschen.

Ein ganz spezieller Ort ist Čierna nad Tisou im Osten der Slowakei, direkt an der Grenze zur Ukraine. Čierna kennt man nur dank der Eisenbahn, und das Stadtwappen besteht folgerichtig lediglich aus einem schwarz-weißen Lokomotivrad.
Die Eisenbahn hat in vielen anderen ähnlichen Orten den Weg in die Heraldik gefunden. Oft verwendete man als Wappenfigur die Schienen oder das Flügelrad mit zwei Flügeln und einem Rad in der Mitte oder auch nur mit einem Flügel. Wenn man mit dem Eurocity von Wien nach Przemyśl im Osten Polens reist, fährt man durch mehrere solcher Orte, die heute in Österreich und in Tschechien liegen. Kein Zufall, die Nordbahn war die erste mit Dampfloks betriebene Eisenbahn der Monarchie, die man zwischen 1837 und 1856 von Wien bis nach Krakau baute. Bis heute liegt der Kilometer null der Nordbahn in Wien.
Strasshof an der Nordbahn, wo man sich im Heizhaus eine große Loksammlung anschauen kann, liegt gleich hinter Wien. In Mähren schmücken sich Suchdol nad Odrou und Bohumín, der Grenzbahnhof zwischen Tschechien und Polen, mit einem Flügelrad. In Studénka sind es statt des Flügelrads zwei Puffer. Eine Erinnerung an die ehemalige Staudinger Waggonfabrik, die vor 1918 viele Personenwagen für die österreichischen k. k. Staatsbahnen produzierte. In der nordhessischen Eisenbahnstadt Bebra ist es ein Kreuz aus Schienen, ähnlich wie in Lehrte auf der Strecke von Berlin nach Hannover. In Schleswig-Holstein schmückt in Hochdonn eine Eisenbahn- und in Beldorf eine Hochbrücke das Stadtwappen, und in Altenbeken bei Paderborn ist es ein Viadukt. Im kärntnerischen Mallnitz, der höchstgelegenen Station der Tauernbahn, sind es der über acht Kilometer lange Tauerntunnel und das gewaltige Tauernpanorama.

In Baranawitschy in Belarus, wo sich die Fernstrecken von Warschau und Minsk und weiter nach Moskau und von Vilnius nach Kyiv kreuzen, eine Dampflokomotive in Gold und ein Zahnrad. Im polnischen Węgliniec ist es wieder ein Flügelrad, diesmal in Gold. Ebenso in Tschop, im ukrainischen Grenzbahnhof zur Slowakei und zu Ungarn, in diesem spannenden Eisenbahndreiländereck, wo man außer Tschop noch zwei große Bahnhöfe findet: Záhony in Ungarn und Čierna nad Tisou in der Slowakei.

Die Reise nach Čierna ist lang. Man muss zuerst nach Prag. Von dort dann nach Košice, wo sich allerdings jetzt im Bahnhof eine wunderbare Bahnhofsbrauerei befindet. Die Erfrischung muss sein. Man sitzt dann noch zwei Stunden im Regionalzug und schaut auf die Felder und in den Laubwald. »Čierna nad Tisou? Das ist am Ende der Welt!«, wunderte sich neulich der Schaffner, als ich ihm meine Fahrkarte aus Prag zeigte. »Oder der Anfang der Welt. Oder vielleicht auch die Mitte. Wer weiß das alles schon.« So ist es. Alles hängt immer von der Perspektive ab.
Der Schaffner sprach slowakisch, doch seine Muttersprache war Ungarisch. Hier lebt man in beiden Sprachen. In Gegenden wie diesen kann man sie noch erleben, die großartige Mehrsprachigkeit von Mitteleuropa. Schon die Verbindungen zwischen den tschechischen und den sächsischen Eisenbahnern wie bei Lokführer Pavel und seinen Dresdner Kollegen haben gezeigt, dass dieser Berufsstand die Mehrsprachigkeit rettet. Auch in anderen Grenzorten und Grenzregionen zwischen Tschechien, Deutschland und Österreich sind es die Eisenbahner, die in zwei Sprachen leben und leben müssen, wenn sie sich mit den Kollegen hinter der Grenze verständigen wollen. Nicht nur Fahrdienstleiter, sondern auch Schaffner, Lokführer und Rangierer.
Im Grenzgebiet zwischen Slowenien und Italien sowie Slowenien und Österreich vermischen die Sprachen sich bis heute, was man auch hört, wenn man in Slowenien in Sežana auf den Zug nach Triest wartet. Oder vor dem Zug im österreichischen Grenzbahnhof Spielfeld-Straß auf die slowenische Lok. Oder im ungarischen Sopron auf den Zug nach Wien.
Alle Eisenbahner, mit denen ich im Bahnhof von Čierna nad Tisou redete, sprachen Ungarisch und Slowakisch. Aber sie verstehen auch Ukrainisch. So wie viele in Tschop. Und auch in Záhony. Wenn die Eisenbahner dann miteinander über die Grenze hinweg sprechen, kommunizieren sie auf Ungarisch.

Was für eine imposante Halle! Welch ein Licht!
In Budapest gibt es gleich mehrere wunderschöne Bahnhöfe.
Hier der Keleti, der Ostbahnhof.

Čierna ist erst 1947 entstanden. Der Ort. Und auch der Bahnhof. »Vorher gab es hier nichts, nur Sumpf«, erklärte mir ein Eisenbahner. In Čierna trifft die Normalspur auf die Breitspur, die von hier aus über die Ukraine und Russland und Sibirien bis nach Wladiwostok führt. Schnell wurde aus Čierna der wichtigste Umladebahnhof zwischen der Tschechoslowakei und der Sowjetunion. Achttausend Eisenbahner arbeiteten hier um die Wende herum, heute sind es immer noch an die zwölfhundert. So wird es uns erzählt.

Im Sommer kann es zwar heiß sein in Čierna, doch Palmen würde man hier trotzdem nicht erwarten. Aber sie sind da. Sie stehen in der kühlen Halle, die vielleicht zu kühl ist für die beiden Bäume.

Im Juli 1968 stand dieser Bahnhof im Mittelpunkt der Weltpresse. Zwei Züge trafen hier ein. Der eine kam aus Prag. Der andere aus Moskau. Im ersten saßen die tschechoslowakischen Politiker um Alexander Dubček, in dem anderen die Sowjets um Leonid Breschnew. Die Tschechoslowaken schliefen in dem Zug im Bahnhof. Der sowjetische Zug wurde für die Nacht immer nach Tschop gezogen, von einer der schweren tschechoslowakischen Rangierloks, die man hier *Hummel* nennt. Und die noch im Rangierdienst zu sehen sind.

Drei Tage lang versuchten die Tschechoslowaken, die Sowjets von der Idee des Sozialismus mit menschlichem Antlitz zu überzeugen. Doch es war vergeblich. Drei Wochen später überfielen die Sowjets das Land und schlugen den Prager Frühling nieder. Das Haus der Eisenbahner, in dem 1968 getagt wurde, steht verlassen gegenüber dem Bahnhof. Aus der Eisenbahnerkantine ist ein Asiamarkt geworden. Aber die Palmen, die man in einem Fernsehbeitrag von 1968 sieht, stehen noch immer in Čierna nad Tisou, von wo es überallhin weit ist. Nach Prag. Bratislava. Brüssel. Kyiv. Palermo. Helsinki. Portbou.

Obwohl, vielleicht doch nicht.

In dem Film *Der Mann ohne Vergangenheit* von Aki Kaurismäki aus dem Jahr 2002 taucht am Anfang ein Bahnhof auf, an dem ich gerne mit dem Nachtzug aus Rovaniemi ankomme. Helsingin päärautatieasema, wie er auf Finnisch heißt. Helsingfors centralstation, wie er auf Schwedisch heißt. Helsinki Hauptbahnhof, wie er auf Deutsch heißt. Einer der schönsten Bahnhöfe der Welt.

Das Jugendstilgebäude des Kopfbahnhofs entstand 1919 und ist ein Wahrzeichen der finnischen Metropole. Der mächtige Bau von Eliel Saarinen ist ein Prachtstück der Nationalromantik. Gebaut aus dem braunen finnischen Granit, mit einem schlanken Uhrturm, den riesige Flügelräder schmücken. Saarinen, der später in die USA auswanderte, erschuf einen monumentalen Bau, der aber, wenn man in der Halle auf den Zug wartet, unglaublich hell wirkt. Von überallher fließt das Licht, und das in einem Land, in dem es ein halbes Jahr lang richtig dunkel ist.

Am Bahnhof sind auch vier Titanen zu Hause, vielleicht die bekanntesten Bewohner von Helsinki. Man nennt sie *Kivimiehet*, Steinmänner. Als Wächter stehen sie am Haupteingang, und jeder von ihnen hält einen leuchtenden Globus aus Glas in den Händen. Als ob sie uns sagen wollten, schau, die Welt ist die Eisenbahn, und die Eisenbahn ist die Welt.

Noch ein Film von Kaurismäki ist mit diesem Bahnhof verbunden, der Kurzfilm *Dogs Have No Hell* aus demselben Jahr. Er geht nur zehn Minuten. Aber was man nicht alles erleben kann. Ein Mann wird aus dem Knast entlassen und davor gewarnt, sich nie wieder auf die Schienen zu legen. Wir wissen nicht, ob er sich umbringen wollte oder dort einfach eingeschlafen war. Und dann geht es Schlag auf Schlag. Er verkauft den Anteil an seiner Autowerkstatt, geht in eine Bar, trinkt einen Schnaps und bittet eine Köchin um ihre Hand. Sie gehen zum Bahnhof, kaufen Eheringe und Fahrkarten nach Sibirien und steigen in den Zug nach Petersburg.

Der Zug mit den blauen Wagen, mit dem sie fahren, verkehrte auch in der Realität zwischen Finnland und Russland. 2010 wurde er durch den *Allegro* ersetzt. Die Fahrt dauerte weniger als dreieinhalb Stunden statt mehr als fünf. Der Expresszug fuhr bis zu Kriegszeiten mehrmals am Tag und wurde gemeinsam von den Finnischen und Russischen Staatsbahnen betrieben, es handelte sich hier um die erste und wahrscheinlich auch lange noch einzige Hochgeschwindigkeitsverbindung zwischen der EU und Russland.

Der Mann in dem Kurzfilm von Kaurismäki hofft, der Schaffner könne sie beide gleich im Zug vermählen, schließlich sei ein Schaffner im Zug so etwas wie ein Kapitän auf einem Schiff.

Eine Anspielung auf das legendäre Liebesdrama *Casablanca* von Michael Curtiz. Hier taut der sonst so unterkühlte Humphrey Bogart, der den Rick spielt, richtig auf und träumt auch von einer Hochzeit im Zug mit seiner geliebten Ilsa, gespielt von Ingrid Bergman, und von einer gemeinsamen Reise ins pure Eisenbahn-, Liebes- und Lebensglück, wo der Zug niemals anhält, wie Rick zu Ilsa sagt. Nicht der Schaffner, gleich der Lokomotivführer höchstpersönlich soll die Ehe zwischen Rick und Ilsa besiegeln. Mehr Schienenromantik kann man sich wahrscheinlich nicht vorstellen. Hier fährt ohne jeden Zweifel die allerhöchste Eisenbahn der Leidenschaft vor.

Wie wir aber wissen, ist es dann doch eher eine traurige Geschichte. Rick steht ganz allein im Regen am Bahnsteig in Paris vor dem Zug nach Marseille, wohin er vor

Hier treffen sich viele Eisenbahnmenschen: der Negrellisteg in Zürich.

den Nazis, die gerade dabei sind, Paris zu besetzen, flüchtet. Der Film lügt nicht. So war es wirklich. Genau mit diesen Zügen nach Marseille haben sich viele Deutsche, Österreicher und auch Tschechen zu retten versucht.
Der Bahnhof Marseille Saint-Charles thront wie ein Tempel hoch über der Altstadt. Doch die Hoffnung lag unten, im Hafen. Unter den Flüchtenden war damals auch die deutsche Schriftstellerin Anna Seghers, die darüber in ihrem Roman *Transit* schreibt. Und auch ihre Freundin Lenka Reinerová, die letzte auf Deutsch schreibende Prager Autorin jüdischer Herkunft.
Ich hatte das große Glück, Lenka kennenzulernen, ein paarmal bin ich mit ihr sogar mit dem Zug gefahren. Lenka erzählte viel und gern, und ich hörte ihr gern zu. Und so erzählte sie mir auch von dieser Fluchtreise in dem überfüllten Zug von Paris nach Marseille. So wie Rick im Film schaffte es Lenka nach Marseille. So wie Rick im Film fuhr Lenka mit dem Schiff weiter nach Afrika. So wie Rick im Film kam Lenka nach Casablanca und musste hier so wie viele andere Flüchtlinge für lange Monate bleiben, bis es ihr gelang, nach Mexiko zu kommen, wo sie den ganzen Krieg überstand. In der Zwischenzeit wurde ihre gesamte Familie mit den Zügen aus Prag in die Vernichtungslager gebracht. Davon erfuhr sie erst nach Kriegsende.
Rick im Film bleibt in Casablanca und macht hier einen beliebten Nachtclub auf, wo er Ilsa später auch wiedertrifft, zusammen mit ihrem Ehemann Victor László, dem tschechoslowakischen Widerstandskämpfer – aus Prag.
Der Bahnhof in Paris ist in den Hollywoodstudios entstanden, laut Kursbuch muss es der Gare de Lyon sein. Von hier fahren immer noch die Züge nach Marseille. Es schüttet, Rick ist verzweifelt, schaut sich um, doch die »Kleine«, wie er zu Ilsa sagt, kommt nicht. In letzter Minute zwingt ihn der Musiker Sam einzusteigen. Eine der traurigsten Eisenbahnszenen der Filmgeschichte. Doch wie viele solcher Szenen haben wohl alle Bahnhöfe tatsächlich erlebt?
Denn Bahnhöfe sind nicht nur Transitorte und Durchgangszimmer. Bahnhöfe sind auch Orte der Hoffnung, des Glücks, der Trauer, des Wartens, der Begegnung, des Abschieds, der Geschichte. Die Umsteigebahnhöfe öffnen mit ihren Verbindungen auch immer neue Räume. Manchmal sind es kleine, manchmal große. Bahnhöfe sind oft die ersten Orte, die man in einer Stadt sieht. Und die letzten. Manchmal handelt es sich um eine Kathedrale. Manchmal um eine Kirche. Manchmal um eine Kapelle.

So wie der Bahnhof Herzberg in Brandenburg, den ich genauso mag wie den Bahnhof von Selzthal in der Obersteiermark, obwohl Herzberg kein richtiger Eisenbahnort ist, nur eine kleine Station zwischen Jüterbog und Falkenberg/Elster.

Taormina, Bahnhof mit Meerblick. Vielleicht die schönste Station in ganz Italien?

In Herzberg treffe ich mich oft mit meinen Freunden aus Dresden. Mit Michi und Micha von den vierzig Stunden durch Deutschland sowie Gunter und Anne. Zusammen drehen wir gerne lange Runden mit der Eisenbahn. Durch Sachsen. Böhmen. Brandenburg. Und immer wieder landen wir dann spät am Nachmittag in Herzberg. Wir kommen immer am selben Gleis an, am Bahnsteig 1. Auf dem zweiten Gleis fahren die Züge nur durch. Meistens sind es Güterzüge, aber wenn auf der Hauptstrecke zwischen Dresden und Berlin gebaut wird, fährt hier auch der *Hungaria* oder der *Berliner* mit Herrn Peterka im Speisewagen durch.
Wir lieben den Bahnhof von Herzberg. Wir fühlen uns hier wie in Italien. Ein eleganter Turm schmückt das gelbe Bahnhofsgebäude wie einen italienischen Palazzo. Wie im Bahnhof Taormina auf Sizilien. In Taormina schaut man direkt vom Bahnsteig aufs Mittelmeer, in Herzberg auf ein weites Feld, das sich an einem sommerlichen Vorabend im weichen gelben Licht auch in ein Meer verwandelt. In unser Meer. In unser Italien in Brandenburg. Wir bestellen eine Pizza und lassen uns

das Essen zum Bahnhof bringen. Der Besitzer der Pizzeria ist ein Italiener. Er kennt uns schon lange und bringt immer auch Kaffee und Bier mit.
Und so sitzen wir dann da und essen und trinken und planen die nächste Eisenbahnrunde. Wir sitzen nicht unter Palmen wie in Taormina, sondern bei den roten Wildrosen, um die sich am Bahnsteig aber jemand kümmert. Vielleicht die Fahrdienstleiterin. Vielleicht eine andere Eisenbahngöttin. Nur auf die Bahnhofsuhr hat sie nicht aufgepasst, die hat jemand abgerissen. Aber vielleicht kann man eine Kopie der wunderschönen, nur für den Bahnhof in Taormina entstandenen Uhren herstellen und nach Herzberg schicken.
Wir sitzen am Bahnsteig, und die Eisenbahn geht durch unsere Herzen. Ein schwerer Güterzug mit Kies rollt langsam durch den Bahnhof, wir grüßen den Lokführer, und der Lokführer grüßt uns. Jemand holt sein Handy hervor und spielt den Eisenbahnblues von Juice Leskinen, den Bahnhofblues von Pieksämäki in Finnland. Und dann spielen wir noch den *Bundesbahnblues* von Helmut Qualtinger und auch *Und musst du weinen* von Gerhard Gundermann, wo es um einen verstorbenen Eisenbahner geht, dessen Frau als Erinnerung nur seine Werkzeugtasche, seine blanke Schienenzange und eine Thermosflasche bleiben. Und wir erinnern uns, was uns vorher in Falkenberg vor dem Eisenbahnmuseum ein ehemaliger Schlosser über sein Leben in dieser Eisenbahnerstadt erzählte, einem Leben zwischen dem Oberen und Unteren Bahnhof, zwischen zwei Bahnbetriebswerken und zwei Ablaufbergen, den einzigen Bergen weit und breit. Er erzählte auch von seiner schweren Arbeit im Lokdepot. Und wiederholte dabei immer wieder den Satz: »Jaja, so war es damals bei der Eisenbahn.« Es hörte sich wie eine Zeile von Gundermann an. Oder von Leskinen. Oder beiden. Vielleicht verdient jeder Bahnhof seinen eigenen Blues. Das wäre ein großartiges Album. Der Blues von Lomnice nad Popelkou. Der Blues vom Gare d'Austerlitz. Der Blues von Helsinki. Der Blues von Čierna nad Tisou. Der Blues von Marseille Saint-Charles. Der Blues von Wrocław Główny. Der Blues von Görlitz. Der Blues von Portbou. Der Blues von Nova Gorica. Der Blues von Trieste Centrale. Der Blues von Przemyśl. Der Blues von Falkenberg. Der Blues von Haparanda. Der Blues von Roma Termini. Der Blues von Antwerpen-Centraal. Der Blues von Selzthal. Der Blues von Taormina. Der Blues von Herzberg.
Und dann fragt uns der Schaffner, ob wir mitfahren oder für immer in Herzberg bleiben wollen. Da steigen wir doch ein.

Restaurant Flügelrad
Flügelrad
pi smart food
Coca-Cola
Coca-Cola

In der Bahnhofskneipe

Mein Onkel Miroslav erzählte mir viel über die Eisenbahn. Und von einem Leben auf einer Eisenbahninsel im Wald. Weit und breit kein Dorf, nicht mal ein einziges Haus, wo jemand wohnt. Keine richtige Straße, die zum Bahnhof führt. Nur die Waldwege und Pfade. Die Eisenbahner lebten hier immer unter sich, umgeben von den Tannen. Daher auch der deutsche Name des Ortes – Tannenberg. Auf Tschechisch Jedlová. Jedlová in Nordböhmen, im ehemaligen Sudetenland.

Mein Onkel kam kurz nach dem Zweiten Weltkrieg hierher. Für den jungen Fahrdienstleiter war das die erste Station. Klein, aber wichtig. Jedlová ist ein Knotenpunkt. Von hier kann man nach Děčín, nach Rumburk oder auch nach Nymburk oder Kolín in Mittelböhmen fahren. Nach dem Zweiten Weltkrieg und der Vertreibung der deutschen Einwohner wurde die Gegend nur langsam wiederbesiedelt und neu entdeckt.

Schon im *Baedeker* von 1913 wird auch das Bahnhofsrestaurant von Jedlová erwähnt. Bis heute ist das Lokal offen. Die Kneipe ist eine der beliebtesten in ganz Tschechien, doch es kommen auch viele Deutsche hierher. Nachdem die Lücke in der Bahnstrecke an der Grenze bei Sebnitz verschwunden ist, fahren hier viele Tschechen und Deutsche im Kreis. Von Děčín nach Děčín. Oder von Bad Schandau nach Bad Schandau. Über Sebnitz, Rumburk und Jedlová. Die Züge gondeln durch die Böhmische und die Sächsische Schweiz. Es ist eine der schönsten Eisenbahnrunden, die man in Mitteleuropa drehen kann.

Mein Onkel erzählte mir viel von dem Bahnhof in Jedlová. Und von diesem Lokal. Im Sommer kann man draußen sitzen, im Winter freut man sich über den glühenden Ofen und trinkt Tee mit Rum.

Er erzählte von den Hirschen und Wildschweinen am Bahnsteig. Den Schüssen im Wald. Und den Gestalten im Nebel, die aus dem Wald in jener Nacht auftauchten, ihn anschauten und wieder im Wald verschwan-

Bald kommen die Gäste. Das beliebte Restaurant *Flügelrad*, die alte Eisenbahnerkneipe in Olten.

den. Soldaten? Wilderer? Partisanen? Werwölfe? Eine Szene wie aus den geisterhaften Bildern von Jaroslav Valečka, dem bekannten tschechischen Maler, der aus der Gegend kommt und Jedlová gut kennt.
Mein Onkel erzählte mir von den vielen Liebschaften, die hier zwischen den Eisenbahnern und Eisenbahnerinnen entflammten. Sie lebten unter sich. Wochenlang verließen sie den Ort nicht. So wurde hier auch geliebt und geheiratet.
Und er erzählte mir von Weihnachten. Wie alle am Bahnsteig standen und *Stille Nacht, heilige Nacht* in der Waldeinsamkeit sangen. Zur Bescherung gab es die alten Kursbücher, die man auf dem Dachboden gefunden hatte.

Ein Ort fällt mir ein, der mit Jedlová vergleichbar ist. Alp Grüm in den Schweizer Alpen an der atemberaubenden Berninabahn von St. Moritz nach Tirano in Italien, wo es mich genauso wie nach Jedlová immer wieder hinzieht. Den kleinen Bahnhof und das Gasthaus mit dem Hotel und dem Blick auf die Gletscher und einsamen Alpengipfel kann man auch nur entweder mit dem Zug oder zu Fuß erreichen.
Von Jedlová sieht man zwar keine Gletscher, doch das Bier wird ganz schön eisig serviert, als wäre es im Gletscherwasser gekühlt. So wie überall in Böhmen. Eigentlich werden hier nur ganz einfache Gerichte serviert. Aber alle vorzüglich und frisch zubereitet. Gulasch oder Schweinebraten mit Knödeln. Schnitzel. Überbackener Käse. Oder nur Wasserleichen zum Bier, die mein Onkel liebte. So heißen die in Essig eingelegten Würstchen, die man zum Bier verspeist, als eine Art Tapas böhmischer Art. Eingelegt im Glas, wo sie eine Woche, oder auch zwei, schwimmen und reifen, sehen sie wenig appetitlich aus – wie der Name eben schon sagt. Aber wie toll sie schmecken!
In Jedlová ist alles ganz anders als im feinsten Bahnhofslokal aller Bahnhofslokale, im *Le Train Bleu* im Pariser Gare de Lyon. Und doch muss ich in Jedlová an Paris denken.
Das noble Restaurant wurde benannt nach dem legendären Luxuszug *Train Bleu*, einem weiteren noblen *Blauen Zug* also – diesmal jedoch nicht für einen Präsidenten wie Tito, sondern für reiche Engländer –, der von Calais ans Mittelmeer fuhr. Und luxuriös ist dieser Ort wirklich. Zwei Kaffee und ein paar Süßigkeiten kosten hier so viel wie vierzig Bier in Jedlová. Doch trotzdem muss man es einmal im Leben gesehen haben, nicht nur wegen des Blicks auf die TGV, die von hier nach Süden fahren. Wenn man sich die Wände und die Decken anschaut, bereist man gleich ganz Frankreich. Man sieht das Meer. Die alten Städte. Auch die Alpen. Ein Bahnhofslokal wie eine einzigartige Galerie, wie ein Museum.

Die Pariser Bahnhöfe erinnern mich immer an Budapest. Auch hier gibt es ein Bahnhofslokal, das Kult ist. Man findet es nicht in einem der beiden elegantesten Bahnhöfe der Stadt, in Keleti oder in Nyugati, sondern am Rangierbahnhof Rákosrendező. Es heißt *Manó büfé*. Eine einfache Kneipe mit Flaschenbier, die aber in ganz Budapest bekannt ist für das beste Kesselgulasch, das hier immer am Samstag über dem Feuer stundenlang zubereitet wird. So etwas gibt es im *Le Train Bleu* ziemlich sicher nicht. Das *Manó büfé* liegt zwischen zwei Schranken, und ich gehe gerne mit meinem Freund Zoltán dorthin. Manchmal kommt noch ein anderer Freund mit, Viktor, der Lokführer. Viktor erzählt oft von seinen Fahrten durch Ungarn. Von dem Intercity, der im Kreis zwischen Westbahnhof, also Nyugati, und Ostbahnhof, also Keleti, über halb Ungarn fährt. Eigentlich sind es nur etwa zwanzig Minuten mit dem Bus vom Keleti zum Nyugati, doch dann gibt es noch diesen besonderen Zug. Die Lokführer mögen die Strecke von sechs Stunden und 540 Kilometern nicht, denn der Rücken tut danach sehr weh. Das kommt von der Strecke, die noch nicht komplett saniert ist. Das kommt auch von den alten, schweren E-Loks, die hier auf den Schie-

In Alp Grüm schaut man von der Terrasse auf die Gletscher. *Le Train Bleu* ist vielleicht das nobelste Bahnhofslokal überhaupt. Ins *Manó büfé* in Budapest kommen Rangierer und Lokführer und essen Kesselgulasch.

nen über die vielen Schluchten und Berge stolpern. Über die alten Weichen muss man im Stehen fahren, sagt Viktor.
Es kommen viele Eisenbahner ins *Manó büfé*. Lokführer, aber auch Wagenmeister und Rangierer. Die eine der beiden Schranken ist eigentlich dauernd unten. Pausenlos fahren hier Züge. Lokalzüge, aber auch Fernzüge. Auch der *Hungaria* aus Hamburg wird am Abend mit Bier begrüßt. Es ist eine Schranke mit Fahrplan, auf dem die Zeiten stehen, wann sie offen ist. Und auch mit einem Warnschild. Man kann hier locker zwischen zehn Minuten und einer Dreiviertelstunde verbringen. Genug Zeit, um auszusteigen, einen Kaffee oder auch ein Bier zu trinken und eine kleine Geschichte zu erzählen über den dritten großen Bahnhof in Budapest, den Südbahnhof, Budapest-Déli: »Hinter dem Déli liegt der einzige zweigleisige Tunnel in Ungarn. Wenn der Tunnel kommt, weißt du, dass du im Zug Richtung Balaton bist, Richtung Ferien und Urlaub. Wenn du auf der Rückreise wieder in diesem Tunnel bist, dann weißt du, es ist vorbei mit den Ferien.«

In Böhmen ist es das süffige Bier, das einen in die Bahnhofslokale lockt. Das Bier und die Geschichten, denn in Böhmen geht es nie nur um das Biertrinken, sondern auch darum, sich zu treffen, sich etwas zu erzählen. Das gilt auch für die Bahnhofskneipen, obwohl sie für viele Fahrgäste natürlich auch Durchgangszimmer sind, wo man schnell was essen will, um dann weiterzureisen.
In Böhmen lockt die Fahrgäste das Bier, in Italien der Kaffee. Ich freue mich immer auf den ersten Espresso in einem italienischen Bahnhof, weil ich nicht nur Bier mag, sondern auch Kaffee. Denn ich bin nicht nur ein Eisenbahnmensch, sondern auch ein Biermensch und ein Espressomensch. Immer wenn ich in Italien am Bahnhof bin, wenn ich umsteige, wenn ich am Bahnsteig abhänge, trinke ich einen Espresso. Das habe ich mir so vorgenommen. Auch wenn es dann fünf oder zehn am Tag sind, das gehört einfach dazu. Ich liebe es, an der Bar zu stehen und durch das Fenster oder die Türen auf den Bahnsteig zu schauen. Auch den Menschen zuzuhören und ins Gespräch zu kommen, was nicht immer einfach ist. An meinem Italienisch muss ich noch arbeiten.
Die Bars sind meist angenehm klimatisiert, und die Stammgäste treffen sich auf ein Bierchen, so wie überall in Europa. Auch hier streiten sie sich über Fußball und empören sich über die Politik.
Eines der schönsten italienischen Bahnhofscafés gibt es in Taormina, gleich in dem Hauptgebäude. Was vielleicht auch damit zusammenhängt, dass der kleine Bahnhof von Taormina einer der schönsten ist, die ich überhaupt kenne. So wie auch der

Bahnhof in Meran, wo der lungenkranke Franz Kafka fast drei Monate verbrachte in der Hoffnung, dass es ihm nach dem Aufenthalt in diesem Kurort besser gehen würde. Hier kann man am Bahnsteig sitzen und auf die Berge schauen und sich vorstellen, wie Kafka gerade mit dem Zug ankommt. Denn so viel hat sich hier nicht verändert. Der junge Fahrdienstleiter kommt vorbei, er spricht Deutsch und Italienisch. Hier in Südtirol zerfließen die Sprachgrenzen ebenfalls. Er empfiehlt den Reisenden die kleine Bahnhofsbar mit einem Biergarten in der Endstation der zauberhaften Vinschgaubahn in Mals. Das mit dem Südtiroler Speck belegte Brötchen schmeckt dort köstlich. So wie der Kaffee und das Bier. Und man kann sich beim nächsten Bierchen überlegen, ob man nicht noch mit dem Postauto in die Schweiz fährt. Es sind nur ein paar Kilometer. Entlang der Vinschgaubahn scheint in jedem zweiten Ort ein tolles Bahnhofslokal zu sein, wo man guten Wein, gutes Bier und Essen bekommt. Überall möchte man aussteigen, so wie oft in Italien. So wie oft, wenn man im Zug unterwegs ist.

Ich wiederhole mich, aber der Kaffee ist in Italien überall gut, das Essen ohnehin. In jeder Bar gibt es etwas Süßes zum Frühstück oder ein Sandwich mit Käse, Tomaten oder Schinken. Und oft auch einen Spielautomaten, vor dem immer ein trauriger Spieler sitzt und glaubt, dass er noch gewinnen kann.

In Ravenna wollte ich mir neben den byzantinischen Mosaiken das Grab von Dante und das Mausoleum des Theoderich anschauen, und das habe ich auch getan. Das Mausoleum ist nicht weit vom Bahnhof entfernt. Ich stand im Park, schaute es mir an und musste an meinen alten Freund von der Gotthardfahrt denken, der auf der Suche nach einer Grabstätte in Bahnnähe ist, einem Friedhof mit Bahnblick. Ich muss ihn nach Ravenna schicken. Es würde ihn freuen, dass das Mausoleum des ostgotischen Königs Theoderich aus dem 6. Jahrhundert wie ein ungewöhnliches rundes Stellwerk aussieht und drinnen leer ist, so wie leider viele Stellwerke heutzutage leer sind, da immer mehr Strecken in Europa ferngesteuert werden.

Am ersten Bahnsteig von Ravenna, ganz vorne, kann man darüber länger nachdenken. Hier befindet sich ein kleines Restaurant, wo man gut und günstig essen kann und wo sich nicht nur die Reisenden, sondern auch Eisenbahner und Carabinieri treffen. Und wo es den besten, aber wirklich den besten Espresso weit und breit gibt, wie mir der Besitzer erzählte. Ja, der Kaffee war sehr gut, aber das Essen, das war ein Gedicht. Ganz einfach zubereitet und trotzdem so toll. Man bekommt ein Menü. Fisch ist dabei, oder Fleisch, aber es geht auch ganz ohne Fleisch, auf der Speisekarte stehen auch Penne Arrabiata und Caprese. Der Wirt wunderte sich ein wenig, dass ich kein Bier trinken wollte, wenn ich doch schon aus Böhmen nach

Ravenna kam, doch an dem Abend blieb ich beim Wasser. Ich wollte mit einem Rangierer aus Ravenna über das Grab von Dante und das Mausoleum von Theoderich und Eisenbahn sprechen, doch im Fernsehen lief gerade Fußball. So saßen wir da, jeder an seinem Tisch, und schauten uns stumm das Fußballspiel an.

Wenn ich in Deutschland Lust auf einen guten italienischen Kaffee am Bahnhof bekomme, brauche ich nur aus dem Zug von Zittau nach Dresden kurz vor der Endstation auszusteigen. Im Bahnhof Dresden-Klotzsche. Noch vor ein paar Jahren war er eine Ruine. Heute fühlt man sich in der Bio-Bahnhofswirtschaft wie in Italien. Und wie in Böhmen zugleich. Guter Kaffee, gutes Essen, gutes, gepflegtes Bier. Und eine Terrasse direkt am Bahnsteig, wo man kurz mit den Lokführern plaudern kann, zum Beispiel mit meinem Freund Axel, der in Dresden mit der S-Bahn unterwegs ist und diesen Ort auch sehr mag. Die Lok hält direkt neben dem Biergarten, man hat immer Zeit für ein kurzes Gespräch vor der Abfahrt.
Ein wenig erinnert mich das an das Bahnhofscafé in Kemi in Finnland, wo man am Bahnsteig in einem alten Wagen sitzen und essen kann. Sich sogar direkt am Bahnsteig ein Zimmer mieten und aus dem Fenster die langen Güterzüge beobachten

Eine *Brotbüchse* und ein Bier in Jedlová, Nordböhmen. Und eine Kaffeebar am Bahnhof in Odessa, direkt am Schwarzen Meer.

kann. Und die Nachtzüge nach Helsinki. Hier gibt es gleich am Hauptbahnhof ein beliebtes Restaurant, wo man sich wie in Tschechien fühlt. Wie in Mitteleuropa. Es heißt sogar *Vltava*, Moldau. Folglich bekommt man hier auch gutes böhmisches Bier, das in Finnland genauso populär ist wie das deutsche. Aber mein Lieblingslokal in Finnland liegt in Rovaniemi in Lappland, die nördlichste Bahnhofskneipe, in der ich jemals war. Die Spezialität des Hauses sind das Rentiergeschnetzelte und die Würstchen aus Rentierfleisch. Nur darf man dabei nicht an Rentiere und Züge im finnischen Winter denken.

Mein Lokführerfreund Axel reist auch in seiner Freizeit gerne mit der Eisenbahn. Er kennt Böhmen gut. Die Slowakei auch. Hier gibt es nicht nur wunderschöne Bergstrecken, sondern immer noch viele tolle Bahnhofslokale. In Humenné, ganz im Osten, sitzt man zum Mittag an einem Tisch mit den Rangierern und Wagenmeistern, die zum Essen immer eine doppelte Portion Kartoffeln bekommen. Gegen Abend kann man dann zum Haltepunkt Humenné Mesto weiterziehen. In der Stadt gibt es gleich zwei Lokale mit Bahnblick, jedes mit eigenem Bier und hausgemachter Sülze, die man hier oft zum Bier isst. Zwischen den Kneipen liegen zwei Bahnstrecken. Eine führt nach Medzilaborce und dann weiter nach Polen, die andere nach Stakčín, zu dem östlichsten Bahnhof der Slowakei, mitten in den Karpaten.

In einer der Kneipen habe ich mal einen älteren Eisenbahner aus Stakčín getroffen, der mir erzählte, wie er nach der Schicht in den Zug stieg und durch die ganze Tschechoslowakei nach Cheb und dann noch weiter nach Hranice v Čechách, zum damals westlichsten Endbahnhof des Landes fuhr, ins Grenzgebiet zwischen der Tschechoslowakei, der Bundesrepublik und der DDR. Er wollte wissen, wie es dort aussieht. Er trank ein Bier und fuhr nach einer halben Stunde wieder durch die ganze Republik nach Stakčín zurück, in den östlichsten Endbahnhof. So weit war es sonst nirgendwo damals in der ČSSR. Und wenn man diese Strecke fährt, muss man auch über die Eisenbahnerstadt Česká Třebová. Das geht nicht anders.

Ähnlich ist es in der Schweiz. Irgendwann kommt man immer nach Olten, wo sich im Bahnhof auch der Kilometer-null-Stein der Schweizer Eisenbahnen befindet. Nur ein paar Minuten sind es von dort in eines meiner Lieblingslokale, ins Restaurant *Flügelrad*. Hier treffe ich mich manchmal mit meinem Schriftstellerfreund Pedro Lenz, wir essen leckeres Cordon bleu, trinken das gute Bier aus Baden, sehen die Züge ankommen und wieder abfahren, und Pedro, einer der witzigsten Menschen, die ich kenne, erzählt mir, was er wieder im Zug geschrieben hat. So macht er es manchmal. Wie viele Schweizer besitzt er ein General-Abo. Damit kann er durch

die Schweiz kreisen und schreiben. Tagelang, wochenlang, monatelang, jahrelang. Er muss nicht fürchten, dass er sich irgendwo verliert. Trotz der vielen Strecken bleibt die Schweiz übersichtlich, und früher oder später kommt sein Zug über Olten. Er steigt aus. Und geht ins *Flügelrad*, wo er Stammgast ist.

Ein empfehlenswertes altes böhmisches Bahnhofslokal findet man nicht nur in Jedlová, sondern auch ganz im Süden von Böhmen, in České Velenice, an der Grenze zu Österreich. Am 14. August 1920 trafen sich hier Franz Kafka und Milena Jesenská. Kafka lebte in Prag und war verlobt, Jesenská, die tschechische Journalistin, Autorin und Übersetzerin von Kafka, lebte unglücklich verheiratet in Wien. Aus den Briefen wissen wir, wie Kafka fiebrig die Fahrpläne studierte und an Jesenská über die verschiedenen Reisemöglichkeiten schrieb, damit sie möglichst viel Zeit im nahen Hotel Huber zusammen verbringen konnten. Es ging nicht um gemeinsame Tage, es ging um die gemeinsamen Stunden.
Den Ort hatte der Kursbuchexperte Kafka wirklich gut ausgesucht. Der Bahnhof von České Velenice liegt genau auf halbem Weg zwischen Prag und Wien an der Franz-

Josefs-Bahn, die in Österreich immer noch so heißt. Auch die Endstation in Wien heißt bis heute Franz-Josefs-Bahnhof, so wie auch der Prager Hauptbahnhof vor 1918, also bis zum Zerfall der Monarchie, Franz-Josefs-Bahnhof hieß.
Mit der Franz-Josefs-Bahn vom Wiener Franz-Josefs-Bahnhof zum Prager Franz-Josefs-Bahnhof, das hört sich nach einer Zeitreise an, und so ist es auch. Ein Teil der Strecke in Böhmen ist immer noch nicht elektrifiziert, man wird begrüßt von den Flügeln der alten Formsignale, und auch die Schranken werden an einigen Orten noch per Hand gekurbelt. Durchgehende Züge fahren hier leider nicht mehr. Der legendäre *Vindobona* und die anderen direkten Expresszüge von Prag nach Wien düsen heute alle zwei Stunden über die ausgebaute Strecke durch Kolin und Brno. Doch wieder einmal fahre ich am liebsten eine alte, langsamere Strecke, die in diesem Fall an mehreren Teichen in Südböhmen vorbeiführt. Einige sind so groß, dass sie wie ein kleines Meer aussehen. Und dann kommen gleich schon

Manó büfé in Budapest: Die eine der beiden Schranken vor der Kneipe ist ständig unten. Fast pausenlos fahren hier Züge vorbei. Mit Bier kann man den vorbeifahrenden Lokführern zuprosten.

SEMAFOR

Österreich und das Waldviertel, und die Franz-Josefs-Bahn verläuft sich manchmal im dichten, nebligen Wald. Man braucht ein bisschen mehr Zeit, aber eigentlich muss man nur einmal umsteigen. In České Velenice eben, im Bahnhof von Franz und Milena. Hier endet der Schnellzug aus Prag und beginnt der Schnellzug nach Wien.

Der Bahnhof wurde leider am Ende des Zweiten Weltkriegs ziemlich beschädigt. Doch drinnen hat sich zum Glück nicht alles verändert. Und das Restaurant ist fast so geblieben wie 1920. Unter der Woche wird hier gekocht. Gute, einfache böhmische Küche, wie in Jedlová. Am Wochenende gibt es dann nur Bier. Da sitzt man manchmal stundenlang ganz allein, bis die Gäste kommen. So hat der Reisende viel Zeit und kann hier die Geschichte von Mitteleuropa als Eisenbahnrevue an sich vorüberziehen lassen und über viele andere Bahnhofslokale nachdenken. Wie zum Beispiel das *Fata Morgana* in Amstetten in Österreich, das aus dem vorbeirasenden Railjet tatsächlich wie eine Illusion aussieht. Doch wenn man mal in Amstetten aussteigt und hier Weißwein trinkt, wirkt alles ziemlich echt. Der Laden, die Trinker, die endlosen Gespräche.

In Wrocław haben sich in den letzten Jahren alle Bögen der Bahnstrecke am Hauptbahnhof, die an die Berliner Stadtbahn erinnert, in eine lange und sehr beliebte Reihe von Kneipen verwandelt. Fast alle Bögen. Zwischen den Lokalen drängen sich auch ein schmuddeliger Sexshop und ein Beerdigungsinstitut. Ich gehe lieber ins *Semafor* gut essen und danach auf ein Bierchen ins *Český ráj*, das genauso heißt wie die Gegend, aus der ich komme, Böhmisches Paradies. Trotz der Musik hört man das Rattern der Züge, und vom Biergarten aus kann man sie auch sehen.

Ich mag auch die Bierbars und Imbisse in den Unterführungen, so wie in Magdeburg, wo ich immer den Halberstädter Würstchen nicht widerstehen kann, die hier genauso gut schmecken wie die Bockwurst im Imbiss vom Bahnhof Zittau, der ich auch nicht widerstehen kann und wo ich mir noch zwei wunderbare belegte Brötchen einpacken lasse. Die kleinsten, aber feinsten Würstchen habe ich vielleicht in Tokio gegessen. Das Lokal *Berg* befindet sich irgendwo im Labyrinth unter dem Bahnhof Shinjuku. Ich bin mir nicht sicher, ob ich diesen Ort wiederfinden würde, aber ich weiß, dass auch das Bier sehr köstlich war. Und auch das Sauerkraut, das man wiederum zum Schweinebraten auch in České Velenice bekommt.

Restaurant *Semafor* in Wrocław:
Oben rollen Züge, unten wird
tolle polnische Küche serviert.

Bahnhof St Pancras, London: In diesem alten Lokal kann man gleich nach der Ankunft aus Paris das erste Bier in England trinken.

Hier sollte man natürlich vor allem Kafka und Jesenská lesen. Oder den guten Soldaten Švejk, der durch diesen Bahnhof in den Weltkrieg zog, so wie sein Autor Jaroslav Hašek. Oder über die Reise des österreichischen Thronfolgers Erzherzog Franz Ferdinand nachdenken, der in Majdalena, nur wenige Stationen von České Velenice entfernt, seine letzte Reise antrat. Mit der Eisenbahn nach Triest, von dort mit dem Schiff nach Dalmatien und weiter nach Sarajevo, wo er zusammen mit seiner Gattin Sophie am 28. Juni 1914 erschossen wurde. Sein Tod führte zum Ausbruch des Ersten Weltkriegs. Schon der unglückliche Anfang der Reise hätte ihn warnen müssen. Sein Salonwagen kam mit einem Schnellzug aus Prag in dem Bahnhof an, doch die Radsätze brannten, und so musste der Wagen ausrangiert werden. Der Erzherzog reiste mit dem normalen Zug weiter. Zwischen Wien und Triest funktionierte in seinem Wagen dann aber die Beleuchtung nicht, und im Kerzenlicht fühlte sich der Thronfolger schon wie in einem Grab.

Wenn man nach den vielen historischen Ausflügen Hunger bekommt, zuckt die Wirtin in České Velenice mit den Schultern und empfiehlt die Bockwurst von der Tankstelle gegenüber. Die Köchin arbeitet am Wochenende in einem Wirtshaus in Österreich. Nach Gmünd sind es nur ein paar Schritte, vor 1918 war alles eine Stadt.

Als sich Kafka und Jesenská im August 1920 hier trafen, verlief durch diese Stadt schon die neue Grenze. Das Zentrum lag plötzlich in Österreich, der große Bahnhof und auch das Ausbesserungswerk in der neu gegründeten Tschechoslowakei. Kafka schreibt in einem Brief an Jesenská über die plötzlichen Komplikationen mit den Passkontrollen, die er hier erleben musste. Nach dem Zweiten Weltkrieg verschärfte sich die Lage noch einmal deutlich.
Das Bahnhofslokal hat die ganzen Erdbeben der Geschichte zum Glück gut überstanden. Die hohen Wände sind zwar vom Zigarettenrauch vergilbt und die Türen zum Bahnsteig gesperrt. Man sieht aber immer noch wie alte Wegweiser die Stadtwappen der Orte, die man bis heute von hier mit der Eisenbahn erreichen kann.

Mein Onkel Miroslav war nie in Olten, Paris oder Ravenna. Auch nicht in České Velenice. Doch ich glaube, in all diesen Bahnhofslokalen würde er sich wohlfühlen. Er war Stammgast in so vielen Bahnhofskneipen. Immer dort, wohin ihn die Eisenbahn verschlagen hatte, wo er den Fahrdienst leiten musste. Sein Lieblingsgasthaus blieb aber in Jedlová in Nordböhmen. Als er dort auf seiner ersten Stelle war und mit den anderen Eisenbahnern und Eisenbahnerinnen auf der Eisenbahninsel im grünen Meer des Tannenwaldes lebte, feierte man Hochzeiten und Geburtstage in dem Lokal. Es wurde auf die neugeborenen Kinder angestoßen. Man verbrachte Weihnachten zusammen und durchzechte die langen Silvesternächte. Doch auch nach den Beerdigungen traf man sich dort.
Leben und Tod. Glück und Trauer. Kommen und Gehen. Alles in einer Bahnhofskneipe, die über hundert Jahre alt ist und vieles erlebte, so wie der Bahnhof.
Als mein Onkel schon sehr alt war, habe ich ihm versprochen, dass ich mit ihm nach Jedlová fahre. Er wollte noch einmal diesen magischen Ort im Wald sehen. Er wollte noch einmal in der Bahnhofskneipe Gulasch essen und Bier trinken und auf die Züge schauen. Wir haben es leider nicht mehr geschafft. So stoße ich immer in Jedlová auf ihn an. Auf diesen tollen Menschen, wunderbaren Erzähler und ganz großen Eisenbahner.

Aachen in der Abendsonne. Der ICE fährt gleich weiter nach Brüssel.

4
DB

Ganz herzlich bedanken möchte ich mich bei:

Martin Kopetschke & Bahnagentur Schöneberg in Berlin, Christine Rahn, Familie Rudiš, Christina Frankenberg, Ralf Pillatzki, Axel Förster, Helmut Uttenthaler, David Neuber, Eero Balk, Mirko Kraetsch, Egbert Pietsch, Tiziano Marasco, Edgar Rahn, Martin Harák, Arthur Meyer, Beat Mazenauer, Annett Gröschner, Dževad Karahasan, Pedro Lenz, Katrin Schumacher, Kamil Brož, Landis & Gyr Stiftung, Uwe Ebbinghaus, Reinhard Gorn, Franz Dodel, Pavel Peterka, Pavel Židlík, Radonja Popović, Flóra Peťovská, Zoltán Benkő, Aleš Šteger, Andreas Rauter, Christian Thanhäuser, Joseph Thanhäuser, Erik Johansson, Anne & Gunter Krause, Michael Rasche, Michael Schulz, Reiner Stach, Gerhard Probst, Mark Pillai, Anja Schmotz, Lukas Iffländer, Petr Pýcha, Joachim Dvořák, Jaromír 99, Igor Malijevský, Alex Rühle, Erwin Krottenthaler, Sten Nadolny, Rebekka Göpfert, Bettina Feldweg, Margret Kirsch, Annika Wachter, Fabian Bergmann.

Wir sehen uns im Speisewagen!

Nordsee
Kiel
Lübeck
Hamburg Hbf
Amsterdam Centraal
Niederlande
Osnabrück
Hannover
Stendal
Tangermünd
Ostende
Kust-
tram
Knokke
Brügge
De Penne
Gent
Antwerpen-
Centraal
Brussel-Centraal
Waterloo
Belgien
Wernigerode
Quedlinb
Brockenbahn
Selketa
Harzquerbahn
Eisfelder
Talmühle
Nordhausen
Kassel
Halle
Köln
Bad Ems
Koblenz
Limburg
Bad Salzschlirf
Fulda
Jena
Luxemburg
Luxemburg
Mainz
Deutschland
Mannheim
Bamberg
Karlsruhe
Nürnberg
Frankreich
Stuttgart
Regensburg
Ulm
Aige
München
N
W
O
S
Zürich HB
Olten
Liechtenstein
Bern
Schweiz
Schwyz
Innsbruck
Erstfeld
Brenner
Göschenen
Airolo
Alte Gotthardstrecke
Bellinzona
Bozen
Lugano
Trient
Italien
Milano Centrale
Venezia Mestre –
Venezia Santa Lucia
Venedig
Adri